**Studientexte
Basiscurriculum Berufs- und Wirtschaftspädagogik**

Herausgegeben von
Bernhard Bonz, Reinhold Nickolaus und Heinrich Schanz

Band 2

Institutionen der Berufsbildung

Vielfalt in Gestaltungsformen
und Entwicklung

3. aktualisierte Auflage

von
Heinrich Schanz

Schneider Verlag Hohengehren
Baltmannsweiler 2015

Umschlag: Verlag

Gedruckt auf umweltfreundlichem Papier (chlor- und säurefrei hergestellt).

Bibliografische Information der Deutschen Nationalbibliothek

Die Deutsche Nationalbibliothek verzeichnet diese Publikation in der Deutschen Nationalbibliografie; detaillierte bibliografische Daten sind im Internet über ›http://dnb.d-nb.de‹ abrufbar.

ISBN 978-3-8340-1404-7

Schneider Verlag Hohengehren,
Wilhelmstr. 13, 73666 Baltmannsweiler
www:paedagogik.de

Das Werk und seine Teile sind urheberrechtlich geschützt. Jede Verwertung in anderen als den gesetzlich zugelassenen Fällen bedarf der vorherigen schriftlichen Einwilligung des Verlages. Hinweis zu § 52a UrhG: Weder das Werk noch seine Teile dürfen ohne vorherige schriftliche Einwilligung des Verlages öffentlich zugänglich gemacht werden. Dies gilt auch bei einer entsprechenden Nutzung für Unterrichtszwecke!

© Schneider Verlag Hohengehren,
D-73666 Baltmannsweiler 2015
Printed in Germany – Druck: Esser, Bretten

Inhaltsverzeichnis

Geleitwort IX

Vorwort X

Überblick zu Kapitel 1 1
1   **Berufsbildung und Bildungswesen** 2

1.1   Struktur des deutschen Bildungswesens 2
1.1.1   Erziehungs- und Bildungswesen als eine Hauptinstitution
        der Gesellschaft 2
1.1.2   Horizontale Gliederung des Bildungswesens 4
1.2   Arbeit, Beruf und Berufsbildung 10
1.2.1   Arbeit und Beruf als Grundphänomene des Menschseins 10
1.2.2   Ziele und Aufgaben der Berufsbildung 13
1.2.2.1 Ziele und Grundformen der Berufsbildung 13
1.2.2.2 Aufgaben der Berufsbildung 17
1.2.3   Das berufliche Bildungswesen 18
1.3   Die Bildungspolitik 21
1.3.1   Funktionen des Bildungswesens 21
1.3.2   Akteure der Bildungspolitik 23
1.3.3   Beratungsgremien für die Bildungspolitik 25
1.3.4   Die Berufsbildungspolitik 28
Zusammenfassung zum Kapitel 1 30
Zur Diskussion 33

Überblick zu Kapitel 2 35
2   **Das duale System der Berufsausbildung** 36

2.1   Rechtliche Grundlagen 36
2.1.1   Berufsausbildung im Betrieb und in der Berufsschule 36
2.1.2   Das Berufsbildungsgesetz 38
2.1.2.1 Die Ausbildungsberufe 39
2.1.2.2 Die Ausbildungsordnungen 40
2.1.2.3 Das Bundesinstitut für Berufsbildung 42

2.1.3	Die Schulgesetze der Länder	43
2.2	Berufsausbildung im Betrieb	44
2.2.1	Ordnung der Ausbildung	44
2.2.2	Lernorte im Betrieb	47
2.3	Die Berufsschule im dualen System der Berufsausbildung	51
2.4	Die überbetriebliche Ausbildung	54
2.4.1	Grenzen der Ausbildung an regulären Arbeitsplätzen	54
2.4.2	Relevanz der überbetrieblichen Ausbildung	55
2.5	Die Lernortkooperation und der Ausbildungsverbund	59
2.6	Prüfungen und Zertifizierungen im beruflichen Bildungswesen	62
2.6.1	Prüfungen im Rahmen des dualen Systems der Berufsausbildung	62
2.6.2	Zertifizierung von Zusatzqualifikationen	64
2.7	Berufsvorbereitende Qualifizierungsmaßnahmen für bestimmte Zielgruppen	66
2.7.1	Berufsorientierende Bildungsmaßnahmen	67
2.7.2	Berufsvorbereitende Bildungsmaßnahmen	68
2.7.3	Maßnahmen der Bundesagentur für Arbeit	70
2.7.4	Personengruppen, die besonderer Förderung bedürfen	71
2.7.5	Berufsausbildung von behinderten Menschen	73
Zusammenfassung zum Kapitel 2		75
Zur Diskussion ...		77

Überblick zu Kapitel 3		**79**
3	**Die Vielfalt beruflicher Schulen**	**80**
3.1	Die Berufsschule	80
3.1.1	Die Organisation der Berufsschule	80
3.1.2	Das Lernfeldkonzept	82
3.1.3	Vorbildung und Alter der Berufsschüler	83
3.1.4	Abschluss, Zeugnisse und Berechtigungen der Berufsschule	84
3.1.5	Der Beitrag der Berufsschule zur Berufsausbildung	85

3.1.6	Das Berufsvorbereitungsjahr	86
3.1.7	Das Berufsgrundbildungsjahr	87
3.2	Die Berufsfachschulen	89
3.2.1	Berufsfachschulen, die nur eine berufliche Teilqualifikation vermitteln	89
3.2.2	Berufsfachschulen, die eine vollständige Berufsausbildung in einem anerkannten Ausbildungsberuf gemäß Berufsbildungsgesetz bzw. Handwerksordnung vermitteln	91
3.2.3	Berufsfachschulen, die eine vollständige Berufsausbildung vermitteln, die nur schulisch erreichbar ist	92
3.2.4	Die Schulen des Gesundheitswesens	94
3.2.5	Die Ausbildung im öffentlichen Dienst	97
3.3	Berufliche Schulen, die eine Schullaufbahnberechtigung vermitteln	97
3.3.1	Die Berufsaufbauschulen	98
3.3.2	Die Fachoberschulen	98
3.3.3	Die Berufsoberschulen	99
3.3.4	Berufliche Gymnasien/Fachgymnasien	100
3.3.5	Organisationsmodelle beruflicher Schulen	100
3.4	Berufliche Erstausbildung an Hochschulen	101
Zusammenfassung zum Kapitel 3		106
Zur Diskussion...		109
Überblick zu Kapitel 4		110
4	**Der Weiterbildungsbereich**	111
4.1	Allgemeine Weiterbildung	111
4.2	Berufliche Fort- und Weiterbildung	112
4.2.1	Akzentverschiebung der Berufsausbildung	112
4.2.2	Berufliche Fort- und Weiterbildung im Betrieb	114
4.3	Schulische berufliche Weiterbildung	115
4.4	Berufliche Weiterbildungsmaßnahmen verschiedener Träger	116
4.5	Die Ordnung der beruflichen Weiterbildung	116
4.6	Lebenslanges Lernen	120

4.7	Offene Fragen der Weiterbildung	121
Zusammenfassung zum Kapitel 4		123
Zur Diskussion ...		125
Überblick zu Kapitel 5		126
5	**Die bildungspolitische Dimension der Gestaltung von beruflicher Aus- und Weiterbildung**	127
5.1	Verschiedene bildungspolitische Akteure	127
5.2	Landes-/Länderspezifika des Bildungswesens	128
5.3	Gleichwertigkeit von allgemeiner und beruflicher Bildung	134
5.4	Europäische Berufsbildungspolitik	136
5.4.1	Von der EWG zur EU	136
5.4.2	Programmatische Initiativen der EU zur Berufsbildung	139
5.4.3	Europäische und deutsche Bildungspolitik	142
5.5	Die Leistungsfähigkeit des Bildungswesens	147
5.5.1	Ausbildungsfähigkeit der Jugendlichen	147
5.5.2	Ausbildungsfähigkeit der Betriebe	150
5.5.3	Effektivität und Effizienz des Bildungswesens	152
5.5.4	Bedeutung und Probleme des beruflichen Bildungswesens	154
5.6	Institutioneller Wandel	158
5.6.1	Institutionen und Institutionenwandel	158
5.6.2	Strukturveränderungen im allgemeinbildenden Schulwesen	159
5.6.3	Strukturentwicklungen im Gesamtsystem der Berufsbildung	161
5.7	Chancengleichheit und Chancengerechtigkeit	165
Zusammenfassung zum Kapitel 5		169
Zur Diskussion ...		172
Abkürzungsverzeichnis		173
Benutzte und weiterführende Literatur		175
Beiträge aus Wörterbuch Berufs- und Wirtschaftspädagogik		193
Weitere Informationsquellen, die benutzt wurden		194
Sachwortregister		195

Geleitwort

Die Schriftenreihe „Studientexte Basiscurriculum Berufs- und Wirtschaftspädagogik" – SBBW – ist thematisch eng am Basiscurriculum der Berufs- und Wirtschaftspädagogik orientiert, das als Grundlage der pädagogischen Ausbildung in Studiengängen zur Vorbereitung auf eine Berufstätigkeit im berufsbildenden Schulwesen, im betrieblichen Bildungs- und Personalwesen, in der beruflichen Weiterbildung, in der Bildungsverwaltung, im Bildungsmanagement und in der Bildungspolitik dient. Intention der einzelnen Bände ist es, in den jeweiligen Themenbereich einzuführen, d. h. die grundlegenden Fragestellungen aufzuzeigen, den Erkenntnisstand im Überblick zugänglich zu machen und zu eigenständiger Auseinandersetzung mit der Thematik anzuregen. Wesentliches Ziel der einzelnen Bände ist es, sowohl den wissenschaftlichen Zugang zu den Themen zu ermöglichen, als auch wichtiges Orientierungswissen für die pädagogische Praxis zur Verfügung zu stellen.

Die Schriftenreihe SBBW wendet sich in erster Linie an Studierende und Referendare des Lehramts für berufliche Schulen, aber auch an Lehrerinnen und Lehrer in beruflichen Schulen oder mit berufsbezogenen Lehrinhalten, an das Bildungspersonal in Betrieben und anderen Institutionen der Berufsbildung einschließlich der beruflichen Fort- und Weiterbildung.

In der Schriftenreihe SBBW sind folgende Bände erschienen oder geplant:
1. Wissenschaftstheoretische Grundlagen der Berufs- und Wirtschaftspädagogik
2. Institutionen der Berufsbildung
3. Didaktik – Modelle und Konzepte beruflicher Bildung
4. Methodik – Lern-Arrangements in der Berufsbildung
5. Berufliche Sozialisation
6. Lehr-Lerntheorien
7. Diagnostik und Evaluation beruflicher Lernprozesse
8. Schulpraktische Studien
9. Betriebliche Bildungsarbeit
10. Ideen- und Sozialgeschichte der beruflichen Bildung

Im vorliegenden 2. Band werden die Institutionen der Berufsbildung behandelt.

Die Herausgeber der Schriftenreihe
Bernhard Bonz, Reinhold Nickolaus und Heinrich Schanz

Vorwort

Entsprechend dem Anliegen der „Studientexte Berufs- und Wirtschaftspädagogik" befasst sich dieser Band mit den „*Institutionen der Berufsbildung*". Die Umfangbegrenzung des Bandes erlaubt es nicht, sämtliche 11 Themen des Basiscurriculums 3.4 „Institutionen und Institutionenentwicklung der beruflichen Bildung im nationalen und internationalen Rahmen" erschöpfend zu behandeln. Deshalb wurde eine gewichtete Themenbehandlung vorgenommen, die im Einzelfall zur weiteren Vertiefung ergänzende Literaturstudien ermöglichen kann. Neben der benutzten Literatur wurden daher entsprechend spezielle Veröffentlichungen zu einzelnen Themen angeführt.

Die aktualisierte dritte Auflage wurde hinsichtlich der Länderspezifika des Bildungs- bzw. Schulwesens begrenzt, da die teilweise sehr unterschiedlichen Schulgesetze und Erlasse für das Schulwesen der 16 Bundesländer eine umfassende Behandlung erschweren. Hinzu kommt, dass bei Regierungswechseln mit veränderter politischer Zusammensetzung sich auch institutionelle bzw. organisatorische Veränderungen im Schulwesen ergeben können. Im Rahmen der Aktualisierung der dritten Auflage wurde das Kapitel 5 um den Abschnitt *„Chancengleichheit und Chancengerechtigkeit"* erweitert.

Jedem Kapitel sind ein Überblick und eine geraffte Gliederung vorangestellt. Am Ende eines jeden Kapitels sind eine Zusammenfassung und ein Anhang zur Diskussion beigefügt. Auf ein Glossar wurde verzichtet, da das Internet den Zugriff auf verschiedene Glossare und weitere Informationen ermöglicht.

Es soll noch darauf hingewiesen werden, dass mit männlichen Substantivendungen, z. B. bei Berufsbezeichnungen, männliche und weibliche Personen gleichermaßen gemeint sind.

Heinrich Schanz

Überblick zu Kapitel 1

Im einführenden Kapitel wird auf die Institutionen des deutschen Bildungswesens hingeleitet. Arbeit, Beruf und Berufsbildung weisen den Weg zum beruflichen Bildungswesen. Mit den Ausführungen zur Bildungspolitik, insbesondere der Berufsbildungspolitik, und den im Zusammenhang mit dem Bildungswesen stehenden Gremien der Kooperation und Koordination sowie der Beratung schließt das erste Kapitel.

1 Berufsbildung und Bildungswesen
1.1 Struktur des deutschen Bildungswesens
1.1.1 Erziehungs- und Bildungswesen als eine Hauptinstitution der Gesellschaft
1.1.2 Horizontale Gliederung des Bildungswesens
1.2 Arbeit, Beruf und Berufsbildung
1.2.1 Arbeit und Beruf als Grundphänomene des Menschseins
1.2.2 Ziele und Aufgaben der Berufsbildung
1.2.2.1 Ziele und Grundformen der Berufsbildung
1.2.2.2 Aufgaben der Berufsbildung
1.2.3 Das berufliche Bildungswesen
1.3 Die Bildungspolitik
1.3.1 Funktionen des Bildungswesens
1.3.2 Akteure der Bildungspolitik
1.3.3 Beratungsgremien für die Bildungspolitik
1.3.4 Die Berufsbildungspolitik
Zusammenfassung zum Kapitel 1
Zur Diskussion ...

1 Berufsbildung und Bildungswesen

1.1 Struktur des deutschen Bildungswesens[1]

1.1.1 Erziehungs- und Bildungswesen als eine Hauptinstitution der Gesellschaft

> Das deutsche *Bildungswesen*, auch als *Bildungssystem* bezeichnet, umfasst die Gesamtheit der Erziehungs- und Bildungseinrichtungen der Bundesrepublik Deutschland. Es umfasst das differenzierte Schul- und Berufsbildungswesen, den Weiterbildungsbereich sowie das Hochschulwesen.[2]

Das Schulwesen wird zusammenfassend auch als „*Bildungswesen*" bezeichnet, da in der „*Bildung*" die besondere pädagogische Aufgabe von Schulen zu sehen ist (vgl. *Kiehn* 1959, S. 913). Da der Bildungsbegriff unterschiedlich definiert wird und teilweise in Distanz zur Lebenswirklichkeit steht (vgl. *Schmiel/Sommer* 2001, S. 17f.), wird hier auf die Lebensrealität bezogene Definition von Robinsohn zurückgegriffen. „Bildung als Vorgang, in subjektiver Bedeutung, ist Ausstattung zum Verhalten in der Welt" (*Robinsohn* 1973, S. 13), wobei aber der Bildungsbegriff sich nicht allein an pragmatischen Inhalten realer Existenzbedürfnisse orientieren darf (vgl. *Robinsohn* 1973, S. 13).

Im Zusammenhang mit dem Bildungswesen wird auch von Bildungsinstitutionen gesprochen. Obwohl die Bedeutung des Begriffs *Institution* häufig stark variiert und unklar bleibt, zählt er zu den grundlegenden Begriffen der Philosophie und der Sozialwissenschaften.[3] Nach *Schäffter* bezieht sich „Institution auf einen gesellschaftlich verfestigten Sinn- und Deutungszusammenhang, der mögliche Spielarten von Organisationen übergreift. Institutionelle Strukturen liegen daher auf einer höheren Ebene als Organisationsstrukturen: sie konstituieren verfestigte Erwartungsstrukturen zwischen Organisationen, aber auch zwischen Handlungskontexten innerhalb von Organisationen" (*Schäffter* 2001, S. 40). Die *Hauptinstitutionen* einer Gesellschaft sind die Familie, das Erziehungs- und Bildungswesen, die Wirtschaft, die

---

[1] vgl. hierzu KMK (Hrsg.): Das Bildungswesen in der Bundesrepublik Deutschland 2011/2012. Bonn 2013

[2] vgl. hierzu Bildung in Deutschland 2012. Hrsgg. von Autorengruppe Bildungsberichterstattung. Bielefeld: Bertelsmann 2012; *Cortina, Kai S.* u.a. (Hrsg.): Das Bildungswesen in der Bundesrepublik Deutschland. Reinbek bei Hamburg: Rowohlt 2008

[3] vgl. hierzu *Herrlitz, Hans-Georg; Hopf, Wulf; Titze, Hartmut*: Institutionalisierung des öffentlichen Schulsystems. In: *Baethge, Martin; Nevermann, Knut* (Hrsg.): Organisation, Recht und Ökonomie des Bildungswesens. (Enzyklopädie Erziehungswissenschaft Bd. 5) Stuttgart: Klett-Cotta 1984, S. 55–71

Politik, die Religion und die Freizeitgestaltung. Die Vernetzung dieser Institutionen zeigt sich in der Kultur einer Gesellschaft (vgl. *Fichter* 1970, S. 150 ff.). *Institutionen* als etwas Eingerichtetes, Geschaffenes sind mit Normen und verpflichtenden Mustern des Verhaltens verbunden, die Angehörigen einer Gruppe bzw. einer Gesellschaft auferlegt werden. Institutionen üben soziale Kontrolle aus und entlasten den Menschen vom Zwang zu immer neuen Entscheidungen im Alltag (vgl. *Brezinka* 1995, S. 107 ff.). *Institutionen* sind das Ergebnis funktionaler Differenzierung, wobei spezifische Funktionssysteme, z. B. das Bildungswesen, zur Erfüllung ihrer Aufgaben besondere Organisationen als *„Institutionalformen"* entwickeln (vgl. *Schäffter* 2001, S. 45).

Zielsetzungen, Mitgliedschaftskriterien und Ordnungsregeln stellen z. B. institutionelle Rahmenvorgaben für eine Organisation dar. Eine Organisation als soziales Gebilde ist aber nicht mit Institution identisch, obwohl praktisch sämtliche sozialen Gebilde in irgendeiner Weise mit institutionellen Regeln zu tun haben (vgl. *Esser* 2000, S. 5 f. und S. 237).

In pädagogischer Sicht lässt sich die *Institutionalisierung des öffentlichen Bildungswesens* durch eine idealtypische Analyse von sechs Strukturmerkmalen institutionalisierten Lernens präzisieren:
(1) raumzeitliche Verselbständigung (spezieller Lernort; Lernen für späteres Leben);
(2) symbolische Vermittlung (Wirklichkeitsersetzung durch Sprache und Schrift);
(3) Zeitbindung (Lernen erfolgt zeitlich strukturiert; Lernen auf Fernziele hin);
(4) professionelle Arbeitsteilung (professionelle Lehrer orientiert an Klienten und am Träger der Bildungseinrichtung);
(5) Organisation (arbeitsteilig und hierarchisch gegliedert; Lehrpläne; Lerngruppen nach Alter, Vorbildung, Zielsetzung);
(6) rechtliche Verpflichtung des Lernens (staatlicher Schulzwang) (vgl. *Herrlitz/Hopf/Titze* 1984, S. 55 ff.).

Erziehungs- und Bildungsinstitutionen basieren auf komplexen Verhaltensmustern, die auf bestimmte soziale Verbände mit der Zielsetzung Anwendung finden, die *Sozialisation, Enkulturation* und *Personalisation* von Mitgliedern der Gesellschaft mittels Organisationen zu regeln und zu sichern (vgl. *Hierdeis* 1977, S. 27). In der Praxis der Erziehungs- und Bildungsinstitutionen stehen daher Lernen und Lernunterstützung im Vordergrund.

Es wurde bereits darauf hingewiesen, dass das Bildungswesen auch als Bildungssystem bezeichnet wird. Die Rede von Systemen ist im Zusammenhang pädagogischer und bildungspolitischer Reformkonzepte in den 60er Jahren des 20. Jahrhunderts aufgekommen. Anstelle von Bildungswesen steht *Bildungssystem*, anstelle von Arbeitswelt *Beschäftigungssystem*, anstelle von Lehrlingswesen *Berufsbildungssystem*. Mit dem Systembegriff wird auf die Gesellschaft verwiesen (vgl. *Lange* 1999, S. 15). Unter einem *System* versteht man ein Prinzip, eine Ordnung, nach der etwas zusammengestellt wird, ein inhaltlich geordnetes Ganzes (vgl. *Duden* 2007, S. 1015). In einem *System* besteht eine wechselseitige Abhängigkeit zwischen dessen Elementen oder Einzelteilen, wobei jede Veränderung eines Teils auf andere Teile im System fortwirkt. Die Besonderheit sozialer Systeme besteht darin, dass sie aus sozialen Handlungen gebildet werden, d. h. aus Handlungen, die einen Sinnbezug auf das Handeln anderer Menschen haben. *Soziale Systeme* als strukturierte Beziehungsgefüge legen bestimmte Möglichkeiten fest und schließen andere aus. *Gesellschaft*, als das umfassendste Sozialsystem verstanden (vgl. *Luhmann* 1969, S. 392 und S. 399), ist funktional differenziert in Teilsysteme. Die Ausdifferenzierung eines Funktionssystems für Erziehung hat die Vorherrschaft der Familie in Fragen der Erziehung ihrer Kinder reduziert auf eine Vorbereitungs- und Begleitfunktion (vgl. *Luhmann* 2002, S. 111). Stand zunächst die Schule für eine über die Familie hinausgehende Erziehung zur Verfügung, so hat sich inzwischen das Schulwesen i. e. S. zum Bildungswesen bzw. Bildungssystem erweitert.

„Bildungssysteme sind inhaltlich gesehen Institutionen, die die gesellschaftlich gewollte, verstetigte und methodisierte Menschenbildung und Kulturübertragung realisieren" (*Fend* 2006, S. 29).

1.1.2 Horizontale Gliederung des Bildungswesens

Der Aufbau des deutschen Bildungswesens, wie er auf die Vorschläge im *„Strukturplan für das Bildungswesen"* von 1970 der Bildungskommission des Deutschen Bildungsrates zurückgeht, ersetzt die herkömmliche *vertikale Gliederung* des Bildungswesens durch eine *horizontale Einteilung* in *Stufen* bzw. *Lernbereiche* (siehe Abbildung 1). Gemäß den Verfassungen von Bund und Ländern steht der Strukturplan des Bildungswesens unter dem leitenden Gesichtspunkt, dass der Mensch befähigt werden soll, seine Grundrechte wahrzunehmen und die ihnen entsprechenden Pflichten zu erfüllen. Das Bildungswesen hat daher insbesondere die Aufgabe, dass der Einzelne das *Recht auf freie Entfaltung der Persönlichkeit* (Art. 2 GG) und das *Recht auf freie Wahl des Berufs* (Art. 12 GG) wahrnehmen kann (vgl. *Deutscher Bildungsrat* 1970, S. 25). Die *Bund-Länder-Kommission für Bildungsplanung* (BLK) hat diese Vorschläge mit ihrem *Bildungsgesamtplan* von 1973 aufgegriffen und folgende Lernbereiche unterschieden, die heute noch gelten:

1. *Elementarbereich:* Die *vorschulischen Einrichtungen*, wie sie in Form der Kindergärten bestehen, bieten auf freiwilliger Basis neben der Betreuung eine familienergänzende und schulvorbereitende Erziehung und Bildung an. Obwohl Freiwilligkeit besteht, wurden 2011 94 % der 3- bis 6-Jährigen von einer Kindertageseinrichtung oder Tagespflege betreut (vgl. Autorengruppe 2012, S. 242). Die Kindergärten in Deutschland befinden sich überwiegend in freier Trägerschaft. Nachdem ab August 2013 ein Rechtsanspruch für einen Betreuungsplatz für 1- und 2-Jährige besteht, kommt der *frühkindlichen Bildung* wachsende Bedeutung zu.

2. *Primarbereich*: Der Primarbereich umfasst die ersten vier verbindlichen Schuljahre in der Grundschule (in Berlin, Brandenburg und Hamburg sechs Jahre).

3. *Sekundarbereich I:* Zum Sekundarbereich I, der auch Sekundarstufe I genannt wird, gehören alle Bildungsgänge bis zum 10. Bildungsjahr, die an den Primarbereich anschließen. Zu diesem Bereich gehören die Hauptschule, die Realschule, das Gymnasium bis zur 10. Klasse und Schulen mit mehreren Bildungsgängen, z.B. die Gesamtschule.[4] Nach unterschiedlichen Regelungen wird die 5. und 6. Jahrgangsstufe von den meisten Bundesländern als *Orientierungsstufe* geführt. Die *Orientierungsstufe* kann schulartenabhängig den weiterführenden Schulen zugeordnet sein oder schulartenunabhängig von ihnen getrennt sein. In der Orientierungsstufe soll der weitere schulische Bildungsgang des einzelnen Schülers noch nicht festgelegt sein. Es gibt Länder, welche die Orientierungsstufe wieder abgeschafft haben.[5] Die allgemeinbildenden Abschlüsse nach Jahrgangsstufe 9 und 10 tragen in einzelnen Ländern unterschiedliche Bezeichnungen.

4. *Sekundarbereich II:* Der Sekundarbereich II, auch als Sekundarstufe II bezeichnet, bezieht die *Oberstufe des Gymnasiums* in verschiedenen Schularten und die *nichtakademische berufliche Erstausbildung* (duales System der Berufsausbildung; berufliche Vollzeitschulen) ein. Nachdem die *Allgemeine Hochschulreife* nach Jahrgangsstufe 13 (neunjähriges Gymnasium) und nach Jahrgangsstufe 12 (achtjähriges Gymnasium) erworben werden kann, wird die formelle Berechtigung zum Besuch der gymnasialen Oberstufe nach Jahrgangsstufe 10 bzw. 9 erreicht.

---

[4] Die herkömmlichen auf die Grundschule folgenden weiterführenden Schularten Hauptschule, Realschule und Gymnasium stellen das *dreigliedrige Schulwesen* dar, das sich zunehmend zur *Zweigliedrigkeit* entwickelt, da vereinigte Haupt- und Realschulen dem Gymnasium gegenüberstehen.

[5] vgl. hierzu *Schuchart, Claudia*: Orientierungsstufe und Bildungschancen – Eine Evaluationsstudie. Münster: Waxmann 2006

5. *Tertiärer Bereich:* Der tertiäre Bereich umfasst die *Universitäten, Wissenschaftlichen Hochschulen, Kunst- und Musikhochschulen, Fachhochschulen.*

6. *Quartärer Bereich:* Der *Bereich der Weiterbildung* wird auch als quartärer Bereich bezeichnet. Einrichtungen der Weiterbildung sind z. B. *Volkshochschulen, Fernlehrinstitute, Bildungswerke der Wirtschaft.* Eindeutige Zuordnungen der Weiterbildung zum quartären Bereich sind nicht durchgängig möglich, da z. B. im *Hochschulbereich* zunehmend auch Weiterbildungsveranstaltungen durchgeführt werden (vgl. *Deutscher Bildungsrat* 1970, S. 102 ff.; BLK 1973, S. 18 ff.).

Der reguläre *1. Bildungsweg* geht von der Grundschule aus. Die weiterführenden Hauptschulen, Realschulen und Gymnasien sowie Gesamtschulen schließen sich an. Neben dem 1. Bildungsweg besteht ein *2. Bildungsweg* zum Nachholen schulischer Bildungsabschlüsse. *Abendhauptschulen, Abendrealschulen* und *Abendgymnasien* ermöglichen im berufsbegleitenden Unterricht und in *Kollegs zum Erwerb der Hochschulreife* im Vollzeitunterricht, Schulabschlüsse des 1. Bildungsweges nachzuholen. Der *berufliche Bildungsweg* grenzt sich vom 2. Bildungsweg dadurch ab, dass an *Fachoberschulen, Berufsoberschulen* und *Beruflichen Gymnasien* neben Unterrichtsinhalten des 1. Bildungsweges (hier des Gymnasiums) die beruflichen Inhalte Grundlage und Medium der Bildung sind (vgl. *Dehnbostel* 2003, S. 448).

Der in den 50er Jahren des vorigen Jahrhunderts in die bildungspolitische Debatte eingebrachte *3. Bildungsweg* fasste die Erwachsenen- und Weiterbildungsmaßnahmen zusammen, die an berufliche Vorerfahrungen der Teilnehmer anknüpfen und mehr oder weniger im Bezug zur Arbeitswelt stehen. Inzwischen wird der 3. Bildungsweg sehr stark im Zusammenhang mit den Möglichkeiten des *Studiums ohne Abitur* gesehen. *Qualifizierten Berufstätigen* kann nach einem KMK-Beschluss von 2009 der Zugang zum Studium ohne Abitur ermöglicht werden (siehe Kp. 5.3) (vgl. *Böhm* 2005, S. 166; KMK 2013, S. 151).

Berufsbildung und Bildungswesen

Bildungsorte und Lernwelten in Deutschland

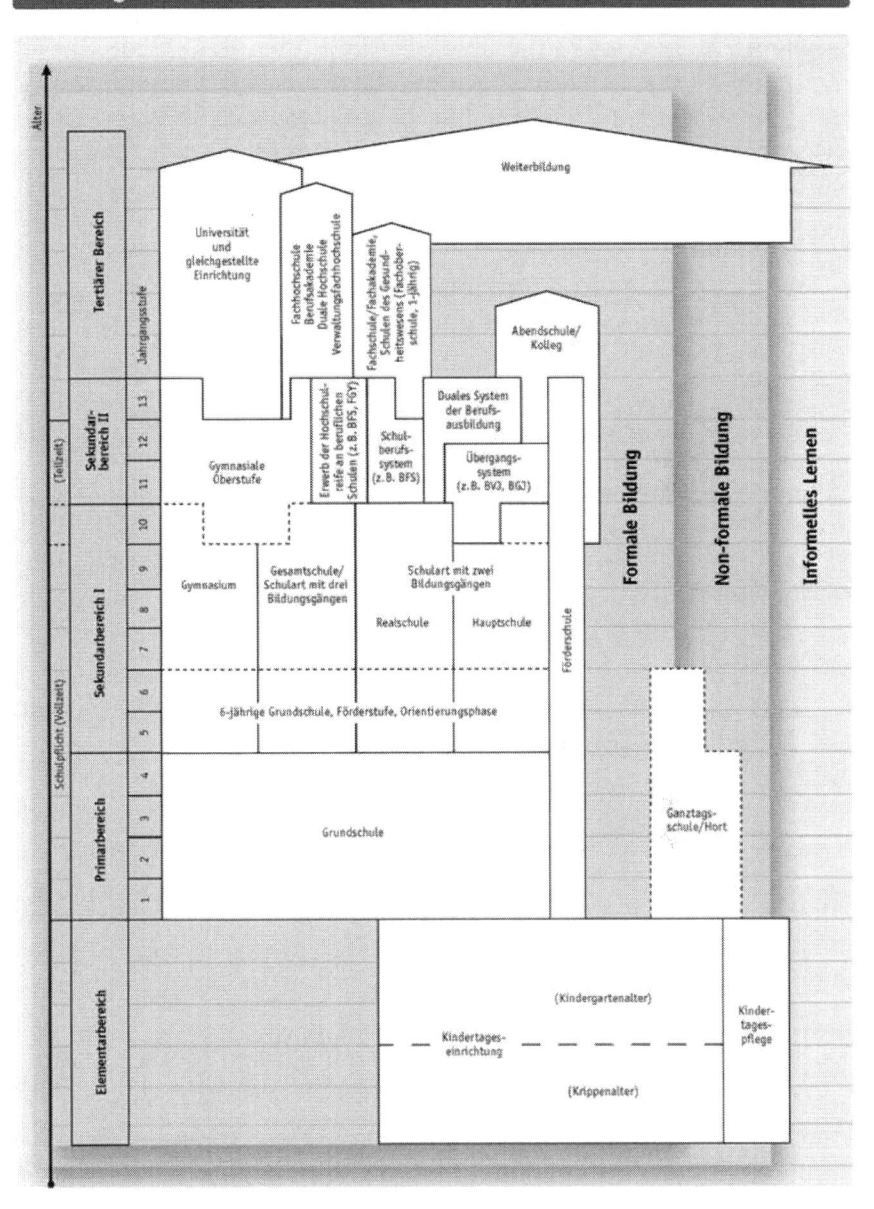

Abb. 1: Grundstruktur des Bildungswesens in der Bundesrepublik Deutschland
Quelle: Bildung in Deutschland 2012. Hrsgg. von Autorengruppe Bildungsberichterstattung.
Bielefeld: Bertelsmann 2012, S. XI

Als eine besondere Schulform für behinderte Kinder besteht die *Sonderschule*, die in einigen Bundesländern als *Förderschule* bezeichnet wird. Entsprechend dem spezifischen Förderbedarf sind Sonderschultypen für Blinde, Sehbehinderte, Taubblinde, Gehörlose, Schwerhörige, Geistigbehinderte, Lernbehinderte, Sprachbehinderte, Verhaltensgestörte und Körperbehinderte zu unterscheiden. Sonderschulen sind sowohl in der Primarstufe als auch in der Sekundarstufe I sowie vereinzelt in der Sekundarstufe II vertreten (vgl. *Krappmann/Leschinsky/Powell* 2003, S. 755 ff.; *Werning/Reiser* 2008, S. 505 ff.). Nach der *Behindertenrechtskonvention* steht den Behinderten auch das Recht auf Bildung zu. Um dieses Recht ohne Diskriminierung auf der Grundlage der Chancengleichheit zu verwirklichen, muss ein *integratives Bildungssystem* gewährleistet sein, d. h. es muss „*inklusiver Unterricht*" ermöglicht werden, der behinderte und nicht behinderte Kinder bzw. Schüler gemeinsam erfasst (vgl. *Biermann/Bonz* 2012, S. 4 ff.).

Das gesamte *Schulwesen* steht unter der Aufsicht des Staates (Art. 7 GG). In der Bundesrepublik sind die Schulen meistens öffentliche Schulen, die von den Bundesländern und Gemeinden eingerichtet und unterhalten werden. Es besteht eine *Schulpflicht* vom sechsten bis zum achtzehnten Lebensjahr. Die so genannte *Vollzeitschulpflicht* dauert neun, in einigen Bundesländern zehn Jahre. Die *Berufsschulpflicht als eine Teilzeitschulpflicht* schließt sich an die erfüllte Vollzeitschulpflicht an, wenn nicht freiwillig eine Vollzeitschule besucht wird, und dauert meistens drei Jahre.

Neben den öffentlichen Schulen bestehen auch Schulen in privater Trägerschaft. *Private Ersatzschulen* haben nach staatlicher Anerkennung die Befugnis, entsprechend den vergleichbaren öffentlichen Schulen Prüfungen abzunehmen und Zeugnisse zu erteilen. Diese Schulen ersetzen öffentliche Schulen, z. B. ein Gymnasium in privater Trägerschaft. An privaten Ersatzschulen kann die Schulpflicht erfüllt werden. Anders ist dies an den *privaten Ergänzungsschulen*, die weder mit den öffentlichen Schulen vergleichbar sind noch mit ihnen konkurrieren, z. B. Sprachschulen. Auch im Hochschulbereich entstehen zunehmend Hochschulen mit privater Trägerschaft.

Im Schuljahr 2012/13 gehörten von den 5.651 privaten Schulen in Deutschland 3.500 (drei Fünftel) zu den allgemeinbildenden Schulen und 2.151 zu den berufsbildenden Schulen (vgl. Stat. Bundesamt, F 11 R 1.1, 2014, S. 13 f.).

Abgesehen von der Einteilung des Bildungswesens in Lernbereiche bestehen bezüglich der konkreten Ausgestaltung der einzelnen Bildungseinrichtungen länderweise unterschiedliche Regelungen, da auf Grund des *Föderalismus* in Fragen der Kulturpolitik und Kulturverwaltung die Bundesländer die gesetzgebende und administrative Kompetenz haben (Art. 30 und 70 GG). Man bezeichnet diese

Berufsbildung und Bildungswesen

Zuständigkeit der Bundesländer, die insbesondere das Schulwesen betrifft, als *Kulturhoheit der Länder*. Hiervon leitet sich ab, dass jedes Bundesland über ein eigenes Schulgesetz verfügt. Gravierende Unterschiede in den Schulgesetzen zeigen sich z. B. hinsichtlich der Vollzeitschulpflicht, die teilweise neun oder zehn Jahre beträgt. Für die außerschulische Berufsausbildung ist allerdings eine Bundeskompetenz gegeben. Auch im Zusammenhang mit dem Hochschulwesen bestehen gewisse Zuständigkeiten des Bundes.

Tabelle 1 zeigt die Verteilung der Schüler auf die verschiedenen Schularten der allgemeinbildenden Schulen.

Tab. 1: Schüler und Schülerinnen in allgemeinbildenden Schulen Schuljahr 2012/13

Bildungsbereich/Schulart	Schüler/innen		Und zwar					
			weibliche		deutsche		ausländische	
	Insgesamt	Veränderung zum Vorjahr	zusammen	Anteil an insgesamt	zusammen	Anteil an insgesamt	zusammen	Anteil an insgesamt
	absolut	%	absolut	%	absolut	%	absolut	%
Vorschulbereich	*27876*	*-1,3*	*10965*	*39,3*	*24561*	*88,1*	*3315*	*11,9*
Primarbereich	*2795620*	*-1,3*	*1372280*	*49,1*	*2616600*	*93,6*	*179020*	*6,4*
Grundschulen	2746379	-1,6	1347774	49,1	2570038	93,6	176341	6,4
Integrierte Gesamtschulen	23664	44,3	11649	49,2	21388	90,4	2276	9,6
Freie Waldorfschulen	25577	0,1	12857	50,3	25174	98,4	403	1,6
Sekundarbereich I	*4336720*	*-1,2*	*2122322*	*48,9*	*3987009*	*91,9*	*349711*	*8,1*
Schulartunabhängige Orientierungsstufe	97336	-3,8	47267	48,6	89536	92,0	7800	8,0
Hauptschulen	607878	-7,4	265043	43,6	495542	81,5	112336	18,5
Schularten mit mehreren Bildungsgängen	433637	8,4	201476	46,5	414604	95,6	19033	4,45
Realschulen	1080598	-4,4	532185	49,2	997995	92,4	82603	7,6
Gymnasien	1493415	-1,5	774344	51,9	1434598	96,1	58817	3,9
Integrierte Gesamtschulen	561252	7,1	270715	48,2	497795	88,7	63457	11,3
Freie Waldorfschulen	41854	0,9	21816	52,1	41094	98,2	760	1,8
Abendhauptschulen	1195	14,5	533	44,6	725	60,7	470	39,3
Abendrealschulen	19555	-4,5	8943	45,7	15120	77,3	4435	22,7
Sekundarbereich II	*1041524*	*-1,8*	*557932*	*53,6*	*985275*	*94,6*	*56249*	*5,4*
Gymnasien	894175	-2,4	480062	53,7	852940	95,4	41235	4,6
Integrierte Gesamtschulen	96577	4,5	52135	54,0	85779	88,8	10798	11,2
Freie Waldorfschulen	14632	0,7	7821	53,5	14302	97,7	330	2,3
Abendgymnasien	18107	-5,0	9220	50,9	15633	86,3	2474	13,7
Kollegs	18033	-1,8	8694	48,2	16621	92,2	1412	7,8
Keinem Bereich zugeordnet	*355139*	*-2,9*	*127836*	*36,0*	*315439*	*88,8*	*39700*	*11,2*
Förderschulen	355139	-2,9	127836	36,0	315439	88,8	39700	11,2
Insgesamt	8556879	-1,4	4191335	49,0	7928884	92,7	627995	7,3

Quelle: Statistisches Bundesamt: Allgemeinbildende Schulen. Schuljahr 2012/2013. (Fachserie 11 Reihe 1) Wiesbaden 2013, S. 10

Im Schuljahr 2012/13 haben 730.905 Schüler in Deutschland private allgemeinbildende Schulen und 237.602 Schüler private berufsbildende Schulen besucht (vgl. Stat. Bundesamt, F 11 R 1.1, 2014, S. 27).

1.2 Arbeit, Beruf und Berufsbildung

1.2.1 Arbeit und Beruf als Grundphänomene des Menschseins

> Da der Mensch im Gegensatz zum Tier nicht in die umgebende Natur eingepasst ist, bleibt ihm eine natürliche Bedürfnisbefriedigung versagt. Der Mensch muss die Natur „erst handlich und erkennbar, intim und verwendbar machen, um in geplanter und sachgemäßer Arbeit sich das zu verschaffen, was er braucht und was niemals schon zur Verfügung steht" (*Gehlen* 1966, S. 333f.).

Wenn der Mensch sich die Natur für seine Bedürfnisse erschließt, wird die *Arbeit* relevant. „Durch seine Arbeit muß der Mensch seine Lebensbedürfnisse befriedigen und sich am Leben erhalten; aber er tut dies charakteristischerweise dadurch, daß er gestaltend und verändernd in die vorgefundenen Naturverhältnisse und Sozialbeziehungen eingreift und sie in diesem Sinne 'vermenschlicht'" (*Beck/Brater/Daheim* 1980, S. 23).

Die Gestaltung der *Arbeit* als zweckbezogene Tätigkeiten des Menschen zur Lebensbewältigung hat im Verlauf der Menschheitsgeschichte unterschiedliche Ausprägungen erfahren. In diesem Zusammenhang ist die Lernfähigkeit und Kreativität des Menschen von großer Bedeutung. Auch die Möglichkeit der Erfahrung und ihrer Weitergabe an andere spielt eine Rolle.

Die Menschen der älteren Steinzeit waren Sammler und Jäger, wobei eine *„natürliche" Arbeitsteilung* zwischen Frauen und Männern (geschlechtsspezifische Arbeitsteilung), zwischen Altersgruppen (altersspezifische Arbeitsteilung) und zwischen Mitgliedern einer Familie (familiale Arbeitsteilung) bestand (vgl. *Voß* 1991, S. 286). Durch das zweckmäßige Zusammenwirken mehrerer Menschen konnte die Arbeit für den einzelnen Menschen erleichtert und für ihn alleine nicht zu bewältigende Arbeitserfordernisse realisiert werden. Nachdem in der jüngeren und mittleren Steinzeit aus Sammlern und Jägern allmählich sesshafte Ackerbauern und Viehzüchter wurden, lassen sich auch Anfänge des Gewerbes feststellen, indem Tongefäße und Steingeräte hergestellt wurden und sich ein Tauschhandel entwickelte. Die Arbeitsteilung führte zur Entstehung von Berufen, wobei ein *Beruf* eine bestimmte Gruppe von Arbeiten umfasst. Abbildung 2 zeigt die Entwicklung der Arbeitsteilung und ihren Einfluss auf die Bildung von Berufen.

Berufsbildung und Bildungswesen 11

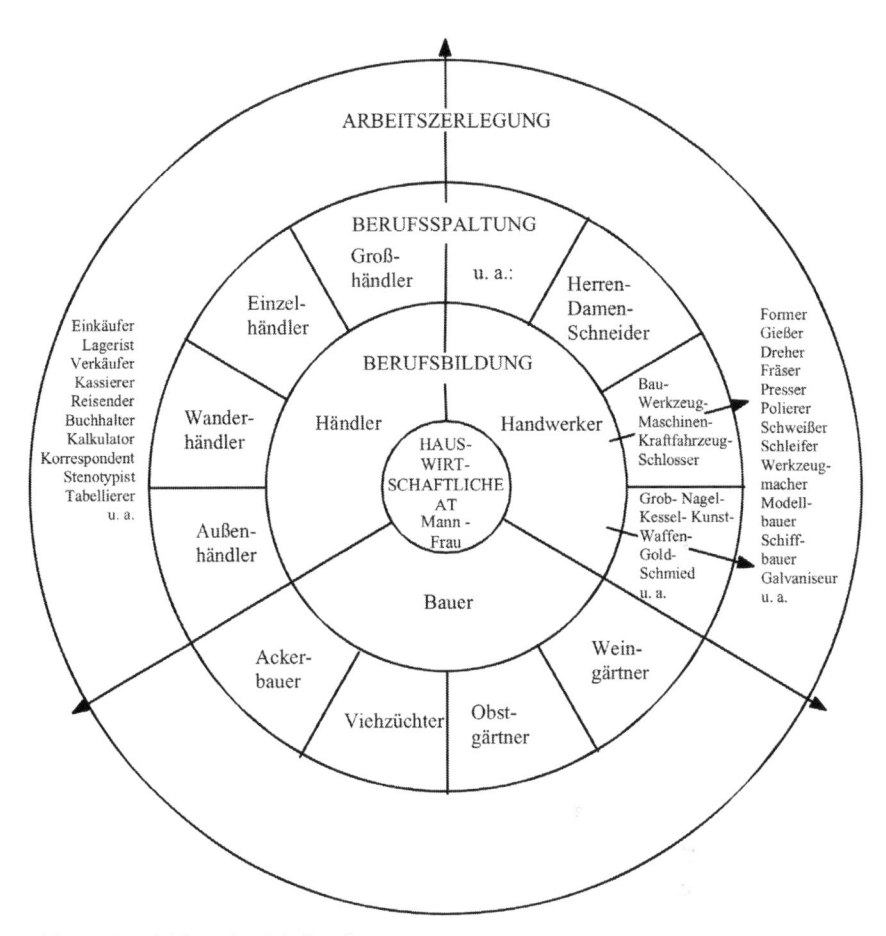

Abb. 2: Entwicklung der Arbeitsteilung

Quelle: *Zwiebelhofer, Klaus*: Die Inputfaktoren des ökonomischen Systems im Wandel. In: Deutsches Institut für Fernstudien (Hrsg.): Funkkolleg Sozialer Wandel. 2. Studienbegleitbrief „Ökonomischer Wandel I". Tübingen 1974, S. 49–78, hier S. 58

Entstehungsgrund für Berufe war aber nicht nur die Arbeitsteilung. Berufe sind auch als Folge von wirtschaftlichen, technischen und politisch-sozialen Differenzierungen entstanden, wobei u. a. Erfindungen, Kriege sowie Bedürfniswandel relevant werden konnten. Als Urberufe könnte man Jäger und Sammler, Fischer, Berufe des Ackerbaus und der Viehzucht, Berufe der Hauswirtschaft und den Werkzeugmacher anführen (vgl. *Dauenhauer* 1998, S. 65 ff.).

> *Arbeit* und *Beruf* sind Grundphänomene des Menschseins (siehe Übersicht 1). Während Arbeit als konkreter Vorgang im Vollzug beobachtet und im Ergebnis – der Leistung – fassbar ist, stellt der Beruf ein Abstraktum dar. Beruf wird über Arbeit realisiert.

Nicht jede Arbeit ist aber Berufs-Arbeit. Von *Berufsarbeit* kann man nur sprechen, wenn es sich um auf Erwerb gerichtete Arbeit zur Existenzsicherung des Individuums handelt, wobei die Arbeit im Rahmen gesellschaftlicher Arbeitsteilung einen Leistungsbeitrag erbringt.

Der *Beruf* hat viele Facetten. So ist er z. B. Raster für die Integration von Jugendlichen, Identifikationskern bei sozialer und personaler Einordnung, Raum für Aufgaben- und Pflichterfüllung, Tauschmuster am Arbeitsmarkt. Wenn auch die Aussagekraft von Berufsbenennungen nicht immer eindeutig und daher problematisch ist, so geht man von etwa 30.000 Berufsbenennungen aus (vgl. *Dostal/Stooß/Troll* 1998, S. 438 ff.).

Übersicht 1: Bedeutung des Berufs für das Individuum

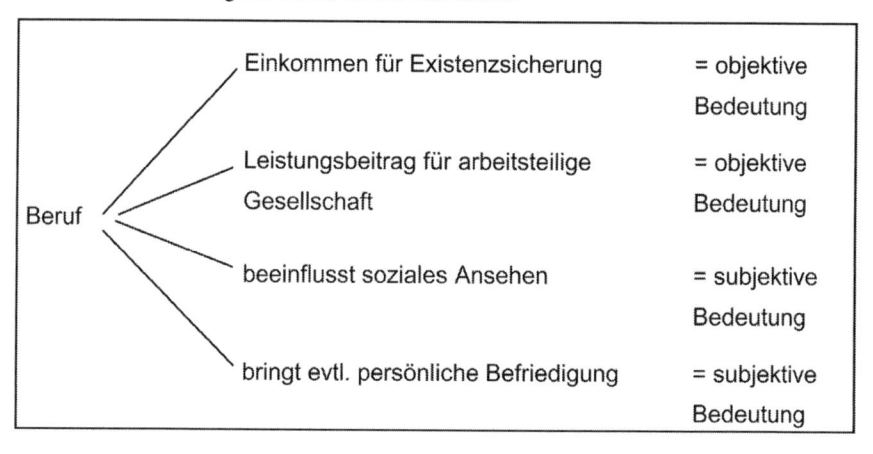

Beruf		
	Einkommen für Existenzsicherung	= objektive Bedeutung
	Leistungsbeitrag für arbeitsteilige Gesellschaft	= objektive Bedeutung
	beeinflusst soziales Ansehen	= subjektive Bedeutung
	bringt evtl. persönliche Befriedigung	= subjektive Bedeutung

Im Verlauf der Entwicklung haben die Berufe tief greifende Veränderungen erfahren. Spezifische Tätigkeiten von Berufen haben sich gewandelt, bestimmte Berufe haben an Bedeutung verloren oder fanden keine Betätigungsfelder mehr, und neue Berufe sind entstanden. Neben dem *Berufswandel* zeichnen sich *Berufsverlust* und *Berufswechsel* ab. War *Beruf* in der Vergangenheit auf lebenslängliche Dauer angelegt, so gilt dies in der jüngsten Zeit immer weniger.

Berufsbildung und Bildungswesen

1.2.2 Ziele und Aufgaben der Berufsbildung

1.2.2.1 Ziele und Grundformen der Berufsbildung

> „Durch die Verbindung der Worte Beruf und Bildung wird spezifischen Beziehungen zwischen Umwelt und Person entsprochen, die aus den Notwendigkeiten folgen, für den Fortschritt der Menschheit die gesellschaftliche Arbeit beruflich zu organisieren und für die dadurch entstehenden Anforderungen arbeitsteilig organisierter Arbeitsplätze Personen beruflich zu qualifizieren" (*Kell* 2000, S. 212).

Berufliche Bildung bzw. *Berufsbildung* vermittelt daher Kenntnisse und Fertigkeiten sowie spezifische Norm- und Wertvorstellungen im Rahmen eines organisierten Lehr-Lern-Prozesses für einen Beruf bzw. berufliche Tätigkeiten mit unterschiedlicher Ausprägung. Ziel der *Berufsbildung* ist die Vermittlung, Erhaltung und/oder Steigerung der Berufsbefähigung für eine Erwerbsarbeit im Beschäftigungssystem. Wird diese globale Zielsetzung entsprechend der *Lernzieltheorie* für Lehr-Lernprozesse konkretisiert, so würden sich z. B. für den Ausbildungsberuf Industriekaufmann, ausgehend von etwa 100 Groblernzielen, 3.600 Feinlernziele formulieren lassen (vgl. *Dauenhauer* 1973, S. 271).[6]

Hinsichtlich der Berufsbildung als Zielaspekt können allerdings Differenzierungen in eine pädagogische, eine ökonomische und eine politische Zieldimension auftreten, die miteinander in Widerspruch geraten können. Man kann davon ausgehen, dass für das Lernen im Betrieb die *ökonomische Zieldimension „vorrangig"* ist, während für die beruflichen Schulen die *pädagogische Zieldimension* im Vordergrund steht (vgl. *Kell* 1999, S. 85 ff.).

Grundformen der Berufsbildung lassen sich unter institutionell-organisatorischem Aspekt unterscheiden, z. B. vollständige Berufsausbildung in einer Berufsfachschule, duale Lehrlingsausbildung im Betrieb und in der Berufsschule. Grundformen lassen sich aber auch nach den aufeinander folgenden Phasen der Berufsbildung unterscheiden:

- *Vorberufliche Bildung*: Jede allgemeinbildende Schule vermittelt in einem gewissen Umfang vorberufliche Bildung, verstanden als eine Vorbereitung auf eine Berufsausbildung, wenn man z. B. an den Erwerb der Kulturtechniken denkt. Im engeren Sinn zeichnen sich vorberufliche Inhalte durch Bezüge zur Arbeits- und

---

[6] vgl. hierzu *Nickolaus, Reinhold*: Didaktik-Modelle und Konzepte beruflicher Bildung. 3. Aufl. (Studientexte Basiscurriculum Berufs- und Wirtschaftspädagogik Bd. 3) Baltmannsweiler: Schneider 2008

Berufswelt ab. „Ziel der vorberuflichen Bildung ist die Hinführung der Jugendlichen zur Arbeits- und Berufswelt, zu einer rationalen Berufs- bzw. Berufsfeldwahl sowie zur Berufsausbildungsfähigkeit" (*Bunk* 1982, S. 23). Wenn auch die verschiedenen Fächer der allgemeinen Schulen in unterschiedlichem Umfang Beiträge zur vorberuflichen Bildung leisten können, so ist eine breitere und tiefer gehende Berücksichtigung der Ziele der vorberuflichen Bildung möglich im Rahmen von speziellen Lehrveranstaltungen, z. B. zur Berufswahlvorbereitung, oder in Fächern, die sich an der Konzeption der Arbeitslehre orientieren (vgl. *Sommer/Albers* 1998, S. 37), oder in Fächern, die einen engeren Bezug zur Arbeits- und Berufswelt herstellen können, z. B. naturwissenschaftliche, wirtschafts- und sozialwissenschaftliche Fächer. Vorberufliche Bildung, die eine Berufsorientierung leisten soll, verstanden als Inhalt und Strategie des Erwerbs von Ausbildungs-, Arbeits- und Berufsfähigkeit, ist noch keine Berufsausbildung, sondern ergänzt die Allgemeinbildung (vgl. *Bunk* 1982, S. 23 ff.; *Kaiser* 2006, S. 474 f.; *Jung* 2008, S. 9). Berufsorientierung als Prozess soll zur Abstimmung zwischen subjektiven Voraussetzungen und objektiven Anforderungen beitragen und unnötige Warteschleifen vermeiden (vgl. *Decken/Butz* 2010, S. 26 und S. 81).

- *Berufsvorbereitende Bildung*: Während die vorberufliche Bildung für den Erwerb solcher Kenntnisse, Fertigkeiten, Fähigkeiten und Einstellungen Sorge tragen soll, die eine spätere Berufsausbildung oder berufliche Tätigkeit begünstigen, zielt berufsvorbereitende Bildung auf konkrete berufliche Tätigkeiten, für deren Bewältigung verschiedenartige Qualifikationen erforderlich sind (vgl. *Sommer/Albers* 1998, S. 35). Bei der berufsvorbereitenden Bildung kann es sich um Teile (Module) einer Berufsausbildung oder eine berufliche Grundbildung handeln. Einen Sonderfall der berufsvorbereitenden Bildung stellt das Berufsvorbereitungsjahr dar.

- *Berufsgrundbildung*: Die Berufsgrundbildung ist die erste einjährige Phase der Berufsausbildung. Berufsgrundbildung erfolgt jeweils in einem Berufsfeld, das eine Gruppe verwandter Berufe umfasst, für die eine gemeinsame Grundbildung möglich ist.

- *Berufsausbildung*: Eine Berufsausbildung wird i. e. S. als Phase der fachlichen Spezialisierung im Rahmen eines beruflichen Ausbildungsgangs verstanden, die sich der beruflichen Grundbildung anschließt.

- *Berufsfortbildung* und *Berufsweiterbildung*: Diese beiden Begriffe werden häufig auch synonym verwendet. Es wird auch von beruflicher Fortbildung bzw. beruflicher Weiterbildung gesprochen. Anlässe für Berufsfortbildung sind:

- Erhaltung der einmal erworbenen beruflichen Kenntnisse und Fertigkeiten, die in Vergessenheit geraten oder längere Zeit nicht benötigt worden sind (*Erhaltungsfortbildung*), z.B. während oder nach Mutterschafts- oder Vaterschaftsurlaub, berufsfremdem Einsatz, Arbeitslosigkeit.

- Erweiterung der beruflichen Kenntnisse und Fertigkeiten auf bestimmten Gebieten (*Erweiterungsfortbildung*), z.B. Facharbeiter erlernt ein technologisches Verfahren, das zwar während seiner Ausbildung praktiziert wurde, aber nicht Gegenstand der Berufsausbildung war; ein Verkäufer erweitert seine Fähigkeiten bezüglich der Schaufenstergestaltung durch den Besuch entsprechender Kurse.

- Maßnahmen der Anpassung an veränderte technische, ökonomische oder organisatorische Verhältnisse oder neue Anforderungen an einem Arbeitsplatz (*Anpassungsfortbildung*), z.B. Facharbeiter lässt sich in Neuentwicklungen der Mess- und Regeltechnik fortbilden; ein kaufmännischer Angestellter unterzieht sich einer Schulung im neu gefassten Steuerrecht.

- Kann ein Berufstätiger aufgrund der erworbenen Qualifikationen und ihrer Anwendung seine Fähigkeiten nicht voll ausschöpfen, befriedigen ihn seine Arbeitsaufgaben nicht mehr oder sind mit einer formal höheren Qualifikation größere Chancen verbunden, kann eine berufliche *Aufstiegsfortbildung* in Betracht kommen. Berufliche Aufstiegsfortbildung oder berufliche Aufstiegsweiterbildung bedeutet den Erwerb einer Kombination beruflicher Qualifikationen, die über der Qualifikationsebene des bisherigen Berufs liegen, z.B. Facharbeiter zum Meister, kaufmännischer Angestellter zum Fachwirt.

Wenn auch die Begriffe Berufsbildung, Berufsausbildung und berufliche Bildung sowie Berufserziehung synonym gebraucht werden, so hat doch das eigentlich nur für die betriebliche Ausbildung geltende *Berufsbildungsgesetz* (BBiG) von 1969 in seinem § 1 Abs. 1 zu folgender Begriffsfestlegung geführt, die über die betriebliche Ausbildung hinaus breite Beachtung gefunden hat: „Berufsbildung im Sinne dieses Gesetzes sind die Berufsausbildung, die berufliche Fortbildung und die berufliche Umschulung."[7]

Durch das Zweite Gesetz für moderne Dienstleistungen am Arbeitsmarkt vom 23.12.2002 wurde zum 1.1.2003 die *Berufsausbildungsvorbereitung* als eigenständiger Teil der Berufsbildung im § 1 Abs. 1 BBiG verankert.

---

[7] vgl. zum BBiG vor Novellierung 2005: BMBF (Hrsg.): Ausbildung & Beruf. Rechte und Pflichten während der Berufsausbildung. Bonn 2000 (mit Anhang Rechtsgrundlagen)

> „Die Berufsausbildungsvorbereitung richtet sich an lernbeeinträchtigte oder sozial benachteiligte Personen, deren Entwicklungsstand eine erfolgreiche Ausbildung in einem anerkannten Ausbildungsberuf noch nicht erwarten lässt. Sie muss nach Inhalt, Art, Ziel und Dauer den besonderen Erfordernissen des in Satz 1 genannten Personenkreises entsprechen und durch umfassende sozialpädagogische Betreuung und Unterstützung begleitet werden" (§ 68 Abs. 1 BBiG).

Ziel der Maßnahmen der *Berufsausbildungsvorbereitung* ist es, Jugendlichen und jungen Erwachsenen eine *berufliche Erstausbildung* zu ermöglichen, wobei bereits Teilinhalte einer Berufsausbildung in der Ausbildungsvorbereitung vermittelt werden sollen (vgl. BMBF 2005, S. 185 ff.). Kern der Berufsausbildungsvorbereitung ist nach dem Gesetz das Angebot von *Qualifizierungsbausteinen*, die aus den Ausbildungsordnungen als inhaltlich oder zeitlich geregelte Lerneinheiten entwickelt werden. Die Anbieter von Maßnahmen der Berufsausbildungsvorbereitung müssen diese vor Beginn der zuständigen Stelle nach BBiG schriftlich anzeigen und über die vermittelten Grundlagen für den Erwerb beruflicher Handlungsfähigkeit eine Bescheinigung ausstellen (§§ 68 – 70 BBiG).

Nach der vollständigen Novellierung des BBiG zum 1.4.2005 wird Berufsbildung wie folgt definiert (BMBF 2010, S. 57):

> (1) Berufsbildung im Sinne dieses Gesetzes sind die Berufsausbildungsvorbereitung, die Berufsausbildung, die berufliche Fortbildung und die berufliche Umschulung.
>
> (2) Die Berufsausbildungsvorbereitung dient dem Ziel, durch die Vermittlung von Grundlagen für den Erwerb beruflicher Handlungsfähigkeit an eine Berufsausbildung in einem anerkannten Ausbildungsberuf heranzuführen.
>
> (3) Die Berufsausbildung hat die für eine Ausübung einer qualifizierten beruflichen Tätigkeit in einer sich wandelnden Arbeitswelt notwendigen beruflichen Fertigkeiten, Kenntnisse und Fähigkeiten (berufliche Handlungsfähigkeit) in einem geordneten Ausbildungsgang zu vermitteln. Sie hat ferner den Erwerb der erforderlichen Berufserfahrungen zu ermöglichen.
>
> (4) Die berufliche Fortbildung soll es ermöglichen, die berufliche Handlungsfähigkeit zu erhalten und anzupassen oder zu erweitern und beruflich aufzusteigen.
>
> (5) Die berufliche Umschulung soll zu einer anderen beruflichen Tätigkeit befähigen (§ 1 BBiG).

Vorstehende Begriffsabklärungen sind juristische Festlegungen, die zwar berufspädagogisch gesehen inhaltlich umstritten sind, wegen ihrer großen Bedeutung aber nicht unbeachtet bleiben können.

1.2.2.2 Aufgaben der Berufsbildung

Aufgabe der *Berufsbildung* ist es, den Berufsnachwuchs auszubilden sowie die Ausgebildeten fort- bzw. weiterzubilden und gegebenenfalls beruflich umzuschulen. Die Unterscheidung zwischen *Zielen* und *Aufgaben* der *Berufsbildung* ist in der Literatur nicht immer eindeutig. Semantisch ist mit einem Ziel eine Vorstellung und eine Planung eines zukünftigen Zustandes angesprochen, der zugleich Orientierung für Handlungen und Handlungsfolgen darstellt. Um die Ziele zu erreichen, leiten sich Aufgaben ab. Berufsbildung hat daher die Aufgabe, die *berufliche Handlungsfähigkeit* und die entsprechende *Fachkompetenz* durch *Ausbildung* zu vermitteln und durch Fortbildung zu erhalten sowie weiterzuentwickeln.[8]

Nachdem die *Berufsausbildung* sich überwiegend auf Jugendliche und Heranwachsende erstreckt, ist nicht nur die *berufliche Tüchtigkeit* anzustreben, sondern im Zusammenhang mit der Persönlichkeitsentwicklung auch das Erreichen und Verfestigen der *Mündigkeit* zu fördern. Während berufliche Tüchtigkeit sich an der Qualifizierungsfunktion orientiert, handelt es sich bei der *Mündigkeit* um das Vermögen, verantwortlich und selbständig eigenes Handeln zu reflektieren, zu modifizieren und zu revidieren sowie auch berufliche Anforderungen zu gestalten (vgl. *Sloane* 2003, S. 9). In diesem Zusammenhang ist das BBiG anzuführen, das in § 14 Abs. 1 Ziff. 5 vorschreibt, der Ausbildende *„hat dafür zu sorgen, dass Auszubildende charakterlich gefördert sowie sittlich und körperlich nicht gefährdet werden"*. *„Charakterlich"* betrifft die Wesensgeprägtheit des Menschen, und mit *„sittlich"* kann man die Forderungen der Moral, der Sitte verstehen.[9] Diese gesetzliche Bestimmung verlangt daher von den Ausbildenden, auch Erziehungs- und Schutzfunktionen gegenüber den Auszubildenden wahrzunehmen und damit auch das Erreichen und Erhalten der Mündigkeit zu fördern.

---

[8] vgl. hierzu *Bonz, Bernhard*: Methodik – Lern-Arrangements in der Berufsbildung. 2. Aufl. (Studientexte Basiscurriculum Berufs- und Wirtschaftspädagogik Bd. 4) Baltmannsweiler: Schneider 2009; Nickolaus, Reinhold: Didaktik-Modelle und Konzepte beruflicher Bildung. 3. Aufl. (Studientexte Basiscurriculum Berufs- und Wirtschaftspädagogik Bd. 3) Baltmannsweiler: Schneider 2008

[9] vgl. hierzu Schanz, Heinrich: Lernfelder und ethisch-moralische Aspekte. In: Bonz, Bernhard; Kochendörfer, Jürgen; Schanz, Heinrich (Hrsg.): Lernfeldorientierter Unterricht und allgemeinbildende Fächer. (Berufsbildung konkret Bd. 9) Baltmannsweiler: Schneider 2009, S. 88–98

> Die Mündigkeit des Menschen, verstanden als Leistungs- und Verhaltensdisposition, kann nach *Heinrich Roth* als dreifache Kompetenz wie folgt definiert werden:
> 1. Sachkompetenz, d.h. für Sachbereiche urteils- und handlungsfähig und damit zuständig sein können,
> 2. Selbstkompetenz, d.h. für sich selbst verantwortlich handeln können,
> 3. Sozialkompetenz, d.h. für gesellschaftlich relevante Sach- oder Sozialbereiche urteils- und handlungsfähig und ebenso zuständig sein können (*Roth* 1971, S. 180).

Die genannten Kompetenzen sind nur definitorisch unterscheidbar, denn im Leben kommen sie getrennt nicht zur Geltung. *Sach- oder Fachkompetenz* ist daher ohne *Selbst- und Sozialkompetenz* kein sinnvoll erfüllter Begriff.[10] Im Zusammenhang mit der Berufskompetenz bzw. beruflichen Handlungskompetenz wird seit Jahren auch noch Methodenkompetenz unterschieden, obwohl eine Fachkompetenz, die nicht Methodenkompetenz einschließt, wenig bewirken kann.

> Mit *beruflicher Handlungskompetenz* wird das Potential beruflicher Fähigkeiten bezeichnet, die es einem Menschen erlauben, in konkreten beruflichen Situationen entsprechend den Leistungsanforderungen zu handeln. Solche situative Leistungsanforderungen werden im Beschäftigungssystem als Qualifikationen bezeichnet (vgl. *Reetz* 2006, S. 305).

Bildungsmaßnahmen für *Erwachsene*, also *Mündige*, müssen ebenfalls die Mündigkeit des einzelnen Menschen berücksichtigen, indem sie dazu beitragen, Mündigkeit der Erwachsenen nach Möglichkeit zu fördern und gegebenenfalls zu erhalten.

1.2.3 Das berufliche Bildungswesen

Institutionen der Berufsbildung sind pädagogische Einrichtungen, in denen Jugendlichen und Erwachsenen berufliche Bildung durch pädagogisch geschultes Personal vermittelt wird (vgl. *Tippelt* 2000, S. 8). *Das berufliche Bildungswesen umfasst die verschiedenen Institutionen der Berufsbildung.*

---

[10] vgl. hierzu *Euler, Dieter* (Hrsg.): Sozialkompetenzen in der beruflichen Bildung. Bern: Haupt 2009

> *Zum beruflichen Bildungswesen* bzw. *Berufsbildungswesen*, auch als *Berufsbildungssystem* bezeichnet, gehören die beruflichen Schulen, das betriebliche Bildungswesen, das außerbetriebliche berufliche Bildungswesen, das überbetriebliche berufliche Bildungswesen und die berufliche Weiterbildung.

Die Betriebe bzw. Unternehmen sind, soweit besondere Ausbildungseinrichtungen fehlen, keine pädagogischen Institutionen, obwohl in Betrieben in unterschiedlichem Umfang pädagogisch geschultes Personal vorhanden sein kann.[11] Im Zusammenhang mit der betrieblichen Bildungsarbeit darf nicht nur an die Lehrlingsausbildung gedacht werden, da u. a. der beruflichen Weiterbildung immer größere Bedeutung zukommt.

Können mit der Unterscheidung betriebsgebundene, schulgebundene oder duale Berufsausbildung bzw. berufliche Weiterbildung wohl eindeutige Organisationsstrukturen vermutet werden, so gilt dies bei der Vielzahl der Träger nicht mehr. Selbst bei den schulgebundenen Berufsbildungsmaßnahmen kann man nicht mehr allein auf staatlich-öffentliche Träger schließen, da auch im schulischen Bereich eine zunehmende Privatisierung zu verzeichnen ist. So hat sich z. B. bei der Berufsbildung und Förderung Behinderter ein eigenständiger Berufsbildungsbereich herausgebildet, wenn man bedenkt, dass 52 *Berufsbildungswerke* in Deutschland mit 15.000 Ausbildungsplätzen für die Berufsausbildung von Behinderten eingerichtet sind (vgl. *Seyd* 2006, S. 141 ff.).

Lipsmeier weist darauf hin, dass die privaten beruflichen Schulen in vielen Bereichen des Berufsbildungswesens wachsende Bedeutung haben und geht daher von einer schleichenden, aber kaum wahrgenommenen Systemveränderung aus (vgl. *Lipsmeier* 2011, S. 616).

Nachdem die *Berufsausbildungsvorbereitung* nach dem Berufsbildungsgesetz ein verbindlicher Bestandteil der Berufsbildung geworden ist und der *Übergang* von Schulabgängern in eine Berufsausbildung immer schwieriger wurde, haben berufsvorbereitende Maßnahmen eine so große quantitative Bedeutung erlangt, dass ein sehr differenziertes *Übergangssystem* als neuer Sektor des Berufsbildungswesens entstanden ist (vgl. *Kutscha* 2004, S. 167 ff.).

Das berufliche Bildungswesen bzw. das Berufsbildungswesen ist an der *Berufsförmigkeit* der *Erwerbsarbeit* orientiert und hat die Aufgabe, den Individuen berufliche Qualifikationen zu vermitteln und den gesellschaftlichen Bedarf an qualifi-

---

[11] *Kemper, Herwart*: Theorie pädagogischer Institutionen. In: *Roth, Leo* (Hrsg.): Pädagogik: Handbuch für Studium und Praxis. 2. Aufl., München: Oldenbourg 2001, S. 353–364

zierten Arbeitskräften zu befriedigen. Es besteht daher eine enge *Wechselbeziehung zwischen Berufsbildungs- und Beschäftigungssystem.*

> Das *Beschäftigungssystem* umfasst die Gesamtheit der Arbeitsplätze der unselbstständig und selbstständig beschäftigten Menschen zu einem gegebenen Zeitpunkt in den verschiedenen Wirtschaftsbereichen und in den öffentlichen Einrichtungen.

Aus funktionsanalytischer Sicht betreffen die Interdependenzen zwischen *Berufsbildungssystem* und *Beschäftigungssystem* die Qualifikations-, Allokations-, Sozialisations- und Absorptionsfunktion. Mit der *Qualifikationsfunktion* wird die Sicherung einer hohen Leistungsfähigkeit der Arbeitskräfte angesprochen, wobei es nicht nur um eine qualifizierte Berufsausbildung des Nachwuchses geht, sondern auch durch berufliche Weiterbildung die Leistungsfähigkeit der bereits ausgebildeten Arbeitskräfte zu erhalten und zu steigern sowie für neue Arbeitsanforderungen zu qualifizieren.

Mit der *Allokationsfunktion* wird die Problematik der quantitativen und qualitativen Abstimmung zwischen Berufsbildungs- und Beschäftigungssystem relevant. In diesem Zusammenhang ist beim Berufsnachwuchs auf die Berufswahlfreiheit und die so genannten Modeberufe hinzuweisen. Die *Sozialisationsfunktion* der Berufsbildung berührt über das Fachliche hinaus die Identifikation mit den Rollen- und Wertestrukturen der betrieblichen Arbeitsverhältnisse. Auf die beschleunigte Wissensproduktion und ihre Verbreitung sowie die schnelle Veralterung bzw. Entwertung von beruflichen Qualifikationen weist die *Absorptionsfunktion* hin. Es stellt sich die Frage, in welchem Umfang in Ausbildungs- und Weiterbildungsprozessen erworbene Qualifikationen verwertbar sind und in welchem Verhältnis diese Qualifikationsverwertung zu den aufgewandten Kosten steht (vgl. *Kutscha* 2006, S. 113 ff.). Es kann aber nicht unbeachtet bleiben, dass das allgemeine, also nicht berufliche Bildungswesen für das berufliche Bildungswesen wichtige Beiträge leistet und insofern das gesamte Bildungswesen für das Beschäftigungssystem relevant ist.

1.3 Die Bildungspolitik

1.3.1 Funktionen des Bildungswesens

Die Heranwachsenden können allein über die Teilnahme am täglichen Leben nicht mehr diejenigen Kompetenzen und Orientierungen erwerben, die für die Reproduktion und Weiterentwicklung einer Gesellschaft unerlässlich sind. Hoch entwickelte Gesellschaften benötigen daher *Institutionen*, die Aufgaben der *Qualifikation*, der *Selektion* und der *Legitimation* bzw. *Integration* wahrnehmen. Bildungssysteme als Teil der verschiedenen Bemühungen der erwachsenen Generation zur Integration der *Heranwachsenden* repräsentieren die gesellschaftlich veranstaltete *Sozialisation* (vgl. Fend 1976, S. 13). Aus soziologischer Sicht unterscheidet *Helmut Fend drei Funktionen des Schulwesens*, wobei auch diese Funktionen auf das gesamte Bildungswesen einer Gesellschaft bezogen werden können:

1. *Qualifikationsfunktion*: Im Schul- bzw. Bildungssystem ist die Reproduktion kultureller Systeme institutionalisiert. Es geht um den Erwerb der Sprache und der Schrift sowie um den Erwerb spezifischer Berufsqualifikationen. Durch Qualifizierung, verstanden als Vermittlung von Kenntnissen und Fertigkeiten, sollen die Voraussetzungen für die *Teilhabe* am gesellschaftlichen Leben und zur Ausübung konkreter Arbeit geschaffen werden.
2. *Selektionsfunktion*: Unter Selektion ist die über das Schul- bzw. Bildungssystem und seine vertikale Differenzierung erfolgende Auslese- und Zuweisungsfunktion zu unterschiedlichen sozialen Positionen zu verstehen. Es geht um die Sozialstruktur als ein System von Positionsverteilungen in einer Gesellschaft, wobei sich Positionszuweisungen auch im Zusammenhang mit beruflichen Tätigkeiten ergeben.
3. *Integrationsfunktion*: Im Schul- bzw. Bildungssystem ist die Reproduktion von solchen Normen, Werten und Interpretationsmustern institutionalisiert, welche die bestehenden Herrschaftsverhältnisse sichern. Mit der Integrationsfunktion ist auch die Legitimation der allgemeinen sozialen Verhältnisse verbunden, die z. B. über Rollenerwartungen und Autoritätsverhältnisse geleistet wird (vgl. Fend 1981, S. 15 ff.).

In einer späteren Veröffentlichung stellt *Fend* ein Funktionsschema des Zusammenhangs von Schule und Gesellschaft vor, wobei folgende Funktionen unterschieden werden: Enkulturationsfunktion, Qualifikationsfunktion, Allokationsfunktion und Integrationsfunktion (siehe Abbildung 3) (vgl. Fend 2006, S. 49 ff.).

Gesellschaft	Wirkungsbereich bei Schüler/Schülerin	Bildungssystem
Kultur und Sinnsysteme Symbolische Ordnungen	Kulturelle Teilhabe und kulturelle Identität Enkulturationsfunktion	Sozialisation und kulturelle Initiation
Ökonomisches System Produktionsbereich	Berufsrelevante Fähigkeiten Qualifikationsfunktion	Lehre und Unterricht
Sozialstruktur Berufliches Positionssystem	Stellung in der schulischen Leistungshierarchie Allokationsfunktion	Prüfungen und Berechtigungen
Politisches System Herrschaftsform	Soziale Identität und politische Teihabe Integrationsfunktion	Politische Bildung Institutionelle Regelsysteme und Herrschaftsformen

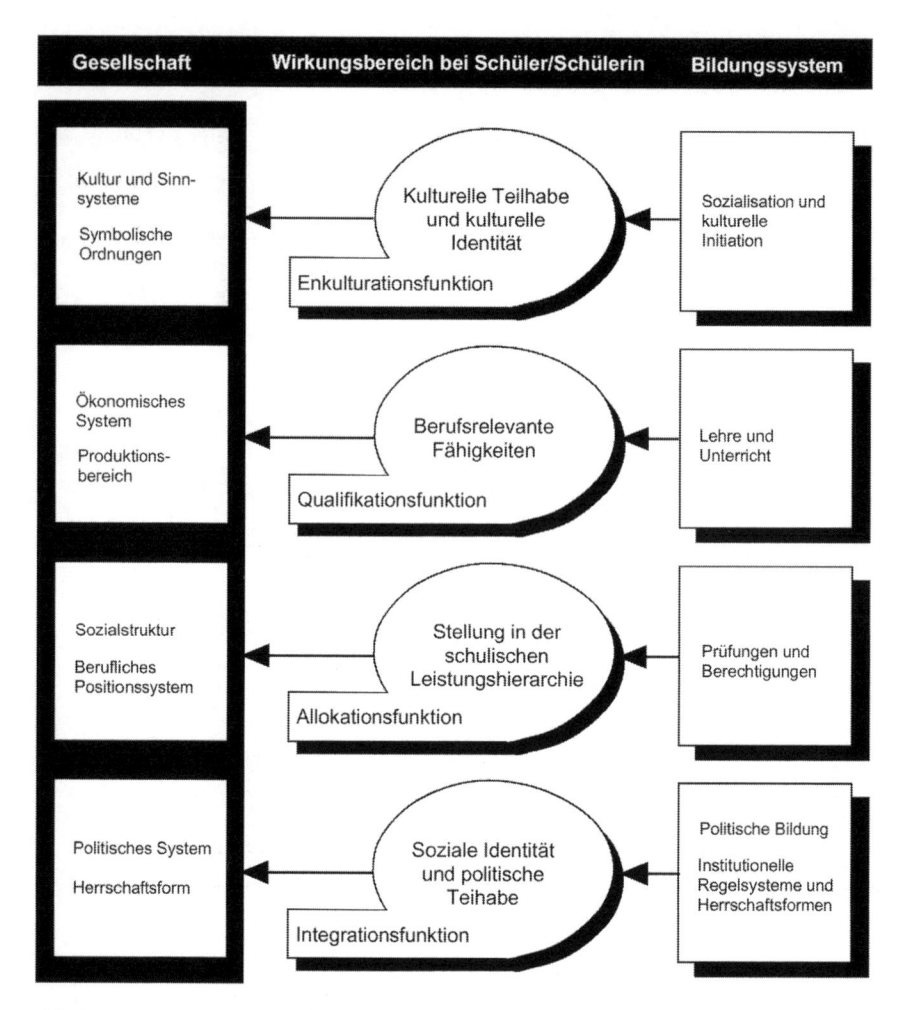

Abb. 3: Funktionsschema des Zusammenhangs von Schule und Gesellschaft
Quelle: *Fend, Helmut*: Neue Theorie der Schule. Einführung in das Verstehen der Bildungssysteme. Wiesbaden: VS Verlag für Sozialwissenschaften 2006, S. 51

Das *Schul- bzw. Bildungssystem* hat sowohl für die Entwicklung und Entfaltungsmöglichkeiten eines Menschen als auch für den Bestand und die Entwicklung einer Gesellschaft größte Bedeutung. Bereits der erreichte *formale Bildungsstand* eines Menschen weist auf diese Bedeutung hin (siehe Übersicht 2), zumal der erfolgreiche Abschluss eines Bildungsgangs mit bestimmten *Berechtigungen* verbunden sein kann, z. B. Abitur berechtigt zum Universitätsstudium, Fachhochschulreife berechtigt zum Fachhochschulstudium, Universitätsabsolvent kann in Laufbahn des höheren Dienstes beim Staat einsteigen. In arbeitsteilig organisierten Gesellschaften sind Berechtigungen ein wichtiges gesellschaftliches Steuerungsinstrument (vgl. *Kell* 1982, S. 289 ff.). Im Zusammenhang mit der individuellen und gesellschaftlichen Bedeutung des Bildungswesens und der darin ablaufenden Prozesse kommt der Bildungspolitik große Bedeutung zu.

Übersicht 2: Bedeutung des formalen Bildungsstandes

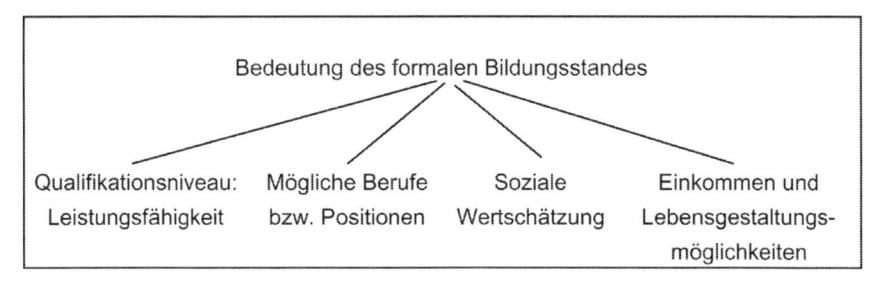

```
                    Bedeutung des formalen Bildungsstandes

Qualifikationsniveau:    Mögliche Berufe      Soziale         Einkommen und
Leistungsfähigkeit       bzw. Positionen      Wertschätzung   Lebensgestaltungs-
                                                              möglichkeiten
```

1.3.2 Akteure der Bildungspolitik

Parteien, Parlamente, Regierungen und Verbände sind zentrale Träger der Politik, wobei Politik auf die Durchsetzung bestimmter Ziele im staatlichen Bereich sowie auf die Gestaltung des öffentlichen Lebens gerichtet ist. *Bildungspolitik* ist ein Teilbereich der Politik neben anderen Politiken, wie z. B. Sozialpolitik, Wirtschaftspolitik. Gegenstand der Bildungspolitik sind die Schulen bzw. das gesamte Bildungssystem von der Vorschule bis zum Bereich der Weiterbildung. Bildungspolitik kann Ziele verfolgen, die für sämtliche Bildungsbereiche gelten, z. B. Verminderung der Ungleichheiten von Bildungschancen, oder nur einzelne Bereiche des Bildungswesens betreffen, z. B. das allgemeine oder das berufliche Schulwesen oder die Hochschulen (Makroebene), aber auch nur einzelne Institutionen, z. B. die Gesamtschule (Mesoebene), und schließlich auf die Gestaltung von Lernprozessen, z. B. handlungsorientiertes Lernen (Mikroebene), gerichtet sein (vgl. *Münch* 2002, S. 4). Bildungspolitik trifft organisatorische und juristische Regelungen für das Bildungssystem. Außerdem legt die Bildungspolitik Leitziele und Regelungen für die Gestaltung der Lehrpläne fest.[12]

Derbolav weist darauf hin, dass bezüglich des bildungspolitischen Handelns der pädagogische, der bildungsökonomische und gesellschaftspolitische Kompetenz-

---

[12] vgl. hierzu *Münch, Joachim*: Bildungspolitik. Baltmannsweiler: Schneider 2002

bereich zu unterscheiden und zu beachten sind und daher Bildungspolitik auch der Unterstützung anderer Fachpolitiken bedarf (vgl. *Derbolav* 1977, S. 17 und S. 65).

Einen besonders engen Bezug zum Bildungswesen haben die *Institutionen der Bildungspolitik*. An erster Stelle ist hierbei die *Kultusministerkonferenz* zu nennen, da in Deutschland auf Grund des *Föderalismus* die staatlichen Aufgaben zwischen dem Bund und den Ländern aufgeteilt sind. Nach dem Grundgesetz Art. 30 ist „Die Ausübung der staatlichen Befugnisse und die Erfüllung der staatlichen Aufgaben ... Sache der Länder, soweit dieses Grundgesetz keine andere Regelung trifft oder zuläßt". Nachdem der Bund hinsichtlich des Bildungswesens nur wenige Zuständigkeiten hat, sind Fragen der Kulturpolitik und der Kultusverwaltung, und damit das Schulwesen, Sache der Länder. Man spricht in diesem Zusammenhang von der *Kulturhoheit der Länder*. Allerdings hat der Bund für die außerschulische Berufsbildung eine Gesetzgebungskompetenz. Folgende Institutionen haben für die Bildungspolitik und ihre Regulierung zentrale Bedeutung:

> Die *„Ständige Konferenz der Kultusminister der Länder in der Bundesrepublik Deutschland"* ist das wichtigste Gremium zur Koordination der Kulturpolitik zwischen den einzelnen Bundesländern. Sie hat die Aufgabe, Angelegenheiten der Kulturpolitik von überregionaler Bedeutung mit dem Ziel einer gemeinsamen Willensbildung sowie zur Vertretung gemeinsamer Anliegen zu behandeln.

Die *Kultusministerkonferenz* (KMK) unterhält in Bonn ein Sekretariat. Jedes Land hat im Plenum der KMK und in den Ausschüssen eine Stimme. Entscheidungen über Sachfragen der Bildungspolitik verlangen Einstimmigkeit. Auch einstimmig gefasste Beschlüsse der KMK sind rechtlich nur Empfehlungen, die erst nach Übernahme durch den Gesetz- oder Verordnungsgeber eines Bundeslandes Landesrecht werden. Eine weitere bildungspolitische Institution war die *Bund-Länder-Kommission für Bildungsplanung und Forschungsförderung*.

Auf der Grundlage des Art. 91b GG hatten Bund und Länder 1970 ein Verwaltungsabkommen über die Einrichtung einer *Bund-Länder-Kommission für Bildungsplanung* (BLK) abgeschlossen. 1971 wurde das Abkommen um eine Rahmenvereinbarung zur Koordination von Modellversuchen und 1975 um eine Vereinbarung über Forschungsförderung erweitert, so dass die BLK als Bund-Länder-Kommission für Bildungsplanung und Forschungsförderung bezeichnet wurde (vgl. *Leschinsky* 2003, S. 161 ff.). Die BLK hat ihre Tätigkeit am 31.12.2007 beendet. Die Aufgaben in den Bereichen Wissenschafts- und Forschungsförderung wurden ab 1.1.2008 von der *„Gemeinsamen Wissenschaftskonferenz"* (GWK) übernommen.

Durch ein Verwaltungsabkommen zwischen Bund und Ländern wurde 1957 der Wissenschaftsrat geschaffen. Der *Wissenschaftsrat* hat zur inhaltlichen und strukturellen Entwicklung der Hochschulen, der Wissenschaft und der Forschung Empfehlungen zu erarbeiten. Die Empfehlungen sollen sich auch mit den quantitativen und finanziellen Auswirkungen ihrer Umsetzung befassen (vgl. *Leschinsky* 2003, S. 170 ff.).

1.3.3 Beratungsgremien für die Bildungspolitik

1953 wurde der *Deutsche Ausschuß für das Erziehungs- und Bildungswesen* gegründet, der bis zu seiner Auflösung 1965 Empfehlungen und Gutachten für die Umgestaltung und Vereinheitlichung des Bildungswesens vorlegte. Im Zusammenhang mit der Berufsbildung waren die *„Empfehlungen zum Aufbau der Hauptschule"* (1964) und das *„Gutachten über das Berufliche Ausbildungs- und Schulwesen"* (1964) bedeutungsvoll. Mit den Empfehlungen zur Hauptschule wurde u. a. eine Arbeitslehre als bildungswirksame Hinführung zur modernen Arbeitswelt und eine Berufswahlvorbereitung für eine neu gestaltete Hauptschule vorgeschlagen. Das Gutachten über das Berufliche Ausbildungs- und Schulwesen machte Vorschläge für den Ausbau und die Aufwertung des beruflichen Bildungswesens. Das Gutachten führte zu einer breiten Diskussion über das berufliche Bildungswesen in der deutschen Öffentlichkeit.

1965 wurde der *Deutsche Bildungsrat* gegründet, der bis 1975 bestand. Der Bildungsrat setzte sich zusammen aus einer Bildungskommission und einer Regierungskommission. In der Regierungskommission waren die Kultusminister, die Bundesregierung und die kommunalen Spitzenverbände vertreten. Die Bildungskommission war mit Wissenschaftlern und Persönlichkeiten des öffentlichen Lebens besetzt und hatte der Regierungskommission Vorschläge zu unterbreiten. Der Bildungsrat hat 18 Empfehlungen und über 50 Gutachten veröffentlicht. Der 1970 veröffentlichte *„Strukturplan für das Bildungswesen"* (398 Seiten!) stellte eine Gesamtperspektive für die langfristige Veränderung des Bildungssystems dar. Wenn auch der Ansatz des Strukturplans nicht vollständig übernommen wurde, so hat er doch Veränderungen im Bildungswesen ausgelöst und Impulse für die weitere Entwicklung gegeben (vgl. *Leschinsky* 2003, S. 168 ff.; *Münch* 2002, S. 15 f.). Im Strukturplan wird unter den allgemeinen Zielsetzungen die *Chancengleichheit* angeführt.[13]

---

[13] Neben der *Chancengleichheit* und der *Durchlässigkeit* sind weitere zentrale Postulate des Strukturplans die *Individualisierung* und *Differenzierung des Lernens*, die *Wissenschaftsorientierung* des Unterrichts sowie die *Integration von Allgemeinbildung und Berufsbildung*.

> *Chancengleichheit* soll nicht durch Nivellierung der Anforderungen erreicht werden. *Benachteiligungen* aufgrund regionaler, sozialer und individueller Voraussetzungen sollen durch Verbesserung der Bildungschancen aufgehoben werden (vgl. *Deutscher Bildungsrat* 1970, S. 30f.).

Chancengleichheit lässt sich aber nicht nur formal durch entsprechende Regelungen und finanzielle Förderung erreichen (siehe Übersicht 3), sondern die Hindernisse, die der Realisierung der Chancengleichheit entgegenstehen, müssen beseitigt oder zumindest vermindert werden. Übersicht 4 zeigt Hindernisse, die der Realisierung der Chancengleichheit entgegenstehen.

Übersicht 3: Formale Sicherung der Chancengleichheit

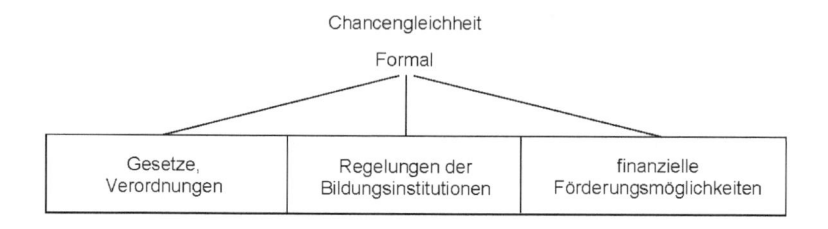

```
                    Chancengleichheit
                         Formal
         ┌──────────────────┼──────────────────┐
   Gesetze,           Regelungen der       finanzielle
 Verordnungen      Bildungsinstitutionen  Förderungsmöglichkeiten
```

Übersicht 4: Barrieren für die Realisierung der Chancengleichheit

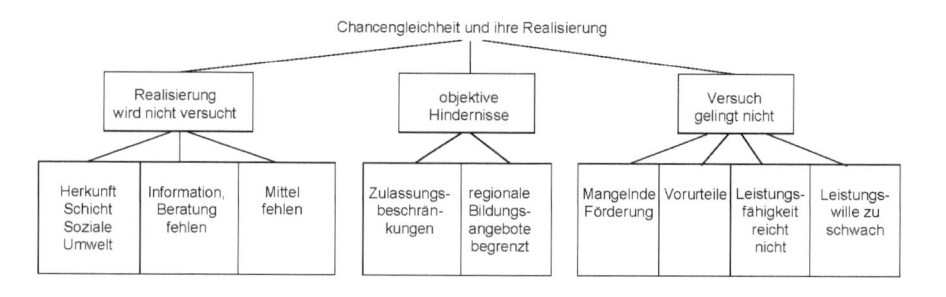

```
                    Chancengleichheit und ihre Realisierung
         ┌────────────────────────┬────────────────────────┐
    Realisierung              objektive                Versuch
  wird nicht versucht        Hindernisse             gelingt nicht
    ┌────┬────┬────┐          ┌─────┬─────┐        ┌──────┬─────┬───────┬────────┐
Herkunft  Information, Mittel Zulassungs- regionale Mangelnde Vorurteile Leistungs- Leistungs-
Schicht   Beratung    fehlen  beschrän-   Bildungs- Förderung            fähigkeit  wille zu
Soziale   fehlen              kungen      angebote                       reicht     schwach
Umwelt                                    begrenzt                       nicht
```

> Mit der Forderung nach *Durchlässigkeit* will der Strukturplan Chancengleichheit auch institutionell bzw. organisatorisch ermöglichen. Durchlässigkeit heißt, dass kein Bildungsgang in einer Sackgasse enden darf. Das Bildungswesen muss so gestaltet sein, dass früher gefällte Entscheidungen für ein Bildungsziel korrigiert werden können (vgl. *Deutscher Bildungsrat* 1970, S. 38).

Bund und Länder haben 1999 bis 2001 das *Forum Bildung* eingesetzt, um Qualität und Zukunftsfähigkeit des deutschen Bildungssystems sicherzustellen. Unter dem gemeinsamen Vorsitz der Bundesbildungsministerin und Bayerns Wissenschaftsminister arbeiteten im Forum Bildung Bildungs- und Wissenschaftsministerinnen und -minister des Bundes und der Länder sowie Vertreterinnen und Vertreter der Sozialpartner, Wissenschaft, Kirchen, Auszubildenden und Studierenden zusammen. Im Mittelpunkt der Arbeit des Forums Bildung standen fünf bildungsbereichsübergreifende Themenschwerpunkte, die Bund und Länder gemeinsam berühren:

– Bildungs- und Qualifikationsziele von morgen,
– Förderung von Chancengleichheit,
– Qualitätssicherung im internationalen Wettbewerb,
– Lernen ein Leben lang,
– Neue Lern- und Lehrkultur.

Forum Bildung hatte Empfehlungen zu Bildungszielen, -inhalten und -methoden erarbeitet und eine breite öffentliche Debatte über Bildung ausgelöst (vgl. *Arbeitsstab Forum Bildung* 2001, S. 94).

Für die Beratung und Gestaltung der Bildungspolitik sind auch das 2004 von der KMK gegründete *„Institut zur Qualitätsentwicklung im Bildungswesen (IQB) an der Humboldt-Universität zu Berlin"* und das 2010 vom Bundesministerium für Bildung und Forschung und der KMK gegründete *„Zentrum für internationale Bildungsvergleichsstudien (ZIB)" an der Technischen Universität München* von Bedeutung. „Die Hauptaufgabe des IQB besteht darin, die Bildungsstandards zu präzisieren, weiterzuentwickeln und auf ihrer Basis Aufgaben zu erarbeiten, mit denen festgestellt werden kann, ob die in den Bildungsstandards formulierten Kompetenzerwartungen eingelöst werden" (KMK 2011, S. 212). Das ZIB soll zunächst bis 2016 in Deutschland die PISA-Studien durchführen sowie Forschungen zur Weiterentwicklung von Bildungsvergleichen betreiben (vgl. KMK 2011, S. 212).

1.3.4 Die Berufsbildungspolitik

Für Teilbereiche des Bildungswesens haben sich aufgrund der Komplexität und spezifischer Problemlagen Besonderungen der Bildungspolitik mit den Bezeichnungen *Berufsbildungspolitik* und *Hochschulpolitik* herausgebildet (vgl. *Münch* 2002, S. 4). Zielfeld der *Berufsbildungspolitik* ist das berufliche Bildungswesen, wobei berufsbildungspolitische Entscheidungsprozesse in der Regel komplizierter verlaufen als solche der allgemeinen Bildungspolitik (vgl. *Münch* 1979, S. 434). Joachim *Münch* nennt hierfür folgende Ursachen:

- „Der rechtliche Dualismus im Bereich der Lehrlingsausbildung (Bundeskompetenz für die Ausbildung in den Betrieben – Länderkompetenz für die Berufsschule),
- die relative Nähe der Berufsbildungspolitik zur Wirtschaftspolitik und Arbeitsmarktpolitik,
- das unmittelbare und starke Interesse der Arbeitgeberorganisationen an der Berufsbildung,
- das unmittelbare und starke Interesse der Gewerkschaften an der Berufsbildung,
- die Vielfalt der Gremien und Institutionen, die sich mit Fragen der Berufsbildung befassen" (*Münch* 1979, S. 438).

Berufsbildungspolitik kann wie jede Politik auf Veränderung (Reform) oder Bewahrung des Bestehenden ausgerichtet sein. Reformen können sich auf das gesamte Berufsbildungssystem oder nur auf Teile des Berufsbildungssystems beziehen. Es können äußere Reformen, z. B. organisatorische Veränderungen, rechtliche Rahmenregelungen oder innere Reformen, z. B. Einführung neuer Methoden, Neufestlegung der Prüfungsverfahren, Änderungen bezüglich der Curricula, unterschieden werden (vgl. *Münch* 1979, S. 436 ff.).

Berufsbildungspolitik muss sich sehr stark an den sich verändernden Anforderungen des Beschäftigungssystems orientieren, damit *Modernitätsrückstände* vermieden oder minimiert werden, z. B. Einführung neuer Techniken und neuer Berufe. Eine wichtige Reform für die Berufsbildung war 1969 das *Berufsbildungsgesetz* (BBiG), das die Berufsausbildung der Lehrlinge und auch Fragen der beruflichen Weiterbildung regelte. Auf der Grundlage des BBiG wurden Rechtsverordnungen erlassen, die für die berufliche Bildung von großer Bedeutung sind. Es handelt sich z. B. um die Ausbildungsordnungen und die Ausbilder-Eignungsverordnung.

Die Vorgaben der Berufsbildungspolitik wirken auf das Berufsbildungssystem ein und beeinflussen didaktische Planungen und Entscheidungen auf drei Systemebenen, und zwar Makro-, Meso- und Mikroebene (siehe Abbildung 4).

	Ebene	Fragestellung	Arbeitsbereich
	Makroebene (normativ) Bildungsphilosophie Bildungspolitik	Welche Ziele sollen mit Schule und Unterricht erreicht werden?	Leitideen
Instruktionsdesign	**Mesoebene** (curricular) Curriculumplanung	Wie soll der Lehrplan im Hinblick auf die Leitideen organisatorisch/institutionell und lerntheoretisch gestaltet werden?	Lehrplanvorgaben (Richtziele, Lernziele)
	Mikroebene (instruktional) Unterrichtsgestaltung	Wie sollen die Unterrichtseinheiten konkret gestaltet werden (*Lehr*-Lern-Situation)?	Unterrichtsgestaltung

Abb. 4: Die drei Ebenen von Lehrplan und Unterricht
Quelle: Dubs, Rolf: Curriculare Vorgaben und Lehr-Lernprozesse in beruflichen Schulen. In: *Bonz, Bernhard* (Hrsg.): Didaktik der beruflichen Bildung. (Berufsbildung konkret Bd. 2) Baltmannsweiler: Schneider 2001, S. 52

Institutionen der Berufsbildung sind in vielfältiger Weise mit anderen Bereichen der Gesellschaft verbunden, so dass neben den bereits genannten Institutionen der Bildungspolitik weitere Institutionen im Zusammenhang mit der Berufsbildungspolitik anzuführen sind. Hierzu gehören:

- *Bundesministerium für Bildung und Forschung* (BMBF), das Grundsatz-, Koordinierungs- und Rechtsetzungsaufgaben z B. in den Bereichen der Berufsbildung, Weiterbildung und Ausbildungsförderung wahrnimmt.
- *Bundesministerium für Wirtschaft und Arbeit* (BMWA) als wichtigster Verordnungsgeber für Ausbildungsordnungen bzw. Ausbildungsberufe.
- *Bundesinstitut für Berufsbildung* (BIBB). Das BIBB befasst sich vor allem mit der Erforschung und Weiterentwicklung der beruflichen Aus- und Fortbildung.
- *Institut für Arbeitsmarkt- und Berufsforschung* der Bundesagentur für Arbeit (IAB). Arbeitsgebiete des IAB sind z. B. empirische Forschung, theoretische und methodische Grundlagenarbeiten auf den Gebieten der Ausbildungs- und Arbeitsmarktentwicklung.
- *Deutscher Industrie- und Handelskammertag* (DIHK) ist die Spitzenorganisation der 82 Industrie- und Handelskammern (IHK). Die IHKn vertreten die Interessen ihrer zugehörigen Unternehmen gegenüber den regionalen Kommunen und staatlichen Stellen. Im Zusammenhang mit der Berufsbildung haben sie als zustän-

dige Stellen nach dem BBiG umfangreiche Aufgaben, z. B. Abnahme von Prüfungen. Der DIHK vertritt die Interessen der Unternehmen gegenüber der Bundesregierung.

- *Deutscher Handwerkskammertag* (DHKT) ist der Dachverband der 53 Handwerkskammern in Deutschland und vertritt gemeinsame Angelegenheiten der Handwerkskammern und damit auch Fragen der Berufsbildung.
- *Kuratorium der Deutschen Wirtschaft* für Berufsbildung ist eine Koordinierungseinrichtung der Wirtschaft für die berufliche Bildung. Dem Kuratorium gehören acht Spitzenverbände der Wirtschaft an.
- Neben dem *Deutschen Gewerkschaftsbund* (DGB) sind auch die einzelnen *Gewerkschaften* an Fragen der Berufsbildung interessiert und versuchen Einfluss auf die Berufsbildungspolitik zu nehmen. In diesem Zusammenhang ist auch der „*Bundesverband der Lehrerinnen und Lehrer an beruflichen Schulen*" relevant.
- *Institut der deutschen Wirtschaft* (IW) Köln. Die Hauptabteilung „*Bildung und Arbeitsmarkt*" befasst sich im Rahmen von Gutachten, Publikationen und Veranstaltungen mit Fragen der Entwicklung des Bildungs- und Ausbildungssystems sowie den Beziehungen zwischen Bildungs- und Beschäftigungssystem.

Im Zusammenhang mit der Berufsbildungspolitik obliegen folgenden Gremien nach dem Berufsbildungsgesetz (BBiG) Beratungsaufgaben:

- Nach § 83 BBiG haben die Landesausschüsse für Berufsbildung die Landesregierungen in Fragen der Berufsbildung, die sich für das jeweilige Land ergeben, zu beraten und auf eine stetige Entwicklung der beruflichen Bildung hinzuwirken.
- Der Hauptausschuss des Bundesinstituts für Berufsbildung hat nach § 92 BBiG die Bundesregierung in grundsätzlichen Fragen der Berufsbildung zu beraten.
- Schließlich sind bildungspolitische Gremien mit gesetzes- und verordnungsvorbereitender Beschlusskraft (Bildungs-, Wissenschafts- und Kulturausschüsse der Landtage und des Bundestages) anzuführen (vgl. hierzu *Dauenhauer* 2006, S. 193 f.).

Zusammenfassung zum Kapitel 1

Der Mensch ist bei seiner Geburt im Vergleich zum Tier ein *Mängelwesen*, das nur über einen langjährigen Lern- und Entwicklungsprozess unter Anregung und Unterstützung von Erwachsenen den Erwachsenenstatus – die *Mündigkeit* – erreichen kann. Der lernfähige und lernbedürftige Mensch kann im Rahmen seiner Entwicklung zunehmend selbstgesteuert lernen und sich von der Abhängigkeit von Erwachsenen lösen. Im Hinblick auf das Erwachsenwerden spielt auch norm- und wertgeladenes Lernen – mit dem mehrdeutigen Wort *Erziehung* bezeichnet – eine große

Rolle. Erreicht der Heranwachsende in seiner Persönlichkeitsentwicklung die Mündigkeit, so kann und muss er sein Leben vollverantwortlich führen. Dabei wird die *Bildung* als ständige Auseinandersetzung mit der Lebensrealität relevant.

Jeder Mensch wird in eine bestimmte sozial geordnete Umwelt hineingeboren. Im Rahmen der *Sozialisation* erfolgt das weitgehend funktionale Lernen der sozialen Werte und Normen sowie der sozialen Rollen einer Gesellschaft.

„Bildungssysteme sind inhaltlich gesehen Institutionen, die gesellschaftlich gewollte, verstetigte und methodisierte Menschenbildung und Kulturübertragung realisieren" *(Fend* 2006, S. 29).

Das deutsche Bildungswesen, auch als *Bildungssystem* bezeichnet, umfasst die Gesamtheit der Erziehungs- und Bildungseinrichtungen der Bundesrepublik Deutschland. Es schließt das differenzierte Schul- und Berufsbildungswesen, den Weiterbildungsbereich sowie das Hochschulwesen ein.

Das deutsche Bildungswesen ist in Anlehnung an den „*Strukturplan für das Bildungswesen*" horizontal in sechs Lernbereiche oder Stufen eingeteilt. Es werden Elementar-, Primar-, Sekundarbereich I und II sowie tertiärer und quartärer Bereich unterschieden. Abgesehen von der Einteilung des Bildungswesens in Lernbereiche bestehen bezüglich der konkreten Ausgestaltung der einzelnen Bildungseinrichtungen länderweise unterschiedliche Regelungen, da auf Grund des Föderalismus in Fragen der Kulturpolitik und Kultusverwaltung die Bundesländer die gesetzgebende und administrative Kompetenz haben.

Arbeit und Beruf sind Grundphänomene des Menschseins. Der Mensch erschließt sich mit der *Arbeit* die Natur für seine Bedürfnisse. Mit Hilfe der *Arbeitsteilung* kann der Mensch seine Arbeit erleichtern, beschleunigen und allein nicht zu bewältigende Arbeitserfordernisse realisieren. Die Arbeitsteilung führte zur Entstehung von Berufen, wobei *ein Beruf* eine bestimmte Gruppe von Arbeiten umfasst. Während Arbeit als konkreter Vorgang beobachtbar und im Ergebnis – der Leistung – fassbar ist, stellt der Beruf ein Abstraktum dar. Die Berufswelt befindet sich in einem tiefgreifenden Wandel. Aufgabe der Berufsbildung ist es, den Berufsnachwuchs auszubilden sowie die Ausgebildeten fort- bzw. weiterzubilden und gegebenenfalls beruflich umzuschulen.

Berufliche Bildung bzw. Berufsbildung vermittelt Kenntnisse und Fertigkeiten sowie spezifische Norm- und Wertvorstellungen im Rahmen eines organisierten Lehr-Lern-Prozesses für einen Beruf bzw. berufliche Tätigkeiten mit unterschiedlicher Ausprägung. Ziel der Berufsbildung ist die Vermittlung, Erhaltung und/oder Steigerung der Berufsbefähigung für eine Erwerbsarbeit im Beschäftigungssystem.

Grundformen der Berufsbildung sind:

- *Vorberufliche Bildung*, verstanden als eine Vorbereitung auf eine Berufsausbildung im Zusammenhang mit der Vorbereitung auf die Berufswahl und die Ausbildungsfähigkeit (Ausbildungsreife).
- *Berufsvorbereitende Bildung* zielt bereits auf konkrete berufliche Tätigkeit, für deren Bewältigung bestimmte Qualifikationen erforderlich sind. In diesem Zusammenhang ist auch die Berufsausbildungsvorbereitung anzuführen.
- *Berufsgrundbildung*: Die Berufsgrundbildung ist die erste einjährige Phase der Berufsausbildung auf der Breite eines Berufsfeldes. Ein Berufsfeld umfasst eine Gruppe verwandter Berufe, für die eine gemeinsame Grundbildung möglich ist.
- *Berufsausbildung* wird i. e. S. als Phase der fachlichen Spezialisierung im Rahmen eines beruflichen Ausbildungsganges verstanden, die sich an die berufliche Grundbildung anschließt.
- *Berufliche Fortbildung*: Es können unterschieden werden Anpassungs-, Erhaltungs-, Erweiterungs- und Aufstiegsfortbildung.

Das 2005 neu gefasste BBiG definiert Berufsbildung wie folgt: „Berufsbildung im Sinne dieses Gesetzes sind die *Berufsausbildungsvorbereitung*, die Berufsausbildung, die berufliche Fortbildung und die berufliche Umschulung."

Ziel der Maßnahmen der Berufsausbildungsvorbereitung ist, lernbeeinträchtigten oder sozial benachteiligten Personen, deren Entwicklungsstand eine erfolgreiche Ausbildung in einem anerkannten Ausbildungsberuf noch nicht erwarten lässt, eine berufliche Erstausbildung zu ermöglichen, wobei bereits Teilinhalte als Qualifizierungsbausteine eines Ausbildungsberufs in der Ausbildungsvorbereitung vermittelt werden sollen.

Nachdem Berufsausbildung sich überwiegend an Jugendliche und Heranwachsende richtet, ist nicht nur die *berufliche Tüchtigkeit*, sondern auch das Erreichen und Verfestigen der *Mündigkeit* zu fördern. *Mündigkeit* wird nach *Heinrich Roth* als Sach-, Selbst- und Sozialkompetenz verstanden, wobei im Hinblick auf die Leistungsanforderungen des Beschäftigungssystems eine *berufliche Handlungskompetenz* gefordert wird.

Das berufliche Bildungswesen bzw. das *Berufsbildungssystem* umfasst die beruflichen Schulen, das betriebliche Bildungswesen, das außerbetriebliche berufliche Bildungswesen, das überbetriebliche berufliche Bildungswesen und die berufliche Weiterbildung.

Interdependenzen zwischen Bildungssystem bzw. Berufsbildungssystem und Beschäftigungssystem bestehen hinsichtlich der Qualifikations-, Allokations-, Sozialisations- und Absorptionsfunktion.

Bezüglich der *Bildungspolitik* sind zahlreiche Akteure, Beratungsgremien und Institutionen der Bildungspolitik zu unterscheiden.

Bei der *Berufsbildungspolitik* sind die bildungspolitischen Entscheidungsprozesse noch komplizierter als bei der allgemeinen Bildungspolitik, da u. a. die sich laufend verändernden Anforderungen des Beschäftigungssystems zu beachten sind.

Zur Diskussion ...

1. Der heranwachsende Mensch soll und will erwachsen werden, wobei seine Entwicklung nicht nur durch Reifungsprozesse, sondern vor allem durch fremd- oder selbstangeregte Lernprozesse bestimmt wird. Das Erwachsensein ist mit dem Begriff der Mündigkeit verbunden. „Der Unmündige soll mündig werden, doch auf Grund seiner Unmündigkeit weiß er nicht, was er soll" (*Ritzel* 1973, S. 123). Welche Problematik ergibt sich aus vorstehender Aussage und welche Möglichkeiten bestehen, dieser abzuhelfen?

2. Sozialisation, Enkulturation und Personalisation gehen teilweise ineinander über, kennzeichnen aber doch die jeweils unter anderem Aspekt auch mit Hilfe der Erziehung und Bildung ablaufenden langjährigen Lernprozesse, die zur Herausbildung der sozialkulturellen Persönlichkeit beitragen. Ein Mensch wird in eine sozialkulturelle Umwelt hineingeboren und muss erst Mitglied der Gesellschaft werden und die Kultur erlernen. Anders ist es bei einem Einwanderer in ein wesentlich anderes sozialkulturelles Umfeld. Es kann zu gravierenden Widersprüchen zwischen der bisherigen „erlernten" Kultur und der neuen Kultur kommen. Wie kann bei Auszubildenden und Schülern diesen Widersprüchen begegnet und die Integration in die neue Kultur gefördert werden?

3. Die Bedeutung des Bildungswesens für den einzelnen Menschen wird z. B. einsichtig, wenn man an die Zertifikate und Berechtigungen des formalen Bildungsstandes denkt. Inwieweit erschwert oder verhindert ein bestimmter formaler Bildungsstand das Wahrnehmen von Chancen, und welche Möglichkeiten bestehen, vorhandene Barrieren zu überwinden?

4. Unter Bildungspolitik versteht man die politisch-legislativen Maßnahmen zur Gestaltung und Weiterentwicklung des Bildungswesens. Hauptziele der Bildungspolitik sind u. a. eine der Begabung entsprechende Bildung (Chancengleichheit), Befähigung zur Wahrnehmung der in der Verfassung garantierten Rechte und zum demokratischen Zusammenleben, Sicherung der individuellen und nationalen Existenz sowie der wissenschaftlichen, technischen und wirtschaftlichen Entwicklung, Sicherstellung des Bedarfs an intellektuellen und

sozialen Qualifikationen (vgl. *Böhm* 2005, S. 97f.). Überlegen und begründen Sie, welche Vorschläge zurzeit diskutiert, gefördert und favorisiert werden.

5. Bei der Berufswahl werden häufig bestimmte Ausbildungsberufe bevorzugt oder abgelehnt, was zu Diskrepanzen hinsichtlich des Nachwuchsbedarfs des Beschäftigungssystems führen kann. Überlegen Sie Möglichkeiten, die dieser Problematik entgegenwirken.

6. Die Berufswelt befindet sich in einem tiefgreifenden Wandel. Nennen Sie Beispiele für den Wandel.

Überblick zu Kapitel 2

Dieses Kapitel befasst sich mit dem dualen System der Berufsausbildung, in dem die Institutionen Betrieb und Berufsschule zusammenwirken. Möglichkeiten und Grenzen der Ausbildung im Betrieb und in der Berufsschule werden dargestellt und die überbetriebliche Ausbildung angesprochen. Ein besonderer Abschnitt behandelt berufsvorbereitende Qualifizierungsmaßnahmen für besondere Zielgruppen.

2	Das duale System der Berufsausbildung
2.1	Rechtliche Grundlagen
2.1.1	Berufsausbildung im Betrieb und in der Berufsschule
2.1.2	Das Berufsbildungsgesetz
2.1.2.1	Die Ausbildungsberufe
2.1.2.2	Die Ausbildungsordnungen
2.1.2.3	Das Bundesinstitut für Berufsbildung
2.1.3	Die Schulgesetze der Länder
2.2	Berufsausbildung im Betrieb
2.2.1	Ordnung der Ausbildung
2.2.2	Lernorte im Betrieb
2.3	Die Berufsschule im dualen System der Berufsausbildung
2.4	Die überbetriebliche Ausbildung
2.4.1	Grenzen der Ausbildung an regulären Arbeitsplätzen
2.4.2	Relevanz der überbetrieblichen Ausbildung
2.5	Die Lernortkooperation und der Ausbildungsverbund
2.6	Prüfungen und Zertifizierungen im beruflichen Bildungswesen
2.6.1	Prüfungen im Rahmen des dualen Systems der Berufsausbildung
2.6.2	Zertifizierung von Zusatzqualifikationen
2.7	Berufsvorbereitende Qualifizierungsmaßnahmen für bestimmte Zielgruppen
2.7.1	Berufsorientierende Bildungsmaßnahmen
2.7.2	Berufsvorbereitende Bildungsmaßnahmen
2.7.3	Maßnahmen der Bundesagentur für Arbeit
2.7.4	Personengruppen, die besonderer Förderung bedürfen
2.7.5	Berufsausbildung von behinderten Menschen

Zusammenfassung zum Kapitel 2

Zur Diskussion ...

2 Das duale System der Berufsausbildung

2.1 Rechtliche Grundlagen

2.1.1 Berufsausbildung im Betrieb und in der Berufsschule

> Die *Berufsausbildung* auf der unteren Qualifikationsebene der Facharbeiter und Fachangestellten erfolgt in Deutschland überwiegend im so genannten *dualen System der Berufsausbildung*. Unter dem dualen System der Berufsausbildung versteht man die Ausbildung in der Institution Betrieb und ausbildungsbegleitend in der Institution Berufsschule.[14]

Die älteste und erste Form der Berufsausbildung war die *produktionsgebundene Lehrlingsausbildung* in den Betrieben der Handwerksmeister. „Die mittelalterliche Meisterlehre hatte die handwerkliche Imitatio am Arbeitsplatz zum Mittelpunkt; der Lehrling war Mitglied der Meisterfamilie" (*Dauenhauer* 1996, S. 71). Diese *betriebliche Berufslehre* erfolgte mehr beiläufig durch Mittun und Nachvollzug der in einem Beruf anfallenden Arbeiten. Nachdem im 19. Jahrhundert sich die industrielle Wirtschaft entfaltete und sich damit auch die Gesellschaft veränderte, wurden die Formen der Ausbildung in Frage gestellt. Der Gesetzgeber hat daher 1897 mit dem Handwerkergesetz die praktische betriebliche Lehre neu geordnet und die *schulische Berufsausbildung* in der Form der *gewerblichen Fortbildungsschule* als Ergänzung zur praktischen Lehre eingeführt. Damit wurde das duale System der deutschen Berufsausbildung auf den Weg gebracht (vgl. *Adelmann* 1979, S. 10 ff.; *Abel* 1964, S. 20; *Zabeck* 2013, S. 424 ff.).

Die Bezeichnung *„duales System"* hat sich nach ihrer Verwendung 1964 durch den Deutschen Ausschuß für das Erziehungs- und Bildungswesen im Gutachten über das Berufliche Ausbildungs- und Schulwesen durchgesetzt. Mit dem Bezug auf ein *System* wird davon ausgegangen, dass eine *Organisation* nach bestimmten Prinzipien geordnet vorliegt, während bei der dualen Berufsausbildung nur zwei voneinander unabhängige Entscheidungsträger, nämlich überwiegend private Betriebe und öffentliche Berufsschulen, nebeneinander tätig sind bzw. zusammenwirken. Nach *Kutscha* stellt sich die Frage, ob überhaupt von einem *„System"* der Berufsausbildung gesprochen werden kann, wenn man an die Heterogenität beruflicher Ausbildungsmaßnahmen in den unterschiedlich strukturierten *Lernorten* wie Betrieben,

---

[14] vgl. hierzu *Baethge, Martin*; *Solga, Heike*; *Wieck, Markus*: Berufsbildung im Umbruch. Berlin 2007; *Arnold, Rolf*; *Münch, Joachim*: 120 Fragen und Antworten zum dualen System der Berufsausbildung. Baltmannsweiler: Schneider 2000

Berufsschulen, betrieblichen und überbetrieblichen Ausbildungswerkstätten denkt (vgl. *Kutscha* 1982, S. 203). *Greinert* sieht das grundlegende Charakteristikum des dualen Systems der Berufsausbildung nicht in den zwei Lernorten, sondern in der *Dualität von zwei Regelungs- und Steuerungsmustern*, die ein „*dual-korporatistisches System*" bilden mit den konstitutiven Elementen eines privaten Ausbildungs(-stellen)marktes und einer Anzahl öffentlich-rechtlicher Normierungen (vgl. *Greinert* 2001, S. 186). *Zabeck* spricht von einer „*dualistischen Ordnung*", welche die Selbstständigkeit der beiden Ausbildungsträger berücksichtigt (vgl. *Zabeck* 2013, S. 473). „Es kann nämlich keine Rede davon sein, dass es sich bei der institutionellen Zuordnung der ausbildenden Betriebe zur berufsorientierten Fortbildungsschule bzw. Berufsschule um ein 'System' im eigentlichen Sinne handelt" (*Zabeck* 2013, S. 472).

Trotz dieser Einwände wird an der üblichen Kennzeichnung „*duales System*" festgehalten. Tabelle 2 zeigt die quantitative Beteiligung an der dualen Ausbildung und die Verteilung der Auszubildenden auf die verschiedenen Ausbildungsbereiche.

Die *duale Berufsausbildung* wird von verschiedenen operativen Ebenen getragen, „nämlich primär von Betrieben, Kammern und Berufsschulen, die keinen gemeinsamen, sondern verschiedenen Sinnkonzepten angehören" (*Harney/Rahn* 2000, S. 733). Dies bedeutet, dass eine berufliche, betriebliche und schulische *Handlungslogik* unterschieden werden kann (vgl. *Harney/Rahn* 2000, S. 733).

Tab. 2: Auszubildende am 31.12. nach Ausbildungsbereichen

Ausbildungsbereich	2012	2013[1]	Veränderung zum Vorjahr in %
Insgesamt	1 429 977	1 391 598	-2,7
davon			
Industrie und Handel	841 062	825 162	-1,9
Handwerk	400 131	381 415	-4,7
Landwirtschaft	34 764	33 609	-3,3
Öffentlicher Dienst	35 967	34 840	-3,1
Freie Berufe	109 854	109 663	-0,2
Hauswirtschaft	8 196	6 909	-15,7
Nachrichtlich			
Früheres Bundesgebiet	1 222 032	1 197 608	-2,0
Neue Länder einschl. Berlin	207 945	193 990	-6,7

[1] vorläufige Ergebnisse

Quelle: Statistisches Bundesamt, Wiesbaden 2014

2.1.2 Das Berufsbildungsgesetz[15]

Die wichtigen rechtlichen Grundlagen für die Ausbildung im dualen System sind aufgrund der *Zwei-Instanzen-Zuständigkeit* das *Berufsbildungsgesetz* (BBiG) und das *Gesetz zur Ordnung des Handwerks* (HwO = Handwerksordnung) für die betriebliche Ausbildung und die *Schulgesetze der Länder* für die Ausbildung in der Berufsschule. Die *institutionell verteilte Zuständigkeit* für die betriebliche und die schulische Ausbildung erfordert Abstimmungen zwischen Bund und Ländern einerseits und auf regionaler Ebene zwischen Kammern und Schulbehörden andererseits sowie zwischen Ausbildungsbetrieben und Berufsschulen. Übersicht 5 zeigt die Gliederung des BBiG.

Übersicht 5: Gliederung des Berufsbildungsgesetzes (BBiG)

1	Allgemeine Vorschriften
1.1	Ziele und Begriffe der Berufsbildung (§ 1)
1.2	Lernorte der Berufsbildung (§ 2)
1.3	Anwendungsbereich (§ 3)
2	Berufsbildung / Berufsausbildung
2.1	Ordnung der Berufsausbildung und Anerkennung von Ausbildungsberufen (§§ 4–9)
2.2	Berufsausbildungsverhältnis (§§ 10–12)
2.3	Pflichten der Auszubildenden und der Ausbildenden (§§ 13–19)
2.4	Beginn und Ende des Ausbildungsverhältnisses (§§ 20–23)
2.5	Sonstige Vorschriften (§§ 24–26)
2.6	Eignung von Ausbildungsstätte und Ausbildungspersonal (§§ 27–33)
2.7	Verzeichnis der Berufsausbildungsverhältnisse und Prüfungswesen (§§ 34–50a)
2.8	Interessenvertretung (§§ 51, 52)
3	Berufliche Fortbildung (§§ 53–57)
4	Berufliche Umschulung (§§ 58–63)
5	Berufsausbildung für besondere Personengruppen
5.1	Berufsbildung behinderter Menschen (§§ 64–67)
5.2	Berufsausbildungsvorbereitung (§§ 68–70)
6	Organisation der Berufsbildung
6.1	Zuständige Stellen; zuständige Behörden (§§ 71–75, 81)
6.2	Überwachung der Berufsbildung (§ 76)
6.3	Berufsausbildungsausschuss der zuständigen Stelle (§§ 77–80)
6.4	Landesausschüsse für Berufsbildung (§§ 82, 83)
7	Berufsbildungsforschung, Planung und Statistik (§§ 84–88)
8	Bundesinstitut für Berufsbildung (§§ 89–101)
9	Bußgeldvorschriften (§ 102)
10	Übergangs- und Schlussvorschriften (§§ 103–105)

Quelle: BMBF (Hrsg.): Ausbildung & Beruf – Rechte und Pflichten während der Berufsausbildung. Bonn 2014, S. 52 ff.

---

[15] vgl. hierzu BMBF (Hrsg.): Ausbildung & Beruf – Rechte und Pflichten während der Berufsausbildung. Bonn 2014

Mit den Schutzbestimmungen des *Jugendarbeitsschutzgesetzes* für Auszubildende und Arbeitnehmer unter 18 Jahren sowie dem *Betriebsverfassungsgesetz*, das dem *Betriebsrat* und der *Jugendvertretung* Mitwirkungsrechte bei der Förderung und Durchführung betrieblicher Bildungsmaßnahmen einräumt, sind zwei weitere für die Berufsausbildung in den Betrieben zu beachtende Gesetze angeführt.

Gesetzliche Regelungen, die noch in Betracht kommen können, sind: Mutterschutzgesetz, Sozialgesetzbuch III, Arbeitsplatzschutzgesetz, Unfallverhütungsvorschriften und Aufstiegsfortbildungsgesetz (AFBG), auch als „Meister-BAföG" bezeichnet.

2.1.2.1 Die Ausbildungsberufe

Mit dem *Berufsbildungsgesetz*[16] von 1969 wurde bildungspolitisch versucht, Reformen vor allem im Hinblick auf das duale System der Berufsausbildung einzuleiten. Das BBiG hatte für die traditionelle Lehrlingsausbildung in den Betrieben eine umfassende und bundeseinheitliche Regelung geschaffen und die duale Berufsausbildung zu einer *öffentlichen Aufgabe* erklärt. Außerdem wurde das duale System der Berufsausbildung in das Bildungssystem einbezogen. Die Regelungen des BBiG befassen sich neben der Berufsausbildung auch mit der beruflichen Fortbildung sowie der beruflichen Umschulung. Am 1.4.2005 trat das vollständig neu gefasste BBiG in Kraft. Auch die HwO wurde reformiert. Für die Berufsschule gelten die Schulgesetze der Länder. Die Übersicht 5 zeigt die vollständige Gliederung des BBiG mit den jeweils entsprechenden Paragrafen.

Für die Ausgestaltung und Durchführung der Berufsausbildung ist die *Beruflichkeit* bzw. *Berufsförmigkeit* das „organisierende Prinzip" (vgl. *Deißinger* 1998, S. 129 f.). „Über das Berufsprinzip werden Arbeitsqualifikationen mit professionellen Standards assoziiert, die eine optimale Kommunikation auf den unterschiedlichen Teilarbeitsmärkten gewährleisten sollen" (*Deißinger* 2009, S. 62).

---

[16] Für den Bereich des Handwerks gilt die Handwerksordnung (HwO) mit ähnlichen Bestimmungen wie im BBiG.

> Die *staatlich anerkannten Ausbildungsberufe* sind *Ausbildungsgänge*, die auf der Grundlage der §§ 4, 5 BBiG bzw. der §§ 25, 26 HwO bundeseinheitlich geregelt sind. Diese *Ausbildungsberufe* sind keine reinen Abbildungen von Berufstätigkeiten, wie sie im Beschäftigungssystem vorkommen, sondern Konstrukte, die sich an Tätigkeits- und Funktionsbereichen von Wirtschaft und Verwaltung, berufspädagogischen und berufsbildungspolitischen Vorgaben orientieren. Ausbildungsberufe stellen Qualifikationsbündel dar, die unabhängig von einzelnen Ausbildungsbetrieben zu einer beruflichen Handlungskompetenz mit vielfältigen Beschäftigungsmöglichkeiten auf dem Niveau von Facharbeitern und Fachangestellten befähigen sollen (vgl. *Benner* 1997, S. 55).

Bei den etwa 350 Ausbildungsberufen (Stand 2014 339 Ausbildungsberufe), die eine Regelausbildungsdauer von 2, 3 und 3,5 Jahren haben[17], sind solche *ohne Spezialisierung*, so genannte *Monoberufe*, z. B. Bäcker, Fertigungsmechaniker, Industriekaufmann, und mit *Spezialisierung nach Fachrichtungen*, z. B. Fachinformatiker Fachrichtung Anwendungsentwicklung oder Systemintegration, Kaufmann im Groß- und Außenhandel Fachrichtung Großhandel oder Außenhandel, oder nach *Schwerpunkten*, z. B. Fachverkäufer im Nahrungsmittelhandwerk Schwerpunkt Bäckerei oder Konditorei, Kaufmann für Verkehrsservice Schwerpunkt Verkauf und Service oder Sicherheit und Service, zu unterscheiden. Außerdem gibt es Ausbildungsberufe mit Anrechnungsmöglichkeit nach § 5 Abs. 2 Ziff. 4 BBiG, die bereits nach zwei Jahren zu einem Abschluss führen und gegebenenfalls eine *Anschlussausbildung* in einem dreijährigen Ausbildungsberuf unter Anrechnung der bereits absolvierten Ausbildung ermöglichen, z. B. zweijährige Ausbildung zum Verkäufer, danach einjährige Anschlussausbildung zum Einzelhandelskaufmann, der eine dreijährige Regelausbildungsdauer hat (vgl. BIBB 2009, S. 129 ff.).

Für hoch spezialisierte Branchen besteht die Möglichkeit, *Wahlqualifikationen* zu nutzen, um Spezialisierungen zu berücksichtigen, die über Fachrichtungen hinausgehen (vgl. BIBB-Datenreport 2012, S. 90 f.).

2.1.2.2 Die Ausbildungsordnungen[18]

Für jeden *Ausbildungsberuf* besteht eine *Ausbildungsordnung*. Die Ausbildungsordnung ist die Grundlage für eine geordnete und bundeseinheitliche Berufsausbildung

---

[17] Die Ausbildungsberufe Gerätezusammensetzer/-in und Maschinenzusammensetzer/-in hatten eine Ausbildungsdauer von 1,5 Jahren, ab 01.08.2013 neu gefasst und 2jährig.

[18] vgl. hierzu Bundesinstitut für Berufsbildung (Hrsg.): Ausbildungsordnungen und wie sie entstehen ... 4. Aufl., Bonn 2006, Nachdruck 2007

(§ 4 BBiG). Die Inhalte der Ausbildungsordnung stellen für die Ausbildungsbetriebe Mindestnormen dar.

> Eine Ausbildungsordnung umfasst nach § 5 Abs. 1 BBiG
> 1. die Bezeichnung des Ausbildungsberufs,
> 2. die Ausbildungsdauer,
> 3. die beruflichen Fertigkeiten, Kenntnisse und Fähigkeiten, die mindestens Gegenstand der Berufsausbildung sind (Ausbildungsberufsbild),
> 4. eine Anleitung zur sachlichen und zeitlichen Gliederung der Vermittlung der beruflichen Fertigkeiten, Kenntnisse und Fähigkeiten (Ausbildungsrahmenplan),
> 5. die Prüfungsanforderungen.

Die Ausbildungsberufe bzw. die Ausbildungsordnungen werden in einem vierstufigen Verfahren erarbeitet. Das Bundesinstitut für Berufsbildung untersucht zunächst in einer *Forschungs- und Entwicklungsphase* Gegebenheiten, Erfordernisse und Entwicklungstendenzen der Berufs- und Ausbildungssituationen in den Bereichen, die für potentielle Ausbildungsgänge in Betracht kommen. Auf Grund seiner Forschungsergebnisse erarbeitet das Bundesinstitut Vorschläge zu Struktur- und Inhaltsfragen einer vorzunehmenden Neuordnung. Auf die Forschungs- und Entwicklungsphase kann bei bereits nach dem BBiG geordneten Ausbildungsberufen verzichtet werden, wenn auf Grund vorliegender Beobachtungen und Untersuchungen des Berufsfeldes technologische und arbeitsorganisatorische Veränderungen in Zusammenarbeit mit einer entsprechenden Berufsfachkommission nur eine Aktualisierung einer Ausbildungsordnung erforderlich wird.

Für die zu entwickelnden Ausbildungsberufe einigen sich in einem *Vorverfahren* Arbeitgeber, Gewerkschaften, Bund und Länder über die Durchführung von Ordnungsprojekten und die so genannten *Eckwerte der Neuordnung*. In der *Erarbeitungs- und Abstimmungsphase* entwickelt das Bundesinstitut für Berufsbildung im Auftrag des zuständigen Bundesministeriums unter Mitarbeit von Sachverständigen der Arbeitgeber, der Gewerkschaften und der Ausbildungspraxis einen Entwurf der Ausbildungsordnung. Einen entsprechenden *Rahmenlehrplan für die Berufsschule* erarbeiten Sachverständige der Länder im Rahmen der Kultusministerkonferenz. Die beiden Entwürfe werden aufeinander abgestimmt. Die an der Berufsausbildung Beteiligten einigen sich in der *Erlassphase* über die Arbeits- und Abstimmungsergebnisse. Die neue Ausbildungsordnung wird durch das zuständige Bundesministerium als *Rechtsverordnung* erlassen, und die Kultusministerkonferenz verabschiedet den *Rahmenlehrplan*.

Die Erarbeitung von Ausbildungsordnungen und ihre Abstimmung mit den Rahmenlehrplänen der Kultusministerkonferenz ist sehr langwierig und bezieht viele Gremien und Personen in das Verfahren ein (vgl. *Benner* 1997, S. 61 f.).

2.1.2.3 Das Bundesinstitut für Berufsbildung

Im Zusammenhang mit der Ausarbeitung neuer oder der Reform bestehender Ausbildungsordnungen spielt das Bundesinstitut für Berufsbildung eine zentrale Rolle. Das *Bundesinstitut für Berufsbildung* in Bonn führt seine Aufgaben im Rahmen der Bildungspolitik der Bundesregierung durch. Das Institut hat die Aufgabe, durch wissenschaftliche Forschung zur Berufsbildungsforschung beizutragen (§ 90 Abs. 1–3 BBiG). Folgende Aufgaben werden im Gesetz ausdrücklich genannt:

1. nach Weisung des zuständigen Bundesministeriums
    a) an der Vorbereitung von Ausbildungsordnungen und sonstigen Rechtsverordnungen, die nach diesem Gesetz oder nach dem zweiten Teil der Handwerksordnung zu erlassen sind, mitzuwirken,
    b) an der Vorbereitung des Berufsbildungsberichts mitzuwirken,
    c) an der Durchführung der Berufsbildungsstatistik nach Maßgabe des § 87 mitzuwirken,
    d) Modellversuche einschließlich wissenschaftlicher Begleituntersuchungen zu fördern,
    e) an der internationalen Zusammenarbeit in der beruflichen Bildung mitzuwirken,
    f) weitere Verwaltungsaufgaben des Bundes zur Förderung der Berufsbildung zu übernehmen;
2. nach allgemeinen Verwaltungsvorschriften des zuständigen Bundesministeriums die Förderung überbetrieblicher Berufsbildungsstätten durchzuführen und die Planung, Errichtung und Weiterentwicklung dieser Einrichtungen zu unterstützen;
3. das Verzeichnis der anerkannten Ausbildungsberufe zu führen und zu veröffentlichen;
4. die im Fernunterrichtsschutzgesetz beschriebenen Aufgaben nach den vom Hauptausschuss erlassenen und vom zuständigen Bundesministerium genehmigten Richtlinien wahrzunehmen und durch Förderung von Entwicklungsvorhaben zur Verbesserung und Ausbau des berufsbildenden Fernunterrichts beizutragen (§ 90 Abs. 3 BBiG).

Organe des Bundesinstituts für Berufsbildung sind neben dem *Hauptausschuss* der *Präsident* (§ 91 BBiG). Dem *Hauptausschuss* gehören Beauftragte der Arbeitgeber, der Arbeitnehmer, des Bundes und der Länder an. Der Hauptausschuss kann *Unterausschüsse* einsetzen, denen auch andere als Mitglieder des Hauptausschusses angehören können. Den Unterausschüssen sollen Beauftragte der Arbeitgeber, der Arbeitnehmer, der Länder und des Bundes angehören (§ 92 BBiG). Als *ständiger Unterausschuss* besteht ein Ausschuss für Fragen behinderter Menschen, der mit Vertretern der Arbeitnehmer, Arbeitgeber, der Organisation der Behinderten, der Bundesagentur für Arbeit, der gesetzlichen Rentenversicherung, der gesetzlichen Unfallversicherung, der freien Wohlfahrtspflege und der Einrichtungen der beruflichen Rehabilitation besetzt ist (§ 95 BBiG). Ein *Wissenschaftlicher Beirat* hat die Organe des BIBB durch Stellungnahmen und Empfehlungen zu beraten (§ 94 BBiG).

2.1.3 Die Schulgesetze der Länder

Zunächst muss darauf hingewiesen werden, dass sich die *Schulgesetze* der 16 Bundesländer zwar in etwa mit den gleichen Inhalten befassen, diese aber in verschiedenen Ausprägungen und mit unterschiedlichem Tiefgang behandeln. Hinzu kommt, dass die Schulgesetze immer wieder *Novellierungen* erfahren und mit einer Fülle von Rechtsverordnungen die Gesetze ausgelegt und durchführbar gemacht werden. Der begrenzte Umfang dieses Bandes erlaubt es nur, einige wichtige länderspezifische Regelungen anzuführen.

Während im Rahmen der Berufsausbildung auf der Grundlage des BBiG und der HwO für die betriebliche Berufsausbildung eine bundeseinheitliche Regelung besteht, sind für die Berufsschulen wie auch für die sonstigen Schulen auf Grund der *Kulturhoheit der Länder* die Schulgesetze der einzelnen Länder bestimmend. Bereits hinsichtlich der *Schulpflicht* bestehen Unterschiede. So dauert z.B. die so genannte *Vollzeitschulpflicht*, die durch den Besuch der Primarstufe und der Sekundarstufe I in allgemeinbildenden Schulen erfüllt wird, in den Ländern teilweise neun oder zehn Jahre. An die *Vollzeitschulpflicht* schließt sich die *Berufsschulpflicht* an, die zunächst für Auszubildende des dualen Systems relevant wird und entsprechend der *Regelausbildungszeit* drei bis dreieinhalb Jahre dauert. Bei der *Berufsschulpflicht* handelt es sich um eine *Teilzeitschulpflicht*, da die Berufsschule bis zu zwei Tagen in der Woche besucht wird. Mit dem Blockunterricht wird der tagesweise Unterricht zu mehreren Wochen zusammengefasst, so dass sich schulische Unterrichtswochen mit Zeiten betrieblicher Ausbildung abwechseln. Jugendliche, welche die Vollzeitschulpflicht erfüllt haben und danach eine allgemeinbildende Schule oder eine berufsbildende Schule mit Vollzeitunterricht besuchen und keine duale Berufsausbildung beginnen, sind von der Berufsschulpflicht befreit. Jugendliche, die nach Erfüllung der Vollzeitschulpflicht weder eine allgemeine oder berufliche Vollzeitschule besuchen noch ein Berufsausbildungsverhältnis eingehen, müssen die Berufsschulpflicht durch eine einjährige Vollzeitausbildung an einer Berufsschule, z. B. Berufsvorbereitungsjahr, Berufsgrundbildungsjahr oder Vollzeitlehrgänge der Bundesagentur für Arbeit, erfüllen. Wenn ein Absolvent eines solchen schulischen oder lehrgangsmäßigen Vollzeitjahres eine Ausbildung nach dem BBiG oder der HwO beginnt, lebt die Berufsschulpflicht unter Beachtung einer Altersgrenze wieder auf. Diese Altersgrenzen liegen bei einem Land beim 18. Lebensjahr und bei sechs Ländern dem vollendeten 21. Lebensjahr. In neun Ländern besteht eine Berufsschulpflicht ohne Altersgrenze für die Dauer eines Berufsausbildungsverhältnisses (vgl. KMK-Länderschulgesetze 2014). Außerdem sind teilweise Hochschulberechtigte, die eine duale Berufsausbildung durchlaufen, von der Berufsschulpflicht befreit, können aber freiwillig die Berufsschule während der Ausbildung besuchen. Dies gilt auch für andere nicht berufsschulpflichtige Personen in einer dualen Berufsausbildung (vgl. KMK 2007, S. 11).

2.2 Berufsausbildung im Betrieb

2.2.1 Ordnung der Ausbildung

Für die *Lehrlingsausbildung* in den Betrieben – mit Ausnahme der Handwerksbetriebe – ist das BBiG die wichtigste Rechtsgrundlage. Für den Bereich des Handwerks ist die *Handwerksordnung* (HwO) verbindlich. Die HwO enthält bezüglich der Berufsausbildung ähnliche Bestimmungen wie das BBiG. Lediglich für 41 Handwerke wird als fachliche Voraussetzung für die *Ausbildungsberechtigung* die *Meisterprüfung* verlangt.

> Nach dem BBiG ist ein Ausbildungsbetrieb verpflichtet, „dafür zu sorgen, daß den Auszubildenden die berufliche Handlungsfähigkeit vermittelt wird, die zum Erreichen des Ausbildungszieles erforderlich ist, und die Berufsausbildung in einer durch ihren Zweck gebotenen Form planmäßig, zeitlich und sachlich gegliedert so durchzuführen, daß das Ausbildungsziel in der vorgesehenen Ausbildungszeit erreicht werden kann" (§ 14 Abs. 1 Ziff. 1 BBiG).

Mit der Einstellung eines *Auszubildenden* bzw. Lehrlings verpflichtet sich der *Ausbildende*, einen *Berufsausbildungsvertrag* entsprechend den Vorgaben des BBiG (§§ 10, 11, 12 BBiG) abzuschließen. Grundlage für die inhaltliche Ausbildung ist die Ausbildungsordnung, die für jeden staatlich anerkannten Ausbildungsberuf als Rechtsverordnung erlassen wurde.

Die *Ausbildungsordnung* soll die Grundlage für eine *geordnete* und *einheitliche Berufsausbildung* sein. Wenn ein Ausbildungsbetrieb nicht sämtliche Ausbildungsinhalte einer Ausbildungsordnung vermitteln kann, können diese Defizite im Verbund mit einem anderen entsprechend geeigneten Betrieb oder mehreren entsprechend geeigneten Betrieben behoben werden (vgl. *Merk* 2006, S. 50 f.). Die Ausbildungsordnung kann festlegen, dass Teile der Ausbildung in geeigneten Einrichtungen außerhalb der Ausbildungsstätte durchgeführt werden, wenn und soweit es die Berufsausbildung erfordert (*überbetriebliche Berufsausbildung*) (§ 5 BBiG; § 26 HwO). Nach dem *Ausschließlichkeitsgrundsatz* darf in einem anerkannten Ausbildungsberuf nur nach der Ausbildungsordnung ausgebildet werden. Jugendliche unter 18 Jahren dürfen in anderen als anerkannten Ausbildungsberufen nicht ausgebildet werden, soweit die Berufsausbildung nicht auf den Bereich weiterführender Bildungsgänge vorbereitet (§ 4 Abs. 3 BBiG).

Bezüglich der *Ausbildungsberechtigung* schreibt das BBiG vor, dass Auszubildende nur durch Personen eingestellt werden dürfen, die *persönlich* geeignet sind. Auszubildende darf nur ausbilden, wer *persönlich* und *fachlich geeignet* ist (§ 28 Abs. 1 BBiG). *Persönlich* nicht geeignet ist, wer Kinder und Jugendliche nicht beschäftigen darf oder gegen das BBiG und von ihm abgeleitete Rechtsverordnungen verstoßen hat (§ 29 BBiG). Die *fachliche Eignung* umfasst die erforderlichen beruflichen sowie die berufs- und arbeitspädagogischen Fertigkeiten, Kenntnisse und Fähigkeiten, die für die Vermittlung der Ausbildungsinhalte erforderlich sind. Diese *erforderlichen beruflichen Fertigkeiten, Kenntnisse und Fähigkeiten* besitzt, wer

1. die Abschlussprüfung in einer dem Ausbildungsberuf entsprechenden Fachrichtung bestanden hat,
2. eine anerkannte Prüfung an einer Ausbildungsstätte oder vor einer Prüfungsbehörde oder eine Abschlussprüfung an einer staatlichen oder staatlich anerkannten Schule in einer dem Ausbildungsberuf entsprechenden Fachrichtung bestanden hat oder
3. eine Abschlussprüfung an einer deutschen Hochschule in einer dem Ausbildungsberuf entsprechenden Fachrichtung bestanden hat und eine angemessene Zeit in seinem Beruf praktisch tätig gewesen ist (§ 30 Abs. 2 BBiG).

Die erforderlichen *berufs- und arbeitspädagogischen Kenntnisse*, die nach der *Ausbilder-Eignungsverordnung* in einer Prüfung nachgewiesen werden müssen, können durch entsprechende Qualifikationen ersetzt werden. Im Zusammenhang mit der Bereitstellung von zusätzlichen Ausbildungsplätzen war der Nachweis der berufs- und arbeitspädagogischen Kenntnisse bis 31.7.2008 ausgesetzt.

Es darf aber nicht übersehen werden, dass viele der eigentlichen Ausbildungsaufgaben vor allem unmittelbar am Arbeitsplatz von Fachkräften wahrgenommen werden, die für die pädagogischen Aufgaben keinen formellen Nachweis benötigen (vgl. *Mahrin/Uhe* 1999, S. 211). „Angesichts der gestiegenen inhaltlichen Anforderungen und der gewachsenen pädagogischen Herausforderungen – auch in Anbetracht vielfältiger Problemlagen mancher Auszubildender – ist ein Mindestmaß an berufs- und arbeitspädagogischer Qualifikation unverzichtbar" (BMBF Information vom 9.4.2008, S. 2). Am 21.1.2009 wurde daher eine neue AEVO erlassen, die zu Beginn des Ausbildungsjahres 2009/10 ab 1.8.2009 wirksam wurde und für Ausbilder in Gewerbebetrieben, in der Landwirtschaft, in der Hauswirtschaft, im Bergwesen und im öffentlichen Dienst verbindlich ist, nicht jedoch für die freien Berufe. Für die 41 zulassungspflichtigen Handwerke, welche die Meisterprüfung als Voraussetzung für die Ausübung dieser Gewerbe vorschreiben, gilt die neue AEVO nicht, da die Meisterqualifikation die berufs- und arbeitspädagogischen Kenntnisse beinhaltet (Teil IV der Meisterprüfung) (vgl. BMBF Information vom 9.4.2009, S. 1 f.).

Für die Ausbildungsberechtigung ist auch die Eignung der Ausbildungsstätte relevant. Die *Eignung der Ausbildungsstätte* betrifft die sachliche Einrichtung und Ausstattung für die Berufsausbildung und das Verhältnis der Zahl der Auszubildenden zu der Zahl der Ausbildungsplätze oder der Zahl der beschäftigten Fachkräfte (§ 27 Abs. 1 BBiG). Kann eine Ausbildungsstätte die erforderlichen beruflichen Fertigkeiten, Kenntnisse und Fähigkeiten nicht in vollem Umfang vermitteln, so gilt sie als geeignet, wenn durch Ausbildungsmaßnahmen außerhalb der Ausbildungsstätte die Defizite behoben werden. Die zuständigen Stellen haben darüber zu wachen, dass die persönliche und fachliche Eignung sowie die Eignung der Ausbildungsstätte vorliegen (§ 32 BBiG). *Ausbildungsberater* der zuständigen Stellen überwachen die Ausbildung und fördern die Ausbildung durch Beratung (§ 76 BBiG).

Tabelle 3 zeigt den Anteil der ausbildenden Betriebe an allen ausbildungsberechtigten Betrieben.

Tab. 3: Ausbildungsaktivität nach Betriebsgröße in Deutschland 2000 und 2011 in %

Betriebsgröße	Anteil der ausbildenden Betriebe an allen ausbildungsberechtigten Betrieben in %	
	2000	2011
1–9 Beschäftigte	38	42
10–49 Beschäftigte	70	69
50–499 Beschäftigte	84	87
500+ Beschäftigte	93	97
gesamt	50	54

Quelle: Bundesinstitut für Berufsbildung (Hrsg.): Datenreport zum Berufsbildungsbericht 2013. Bonn 2013, S. 223

Die *Ausbildungsaktivität* zeigt sich auch in der *Ausbildungsquote*, die den Anteil der Auszubildenden an der sozialversicherungspflichtig beschäftigten Bevölkerung angibt. Die Ausbildungsquote betrug für Deutschland von 2000 bis 2009 jeweils 6%. Wird nach der *Betriebsgröße* differenziert, zeigt sich ein Gefälle mit zunehmender Betriebsgröße. In der kleinsten Betriebsgrößenklasse (1 – 9 Beschäftigte) wurden in den Jahren 2000 bis 2003 und im Jahr 2005 Ausbildungsquoten von 8% erreicht, danach bis 2009 7%, während Betriebe mit 500 und mehr Beschäftigten von 2000 bis 2008 Ausbildungsquoten von 5% und im Jahr 2009 nur 4% erreichten. Stärkere Schwankungen zeigen die Ausbildungsquoten nach Branchen. Im Jahr 2009 waren die höchsten Ausbildungsquoten mit 11% in den Branchen Land-/Forstwirtschaft und Gastgewerbe zu verzeichnen. Die niedrigsten Ausbildungsquoten mit 3% wurden in den Branchen Öffentliche Verwaltung, Verkehr und Lagerei sowie Information und Kommunikation ermittelt (vgl. *Stegmaier* 2010, S. 13 ff.).

2.2.2 Lernorte im Betrieb

Betrieb und Berufsschule sind die beiden *Lernorte* im dualen System der Berufsausbildung, obgleich Betrieb und Berufsschule als Institutionen das duale System konstituieren (vgl. *Euler/Twardy* 1991, S. 200). Ohne auf die Lernortdiskussion[19] einzugehen, ist aber nicht zu übersehen, dass beide Lernorte noch weiter untergliedert werden können und eigentlich *Lernortbereiche* darstellen. Im Rahmen der weiteren technologischen Entwicklungen kann das Internet zu einem weiteren Lernort neben dem Betrieb und der Berufsschule in der beruflichen Erstausbildung werden (vgl. *Wild/Wuttke* 2010, S. 197). *Lernorte* für die Ausbildung im Betrieb sind vor allem die regulären Arbeitsplätze, die nur ein *arbeitsablaufgebundenes Lernen* ermöglichen. Daneben bestehen besondere von regulären Arbeitsplätzen isolierte Ausbildungsplätze (vgl. hierzu *Pätzold* 2006, S. 354 f.; *Holz* 2006, S. 352 ff.) sowie in Abhängigkeit von der Betriebsgröße und der Anzahl der Auszubildenden Ausbildungsabteilungen, z. B. Lehrwerkstätten, Lehrecken, Lehrlabors, Lerninseln, Lernbüros, Unterrichtsräume.

Wenn an einem regulären in den Arbeitsablauf eingebundenen Arbeitsplatz ausgebildet und damit absichtlich Lernen bewirkt werden soll, dann ist der Arbeitsplatz zugleich Lernort. Bei der *arbeitsplatzgebundenen Ausbildung* steht neben dem intentionalen Lernen das funktionale, also erfahrungsgeleitete Lernen im Vordergrund. „Erfahrungen entstehen aus der aufmerksamen Wahrnehmung von Reizstrukturen, Sinneseindrücken, Erlebnissen, Begegnungen etc. aus der Umwelt und ihrer persönlichen Verarbeitung. Der Mensch macht Erfahrung. d. h. er nimmt

---

[19] vgl. hierzu *Beck, Klaus*: Zur Kritik des Lernortkonzepts. In: *Georg, Walter* (Hrsg.): Schule und Berufsbildung. Bielefeld: Bertelsmann 1984, S. 247–262

etwas, was ihm begegnet, was aus seiner Umwelt auf ihn zukommt, was er hört, sieht, empfindet, erlebt, selektiv auf und bezieht es aktiv ein in den Zusammenhang dessen, was er bisher schon wahrgenommen – 'als wahr aufgenommen' und erfahren – 'auf seiner Lebensreise erfahren' hat" (*Dohmen* 2001, S. 28). Die Auseinandersetzung mit zufälligen sinnlichen Eindrücken, die im Gedächtnis nur additiv erfasst werden, ist noch kein Erfahrungslernen (vgl. *Dohmen* 2001, S. 28). In das *Lernen durch Arbeitshandeln* sind die kognitive, affektive und psychomotorische Dimension gleichermaßen einbezogen (vgl. *Dehnbostel* 2010, S. 35). Die doppelte Funktion eines Arbeitsplatzes als Arbeits- und Lernort ist problematisch, da an einem produktions- bzw. arbeitsablaufgebundenen Arbeitsplatz, d. h. in der betrieblichen Leistungserstellung eingebundenen Arbeitsplatz, in erster Linie nach technisch-ökonomischen-organisatorischen Kriterien gearbeitet wird, also nicht die Ausbildungsaufgabe im Vordergrund steht. Ein betrieblicher Arbeitsplatz ist ausschließlich an der Erfüllung bestimmter Arbeitsaufgaben orientiert, d. h. es werden Anforderungen an entsprechend ausgebildete Mitarbeiter gestellt. Übersicht 6 zeigt den Widerspruch der *Arbeitslogik* gegenüber der *Lehr-Lernlogik* auf.[20] Diese Diskrepanz kann allerdings durch entsprechende Auswahl der Arbeitsplätze und Arbeitsaufgaben für Ausbildungszwecke, Lehrgespräche und Unterweisungen bis zu einem gewissen Grad ausgeglichen werden. Besonders problematisch ist die Ausbildung an regulären Arbeitsplätzen am Anfang der Ausbildung, da Auszubildende meistens keine oder nur geringe Vorkenntnisse einbringen können. Dies gilt insbesondere für die Ausbildung in Klein- und Kleinstbetrieben. Tabelle 4 zeigt die Verteilung der Auszubildenden auf Betriebsgrößenklassen.

---

[20] vgl. hierzu Handlungslogiken nach *Harney/Rahn* 2000, S. 731 ff.

Das duale System der Berufsausbildung 49

Übersicht 6:

Arbeitslogik im Widerspruch zur Lehr-Lernlogik	
Arbeitslogik	**Lehr-Lernlogik**
Regulärer Arbeitsplatz ↓	Regulärer Arbeitsplatz als Ausbildungsplatz ↓
an unmittelbaren Arbeitsaufgaben orientierte Organisation ↓	steht evtl. im Widerspruch zu Organisationsprinzipien der Ausbildung ↓
erfordert entsprechend qualifizierte Mitarbeiter ↑	Auszubildender hat bezüglich eines Arbeitsplatzes keine oder nur geringe Vorkenntnisse ↑
Lernmöglichkeiten im Rahmen des jeweiligen Arbeitsanfalls ↑	Lernmöglichkeiten entsprechen der didaktisch-methodischen Logik und der Verweildauer ↑
Logik der Arbeitsaufgabe(n)	Arbeitslogik als Datum für Lehr-Lernlogik

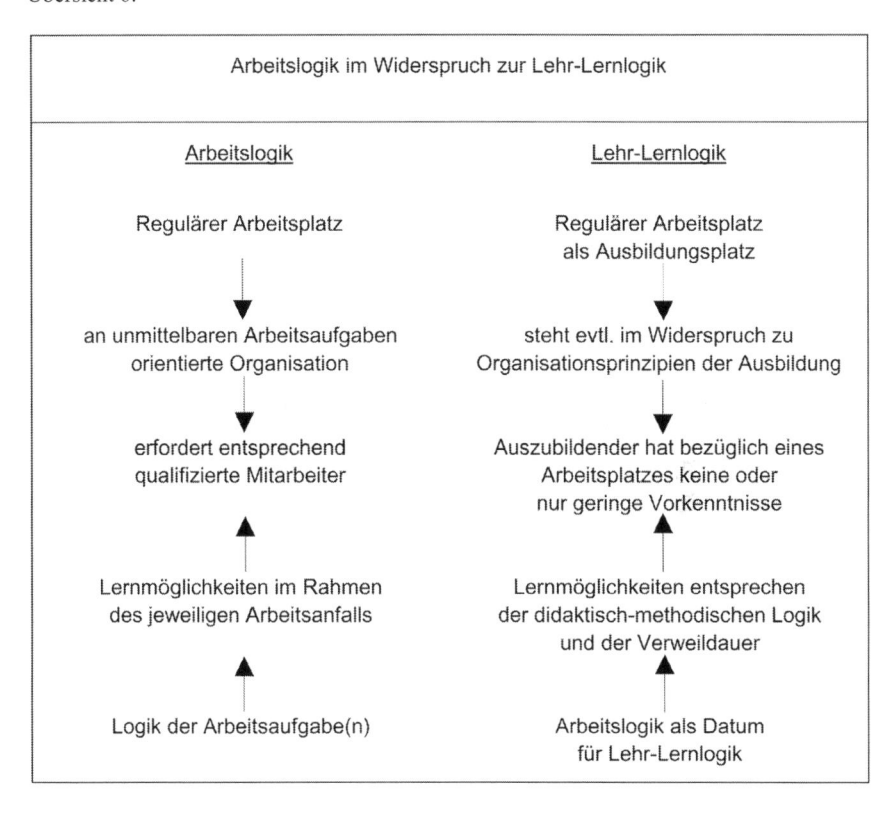

Tab. 4: Prozentuale Verteilung der Auszubildenden auf Betriebsgrößenklassen in Deutschland 1999 und 2011

Betriebsgröße	Anteil Auszubildende in %	
	1999	2011
Kleinstbetriebe (1–9 Beschäftigte)	22,5	19,5
Kleinbetriebe (10–49 Beschäftigte)	26,6	26,1
Mittlere Unternehmen (50–249 Beschäftigte)	23,1	27,2
Großunternehmen (250 und mehr Beschäftigte)	27,8	27,1

Quelle: Bundesinstitut für Berufsbildung (Hrsg.): Datenreport zum Berufsbildungsbericht 2013. Bonn 2013, S. 218

Wenn in einem Ausbildungsbetrieb von den regulären Arbeitsplätzen isolierte Ausbildungsplätze (Lehr- bzw. Lernplätze) eingerichtet sind, ist eine gezielte Einführung und Vorbereitung auf anstehende Arbeitsaufgaben möglich. Bestehen solche Möglichkeiten nicht, kann zunächst nur durch Zusehen und Mithilfe bei der Arbeit einer Fachkraft, verbunden mit Lehrgesprächen und Unterweisungen, ein Auszubildender an anstehende Arbeitstätigkeiten herangeführt werden. Je weiter ein Auszubildender in der Ausbildung fortgeschritten ist und zunehmend über einschlägige Fertigkeiten und Kenntnisse verfügt, wird eine effiziente Ausbildung an Arbeitsplätzen möglich. In diesem Zusammenhang wird ersichtlich, dass Auszubildende, die eine *berufliche Grundbildung* in beruflichen Schulen, betrieblichen Ausbildungsabteilungen oder überbetrieblichen Ausbildungseinrichtungen absolviert haben, sich leichter und schneller in eine Ausbildung an regulären Arbeitsplätzen hineinfinden können.

Betrieblichen Arbeitsplätzen als Lernorten sind im Zusammenhang mit der beruflichen Erstausbildung Grenzen gesetzt bei sehr komplexen Arbeitsanforderungen oder bei einer weitgehenden Arbeitsteilung bzw. Arbeitszerlegung von Dienstleitungs- und Produktionsprozessen. Auch für eine systematisch-lehrgangsmäßige Ausbildung an Arbeitsplätzen bestehen Grenzen, da der jeweilige Arbeitsanfall bestimmt, was gelernt werden kann. Übersicht 7 zeigt die Möglichkeiten und Grenzen des arbeitsablaufgebundenen Lernens an regulären Arbeitsplätzen, und Übersicht 8 stellt die Vor- und Nachteile der betrieblichen Ausbildung gegenüber.

Übersicht 7:

Möglichkeiten und Grenzen für das arbeitsablaufgebundene Lernen an regulären Arbeitsplätzen	
Möglichkeiten	Grenzen
– Motivation durch Realitätsbezug – Eignungsfeststellung – in Probezeit leichte Trennung möglich – Integration in Betrieb – Sammeln von Berufserfahrung – produktive Beiträge sind möglich	– für systematische Ausbildung – Einseitigkeit der Arbeitsanforderungen – Fehlen geeigneter Ausbilder – gefahrengeneigte Arbeiten – bei fehlenden Vorkenntnissen – Arbeiten mit gesteigertem Arbeitstempo

Lernort und realer Arbeitsplatz sind beim *arbeitsplatzverbundenen Lernen* an besonderen Ausbildungsplätzen, der Lerninsel oder einer anderen Ausbildungsstation getrennt und ermöglichen in unmittelbarer Nähe zum regulären Arbeitsprozess die Ausführung produktiver Arbeiten. In zentralen produktionsunabhängigen Bildungseinrichtungen findet arbeitsplatzisoliertes Lernen durch die Ausführung von Auftrags- und Produktionsarbeiten unter Verwendung betrieblicher Arbeitsmittel statt (vgl. *Dehnbostel* 2010, S. 31 ff.).

Übersicht 8:

Vor- und Nachteile der Ausbildung im Betrieb	
Vorteile	Nachteile
– Praxisnähe und Ernstcharakter – gleitender Übergang in das Berufsleben – Modernität der technischen Ausstattung – für Ausbildungsberufe, bei denen die psychomotorische Dimension im Vordergrund steht – Auszubildende erhalten eine Vergütung	– Auszubildende stören und machen Fehler – nebenamtliche Ausbilder und Betreuer stehen unter Zeitdruck – veraltete technische Ausstattung – für Ausbildungsberufe mit hohen kognitiven Anforderungen – nur einseitige Ausbildung – nicht dem Ausbildungszweck dienende Arbeiten

2.3 Die Berufsschule im dualen System der Berufsausbildung

Die Berufsschule im Rahmen des dualen Systems der Berufsausbildung ist ein eigenständiger Lernort. Sie hat die Aufgabe, den Schülern allgemeine und berufliche Lerninhalte unter besonderer Berücksichtigung der Berufsausbildung zu vermitteln. (siehe auch Kp. 3.1)

Die Vorläufer der heutigen Berufsschule waren die Sonntagsschulen und allgemeinen Fortbildungsschulen. Diese Schulen sollten das in der allgemeinen Pflichtschule Gelernte wiederholen, festigen, anwenden und vollenden. Durch die Aufnahme fachlicher bzw. beruflicher Inhalte differenzierten sich um die Mitte des 19. Jahrhunderts diese Schulen und es entstanden gewerbliche und kaufmännische *Fortbildungsschulen* (vgl. *Pätzold/Wahle* 2009, S. 66 f.). In den 1870er Jahren ist die gewerbliche Lehrlingsausbildung immer mehr in das Spannungsfeld von althergebrachten und neuen Orientierungen geraten, zumal die Industrialisierung neue qualifikatorische Ansprüche stellte (vgl. *Pätzold/Wahle* 2009, S. 44). Bis nach 1870 wurden gewerbliche Lehrlinge überwiegend in Handwerksbetrieben ausgebildet. Nachdem sich die handwerkliche und industrielle Produktionsweise immer mehr voneinander trennte, breitete sich in den 80er Jahren des 19. Jahrhunderts die Fabriklehre als industrieeigene Lehre aus (vgl. *Adelmann* 1979, S. 19). Mit den Novellen zur Gewerbeordnung ab 1878 hat sich der Staat in die Gestaltung der Lehrlingsausbildung eingeschaltet (vgl. *Zabeck* 2013, S. 424 ff.). Man wollte durch Mobilisierung der Fortbildungsschule das Bildungs- und Leistungsniveau der gewerblichen Lehrlinge anheben, obwohl den Meistern der Schulbesuch vielfach unwillkommen war (vgl. *Spranger* 1949, S. 76). Mit der Novelle zur Gewerbeordnung von 1897 wurden die Lehrherren verpflichtet, die Lehrlinge anzuhalten, die Fortbildungsschule zu besuchen. Außerdem sollten die Lehrherren den Schulbesuch überwachen (vgl. *Spranger* 1949, S. 76 f.). „Seitdem besteht ein Zwei-Instanzen-System" (*Spranger* 1949, S. 76). Eine allgemeine Berufsschulpflicht im Deutschen Reich bestand aber erst nach 1919 (vgl. *Spranger* 1949, S. 77).

Während das gewerbliche Fortbildungsschulwesen sich stärker entwickelte, war im kaufmännischen Bereich der Bedarf für fachliche Bildung nicht so dringend. *Kerschensteiner* weist darauf hin, dass nennenswerte Ansätze für ein kaufmännisches Fortbildungsschulwesen vor 1850 nur in den Königreichen Hannover und Sachsen bestanden. Nachdem der deutsche Handel Ende der achtziger Jahre des 19. Jahrhunderts stark gewachsen war und die Zahl der Handlungsbeflissenen sehr anstieg, wuchs die Dringlichkeit einer auch schulischen Bildung für das kaufmännische Personal. Kaufmännische Fortbildungsschulen erfuhren daher eine größere Bedeutung und Ausweitung (vgl. *Kerschensteiner* 1912, S. 269). Nach Horlebein hat sich die Anzahl der kaufmännischen Fortbildungsschulen in Deutschland zwischen 1870 und 1920 verdreifacht, so dass diese Jahre als Gründerjahre der kaufmännischen Fortbildungsschulen angesehen werden können (vgl. *Horlebein* 1976, S. 30). Auf der *Reichsschulkonferenz* 1920 wurde die Bezeichnung *„Fortbildungsschule"* durch die Bezeichnung *„Berufsschule"* ersetzt (vgl. Amtlicher Bericht 1921, S. 967).

Im Gegensatz zu den herkömmlichen *Vollzeitschulen* handelt es sich bei der Berufsschule um eine *Teilzeitschule*. Nach einer Vereinbarung der KMK soll der Unterricht in der Berufsschule 12 Wochenstunden betragen, wobei acht Stunden auf berufsbezogenen Unterricht und vier Stunden auf allgemeinen Unterricht entfallen. Vorgenannte Stundenzahl wird teilweise über- bzw. unterschritten. Mit dem Stundenanteil der Berufsschule bei der dualen Berufsausbildung wird deutlich, dass die Ausbildung im Betrieb zeitlich dominiert. Nachdem der Besuch der Berufsschule zur Ausbildung im Betrieb hinzutritt, hat ein Auszubildender eine *Doppelrolle* als Schüler in der Berufsschule und als Auszubildender in einem Betrieb des Beschäftigungssystems.

Das duale System der Berufsausbildung

> „Die Berufsschule vermittelt eine berufliche Grund- und Fachbildung und erweitert die vorher erworbene allgemeine Bildung. Damit will sie zur Erfüllung der Aufgaben im Beruf sowie zur Mitgestaltung der Arbeitswelt und Gesellschaft in sozialer und ökologischer Verantwortung befähigen" (KMK 1991, S. 2).

Die *Zielformulierung der KMK* für die Berufsschule lautet: „Die Berufsschule hat zum Ziel

- eine Berufsfähigkeit zu vermitteln, die Fachkompetenz mit allgemeinen Fähigkeiten humaner und sozialer Art verbindet;
- berufliche Flexibilität zur Bewältigung der sich wandelnden Anforderungen in der Arbeitswelt und Gesellschaft auch im Hinblick auf das Zusammenwachsen Europas zu entwickeln;
- die Bereitschaft zur beruflichen Fort- und Weiterbildung zu wecken;
- die Fähigkeit und Bereitschaft zu fördern, bei der individuellen Lebensgestaltung und im öffentlichen Leben verantwortungsvoll zu handeln" (KMK 1991, S. 2).

Zur Erfüllung dieser Ziele muss die Berufsschule

- den Unterricht berufsbezogen ausrichten und dabei die Handlungsorientierung betonen,
- neben der notwendigen beruflichen Spezialisierung berufs- und berufsfeldübergreifende Qualifikationen vermitteln,
- mit einem differenzierten und flexiblen Bildungsangebot unterschiedliche Fähigkeiten und Begabungen fördern sowie die jeweiligen Erfordernisse der Arbeitswelt und Gesellschaft berücksichtigen,
- im Rahmen ihrer Möglichkeiten sowohl Behinderte als auch Benachteiligte stützen und fördern (vgl. KMK 1991, S. 3).

Die KMK erarbeitet zu jeder Ausbildungsordnung einen Rahmenlehrplan für die Berufsschule, der mit den Ausbildungsordnungen abgestimmt und von den einzelnen Bundesländern vollständig, teilweise oder in veränderter Form übernommen wird. Allerdings kann man von der Idealvorstellung des *didaktischen Gleichlaufs* des Unterrichts (Gleichlaufcurriculum) in der Berufsschule mit den jeweils behandelten Ausbildungsinhalten in den Betrieben der Berufsschüler nicht ausgehen. Es kommt entweder zu einem *Vorlauf* der behandelten Inhalte in der Berufsschule gegenüber den Ausbildungsinhalten im Betrieb oder zu einem *Nachlauf* der behandelten Inhalte in der Berufsschule gegenüber der Ausbildung im Betrieb (vgl. *Achtenhagen* 1970, S. 90; *Sloane* 2001, S. 189f.; *Deißinger* 2009, S. 60ff.).

Es muss noch darauf hingewiesen werden, dass der Auftrag der Berufsschule im dualen Ausbildungssystem nicht nur auf die *Zielorientierung beruflicher Tüchtigkeit* beschränkt werden darf. Die Berufsschule als eine pädagogische Institution muss auch die *Zielorientierung beruflicher Mündigkeit* berücksichtigen, um die Handlungs- und Befriedigungsmöglichkeiten der Schüler über die berufliche Tüchtigkeit hinaus für ihre Lebensbewältigung zu erweitern (vgl. *Nickolaus* 1998, S. 297). Da die Mündigkeit auch eine *ethisch-moralische Dimension* einschließt, sind gegebenenfalls *fachliche Wertklärungen* aufzugreifen, obwohl für solche Reflexionen die jeweiligen Rahmenbedingungen und Abhängigkeiten Grenzen setzen.[21] Für die Beiträge der Berufsschule zur Berufsausbildung ergeben sich noch weitere Begrenzungen und Erschwernisse, die in Kapitel 3.1 angeführt werden.

2.4 Die überbetriebliche Ausbildung

2.4.1 Grenzen der Ausbildung an regulären Arbeitsplätzen

Die Grenzen der Ausbildung an regulären Arbeitsplätzen in den Betrieben der Handwerksmeister wurden immer mehr erkennbar und führten bereits im 19. Jahrhundert nach Angaben von *Scheven* im Handwerk zur Errichtung von *Ergänzungslehrwerkstätten* im Textil-, Maler- und Friseurgewerbe (vgl. *Scheven* 1894; *Schanz* 1975, S. 486 ff.). Nachdem nach Angaben von *Adelmann* 1860 und 1872 bei der Maschinen- und Kesselfabrik G. Kuhn in Stuttgart Berg die ersten *Lehrwerkstätten* entstanden, erfolgte ab 1878 eine stärkere Verbreitung der Lehrwerkstätten (vgl. *Adelmann* 1979, S. 26). Eine ausschließlich produktionsgebundene Ausbildung war nicht mehr möglich, wenn ein Mittun Grundfertigkeiten voraussetzt, die systematisch vermittelt werden müssen. Auch Maschineneinsatz und *Arbeitszergliederung* können zum Wegfall komplexer Arbeitstätigkeiten führen (vgl. *Zabeck* 1985, Sp. 678). Eine *„Auslagerung"* (*Dauenhauer* 1996, S. 168) von Ausbildungsprozessen wurde erforderlich. Die Auslagerung von Ausbildungsaufgaben von regulären Arbeitsplätzen in produktionsisolierte Lernplätze, Lehrecken, Lehrwerkstätten und letztlich in überbetriebliche Ausbildungsplätze soll systematisches Lernen ermöglichen und die Grenzen der produktionsgebundenen Ausbildung kompensieren. Mit der Einführung der beruflichen Fortbildungsschule erfolgte ebenfalls eine Auslagerung von Ausbildungsprozessen der Betriebe in die Schule, wodurch auch die betriebliche Ausbildungszeit verkürzt wurde.

Es gibt Bemühungen, von künstlich hergestellten Lernsituationen abzusehen und wieder vermehrt *in Realsituationen*, also an regulären Arbeitsplätzen auszubilden und Lernmöglichkeiten des betrieblichen Alltags zu nutzen. Andererseits ist aber

---

[21] vgl. hierzu *Horlebein, Manfred*: Didaktik der Moralerziehung. Markt Schwaben: Eusl 1998

nicht zu übersehen, dass durch den Einzug der Computertechnik in praktisch alle Bereiche der Produktion und Verwaltung die Tendenz der Trennung zwischen Arbeiten und Lernen verstärkt wird und damit den Lernort Arbeitsplatz in Frage stellt (vgl. *Brater* u. a. 1988, S. 84 und S.177).

2.4.2 Relevanz der überbetrieblichen Ausbildung

Betriebe, die Lehrlinge ausbilden wollen, aber nicht sämtliche in einer Ausbildungsordnung vorgeschriebenen Kenntnisse und Fertigkeiten vermitteln können, haben nach § 27 Abs. 2 BBiG bzw. § 21 Abs. 2 HwO die Möglichkeit, Defizite ihrer Ausbildungsfähigkeit durch Ausbildungsmaßnahmen außerhalb des Ausbildungsbetriebs auszugleichen. Ausbildungsmaßnahmen außerhalb eines Ausbildungsbetriebs können in einem anderen Ausbildungsbetrieb oder in überbetrieblichen Ausbildungsstätten (ÜBS) durchgeführt werden. Es liegt nahe, dass insbesondere kleine und mittlere Betriebe aufgrund ihrer Arbeitsabläufe und Spezialisierung vielfach nicht imstande sind, alle Vorgaben einer Ausbildungsordnung zu erfüllen und daher auf außerbetriebliche Ausbildungsmaßnahmen angewiesen sind, wenn sie Lehrlinge ausbilden wollen. In den 70er Jahren des vorigen Jahrhunderts kam es zu einem systematischen Ausbau der *überbetrieblichen Berufsausbildungsstätten* (ÜBS). Der Bund und die Länder leisteten zur Einrichtung und Weiterentwicklung der ÜBS finanzielle Beiträge. Es sollten regionale, sektorale und betriebsgrößenbedingte Qualitätsunterschiede in der Berufsausbildung überwunden und zur *Chancengleichheit* in der beruflichen Bildung beigetragen werden. Träger der ÜBS sind die Handwerkskammern. Kreishandwerkerschaften, Innungen und Industrie- und Handelskammern. Außerdem kommen als Träger kommunale Körperschaften und gemeinnützige juristische Personen des privaten Rechts in Betracht (vgl. BMBF 2001, S. 6; BIBB 2008, S. 40f.). Angesichts des zunehmenden Veränderungsdruck aufgrund der technologischen Entwicklung und der Veralterung eingesetzter Technik sowie im Hinblick auf das gesellschaftliche Interesse, einen wettbewerbsfähigen Mittelstand zu erhalten, hat der Bundestag 1989 eine neue „Konzeption für die Förderung der überbetrieblichen beruflichen Ausbildungsstätten" verabschiedet. Um der wachsenden Bedeutung der überbetrieblichen Ausbildungsstätten gerecht zu werden, wurde die Modernisierung als eine Daueraufgabe für den Bund festgeschrieben (vgl. BMBF 2001, S. 4f.; BIBB 2008, S. 40).[22] Mit der Ausweitung der überbetrieblichen Ausbildung im Zusammenhang mit dem dualen Ausbildungs-

---

[22] vgl. hierzu *Hoffschroer, Michael*: Die historische Entwicklung der überbetrieblichen Berufsausbildung bis zum Beginn des 21. Jahrhunderts – Erkenntnisse für die Weiterentwicklung überbetrieblicher Berufsausbildung aus regierungspolitischer, parteipolitischer, wissenschaftlicher und gesellschaftspolitischer Perspektive. 2005.bwp@Berufs- und Wirtschaftspädagogik – online, Ausgabe 9, 1–11

system wurde ein *dritter Lernort* relevant. Man könnte von einem *„trialen System"* sprechen.

Die Berufsausbildung im Handwerk wird traditionell durch überbetriebliche Kurse als *„Überbetriebliche Unterweisung"* (ÜBU) oder *„Überbetriebliche Lehrlingsunterweisung"* (ÜLU) unterstützt, um ein einheitlich hohes Niveau der betrieblichen Ausbildung der meist kleinen Handwerksbetriebe zu sichern und Ausbildungskapazitäten zu erhalten bzw. zu erweitern.

> Die überbetriebliche Unterweisung (ÜBU) hat die Aufgabe, die betriebliche Ausbildung zu vervollständigen (*Ergänzungsfunktion*) und dem jeweils neuesten Stand der Technik anzupassen (*Anpassungsfunktion*). Außerdem soll die überbetriebliche Unterweisung zu einer Intensivierung und Systematisierung vor allem der Grundausbildung beitragen.

An den Kosten der ÜBU beteiligen sich die Länder und das BMWi zu jeweils einem Drittel. Im Jahr 2010 wurden rund 50.000 Lehrgänge mit rund 446.000 Teilnehmern mit rund 47 Millionen Euro gefördert. In Zusammenarbeit von Bundesfachverbänden und dem Heinz-Piest-Institut für Handwerkstechnik an der Leibniz Universität Hannover werden die Dauer und Inhalte der ÜLU festgelegt. Das BMWi bzw. die Länderministerien sind für die Anerkennung der Lehrpläne zuständig (vgl. BMBF 2012, S. 55).

> Die überbetriebliche Unterweisung im Handwerk wird in Berufsbildungseinrichtungen der Handwerkskammern und anderer Verbände durchgeführt. Grundlage der Teilnahmeverpflichtung für die Lehrlinge an überbetrieblichen Ausbildungsmaßnahmen sind Rechtsverordnungen und Verbandsbeschlüsse. Die Lerninhalte der überbetrieblichen Unterweisung sind in Rahmenlehrplänen festgelegt (vgl. *Delventhal* 1981, S. 266 ff.).

Bei der ÜLU im Handwerk lag die Unterweisungsintensität in der Grundstufe (1. Ausbildungsjahr) unterschiedlich je nach Ausbildungsberuf bei bis 4 Wochen und in der Fachstufe (2., 3. und 4. Ausbildungsjahr) bei 3,5 Wochen.

Bei den Ausbildungsberufen der *Bauwirtschaft* hat die überbetriebliche Ausbildung besonders große Bedeutung, da es sich bei der Bauwirtschaft um *„wandernde Fabriken"* und beim Bauhandwerk um *„wandernde Werkstätten"* handelt, die auf Grund des ständigen Wechsels der Baustellen Lehrwerkstätten oder Lehrarbeitsplätze nicht einrichten können. Es werden daher zahlreiche überbetriebliche Ausbildungsstätten mit *Lehrbaustellen* von der Bauwirtschaft unterhalten. In den Ausbildungsordnungen der Bauwirtschaft ist der Anteil der überbetrieblichen Ausbildung verbindlich festgelegt und umfasst je nach Ausbildungsberuf 14 bis 17 Wochen. Werden diese langen Lehrgangszeiten mit den Lehrgangszeiten der übrigen Handwerksberufe zusammengefasst, ergibt sich in der Fachstufe eine Unterweisungsintensität von 4,3 Wochen. 2011 haben im Handwerk in der Fachstufe 431.343 Lehrlinge an ÜLU teilgenommen (vgl. *Nowak* 2012, S. 10, 17 und 119).

Industrielle Klein- und Mittelbetriebe, die auf Grund einer kleinen Anzahl von Auszubildenden keine eigene Lehrwerkstatt oder Lehrecke einrichten können, verschaffen sich die Vorteile einer Ausbildungsabteilung über die Nutzung überbetrieblicher Ausbildung, die von Einrichtungen der Industrie- und Handelskammern oder anderer Verbände angeboten wird. Die überbetriebliche Ausbildung für die Auszubildenden der Industrie unterscheidet sich hinsichtlich der Schwerpunkte von der überbetrieblichen Unterweisung des Handwerks. Während bei der Industrie die *Vermittlung der beruflichen Grundbildung* im Vordergrund steht, ist es beim Handwerk die *Ergänzung und Vertiefung der Fachbildung* (vgl. *Raddatz* 1979, S. 172).

Die ÜBS vertiefen und ergänzen im dualen Ausbildungssystem nicht nur die Fachpraxis und berücksichtigen technologische Neuentwicklungen, sondern führen Fortbildungsmaßnahmen und Umschulungen durch. Sie fördern den Technologietransfer und beteiligen sich an Maßnahmen der Berufsorientierung und Berufsvorbereitung. In Deutschland bestehen 800 ÜBS, davon circa 200 in den neuen Bundesländern (vgl. BIBB-Datenreport 2011, S. 385).

Für die Vermittlung einer kaufmännischen Grundbildung haben sich schulische Einrichtungen sehr bewährt, was in der Entwicklung und der großen Bedeutung der kaufmännischen Berufsfachschulen zum Ausdruck kommt.

Nach § 90 BBiG fördert das BIBB die Einrichtung, Modernisierung und Weiterentwicklung vom ÜBS mit Mitteln des BMBF beim Schwerpunkt Ausbildung und mit Mitteln des BMWi beim Schwerpunkt Fort- und Weiterbildung (vgl. BIBB-Datenreport 2011, S. 385f.). Mit der Förderung der ÜBS wird eine Infrastruktur im Bereich der Aus-, Fort- und Weiterbildung angestrebt. Aufgrund der sich ständig verändernden Rahmenbedingungen sollen die ÜBS zu *multifunktionalen Berufsbildungszentren* mit der Ausrichtung auf lebenslanges Lernen weiterentwickelt werden. Mit einer multifunktionalen Nutzung werden zeitgemäße und nachfrageorientierte Bildungsdienstleister entstehen, die für den Transfer neuer Technologien und Erkenntnisse aus Forschung und Entwicklung sorgen, wobei insbesondere die Qualifizierungsbedürfnisse von kleinen und mittleren Unternehmen berücksichtigt werden sollen (vgl. BMBF/BMWi 2009, S. 1). Das BMBF und das BMWi unterstützen im Rahmen der Berufsbildungspolitik und der Gewerbeförderung kleine und mittlere Unternehmen, um ihre Wettbewerbsfähigkeit zu erhalten, indem seit etwa zehn Jahren herausragende ÜBS zu Kompetenzzentren gefördert werden.[23]

> „Kompetenzzentren sammeln systematisch Informationen und Know-how zu neuen Technologien und Verfahren, prüfen diese auf deren Verwendbarkeit für mittelständische Unternehmen und tragen mit Beratung und Schulung dazu bei, dass Innovationen aus Forschung und Entwicklung schnell Eingang in die betriebliche Praxis finden" (BIBB-Datenreport 2011, S. 386).

Kompetenzzentren wollen Innovationsmotoren für kleine und mittlere Unternehmen werden. Im Jahr 2012 wurden 27 Kompetenzzentren, insbesondere in hochtechnisierten und sich rasch verändernden Gewerken ausgewiesen (vgl. BIBB-Datenreport 2012, S. 401).

Während in der handwerklichen und industriellen Berufsausbildung für die gewerblich-technischen Ausbildungsberufe die Lehrwerkstatt als betriebliche oder überbetriebliche Ausbildungsstätte volle Anerkennung gefunden hat, fehlt für kaufmännische Ausbildungsberufe eine entsprechende Institution.

Es bestehen allerdings für Bereiche der kaufmännisch-wirtschaftlichen Berufsbildung *institutsgruppeninterne Bildungszentren* der Handelsbetriebe, Kreditinstitute und Versicherungen. Diese Einrichtungen, getragen von Institutsgruppen und Verbänden, betreiben neben beruflicher Ausbildung auch vielgestaltige Fortbildung und können als Pendant zur überbetrieblichen Ausbildungsstätte der gewerblichen Wirtschaft gesehen werden (vgl. *Dauenhauer* 1996, S. 168 ff.) Ansätze für betriebliche und überbetriebliche Ausbildungseinrichtungen für kaufmännische Berufe sind das *Lernbüro* und die *Übungs- bzw. Scheinfirmen* (vgl. *Sommer* 2006, S. 467). Die etwa 580 deutschen *Übungsfirmen* und ihre Träger bilden in einem *Übungsfirmenring* ein Netzwerk, das Aus- und Weiterbildungen anbietet. Mit der Beteiligung der Übungsfirma am Übungsfirmenmarkt ist eine exakte und realitätsnahe Simulation des Wirtschaftsgeschehens möglich.

---

[23] vgl. hierzu BMBF/BMWi: Gemeinsame Richtlinie für die Förderung überbetrieblicher Berufsbildungsstätten (ÜBS) und ihrer Weiterentwicklung zu Kompetenzzentren vom 24.6.2009

Das duale System der Berufsausbildung 59

> „Durch Simulation werden komplexe Situationen, Strukturen und Prozesse wirklichkeitsnah abgebildet oder transformiert, um Handeln wie in der Wirklichkeit zu ermöglichen" (*Bonz* 2009, S. 118).

Das Lern-Handeln in einem Lernbüro oder die Geschäftstätigkeiten zwischen Übungsfirmen ermöglichen realitätsnah nicht nur die Aneignung von beruflichen Kenntnissen und Fertigkeiten, sondern auch die Folgewirkungen des Handelns in einem komplexen System zu erfassen (vgl. *Bonz* 2009, S. 126). Die *Zentralstelle des Deutschen ÜbungsFirmenRings (ZÜF)* in Essen unterstützt die angeschlossenen Übungsfirmen sowie ihre Träger und übernimmt auch Aufgaben, die für die Realisierung des Marktgeschehens erforderlich sind, aber die einzelnen Übungsfirmen nicht bieten können. Träger der Übungsfirmen sind *Berufsbildungs- und Berufsförderungswerke* sowie neben anderen Aus- und Fortbildungseinrichtungen berufliche Schulen (vgl. hierzu Informationen der ZÜF 2012).

In Abgrenzung von der Übungsfirma und dem Lernbüro gibt es auch Juniorfirmen. *Juniorfirmen* werden von Auszubildenden oder Schülern als reale *„Miniaturfirmen"* mit realem Geschäftsbetrieb, Waren oder Dienstleistungen, Geld, Organisation, Kostenrechnung, Verhandlungen usw. eigenverantwortlich und selbstständig geführt. Wenn auch die juristische Verantwortung bei der Bildungseinrichtung bzw. der Schule liegt, so sind die Lernenden doch gefordert, in sämtlichen kaufmännischen Funktionsbereichen gestaltend tätig zu werden, wobei es sowohl auf den ökonomischen Erfolg als auch auf effektives Lernen ankommt (vgl. *Kutt* 2006, S. 299 f.).

2.5 Die Lernortkooperation und der Ausbildungsverbund

> „Unter Lernortkooperation wird das technisch-organisatorische und (vor allem) das pädagogisch begründete Zusammenwirken des Lehr- und Ausbildungspersonals der an der beruflichen Bildung beteiligten Lernorte verstanden" (*Pätzold* 2006, S. 355).

Versteht man in pragmatischer Sicht unter Lernort die jeweilige Berufsbildungsstätte, dann handelt es sich beim dualen System der Berufsausbildung um die Lernorte Betrieb und Berufsschule sowie zunehmend noch den Lernort ÜBS (siehe auch Kp. 2.2.2). Wenn auch die einzelnen Lernorte spezifische Ausprägungen und Differenzierungen aufweisen, so sind sie doch auf das Erreichen gemeinsamer Ausbildungsergebnisse ausgerichtet (vgl. *Pätzold* 2001, S. 197 f.). Eine *Kooperation* der Lernorte, verstanden als enge Zusammenarbeit, und eine *Koordination*, verstanden als ein abgestimmtes Nebeneinander der Beteiligten, sind unerlässlich, wobei auch Teile der Berufsausbildung im Ausland durchgeführt werden können (§ 2 BBiG). Die Notwendigkeit des Zusammenwirkens der Lernorte bei der Durchführung der Berufsbildung wird auch in § 2 BBiG ausdrücklich als *Lernortkooperation* genannt. Dieser Zusammenarbeit steht entgegen, dass privat-rechtlich organisierte Betriebe öffentlich-rechtlichen Berufsschulen gegenüberstehen und nicht von einem *inhaltlichen Gleichlauf*, der so genannten *„didaktischen Parallelität"* der Ausbildung in Betrieben und Berufsschule, ausgegangen werden kann. Es kommt in der Realität zu einem *Vorlauf* oder *Nachlauf* hinsichtlich der curricularen Strukturen – Ausbildungsordnung Betrieb bzw. Lehrplan Berufsschule – (vgl. *Lipsmeier* 1991, S. 113 ff.). Absprachen zwischen den Ausbildern in den Betrieben und den Lehrern in der Berufsschule sind erforderlich, um das gemeinsame Ziel der *Berufsbefähigung* in optimaler Weise zu erreichen. In der Realität hängt die Zusammenarbeit von Ausbildern und Berufsschullehrern von den jeweiligen Rahmen- und Arbeitsbedingungen sowie vom Engagement der Beteiligten ab. Die Voraussetzungen zur Kooperation sind in Betrieben mit einem hoch strukturierten Ausbildungsbereich und hauptamtlichen Ausbildern günstiger gegenüber Betrieben mit einem niedrig strukturierten Ausbildungsbereich und nebenamtlichen Ausbildern. Bei den Berufsschullehrern erschweren die große Anzahl der Schüler und damit auch der Ausbildungsbetriebe eine Kooperation. Während die Kooperation des Lehr- und Ausbildungspersonals mit Ausnahme des Zusammenwirkens bei den Prüfungsausschüssen der zuständigen Stellen sehr stark von der persönlichen Initiative der Beteiligten abhängt, sind die Kooperationsbeziehungen auf der politischen und administrativen Ebene im Zusammenhang mit dem dualen System der Berufsausbildung institutionell geregelt (vgl. *Euler* 1999, S. 250 ff.).

Lernortkooperation[24] soll das Erreichen anspruchsvoller Ziele der Berufsbildung fördern und eine hohe Qualität der Berufsbildung sichern, indem die unterschiedlichen Beiträge der Lernorte Ausbildungsbetrieb, Berufsschule und überbetriebliche Ausbildung bei Erhalt ihrer pädagogisch-didaktischen Eigenständigkeit zu einem praxisorientierten Miteinander zusammengeführt werden (vgl. *Pätzold* 1995, S. 143 ff.).

---

[24] vgl. hierzu *Euler, Dieter* (Hrsg.): Handbuch der Lernortkooperation. Bd. 1: Theoretische Fundierungen. Bielefeld: Bertelsmann 2003

Die Kernproblematik des Verhältnisses der Ausbildungsinstitutionen zueinander liegt in den institutionell begründeten Unterschieden. Abgesehen von Einzelfällen ist die Lernortkooperation zwischen beiden ausbildenden Institutionen unbefriedigend (vgl. *Zlatkin-Troitschanskaia* 2005, S. 17 und 22). *Lipsmeier* hält die Diskussion über Bedeutung und Machbarkeit der Lernortkooperation für stark überzogen (vgl. *Lipsmeier* 2000, S. 21).

Wenn man davon ausgeht, dass die Lernorte Ausbildungsbetrieb, Berufsschule und ÜBS noch untergliedert werden können, dann wird Lernortkooperation jeweils ebenfalls relevant. Bei der Lernortkooperation geht es letztlich um eine Zusammenarbeit zwischen betrieblicher und schulischer Berufsbildung. Auf diese Zusammenarbeit hinzuwirken, ist u. a. eine Aufgabe der *Landesausschüsse für Berufsbildung* (§ 83 BBiG) und der *Berufsbildungsausschüsse der zuständigen Stellen* (§ 79 BBiG).

Der Lernortkooperation kommt eine weitergehende Bedeutung bei der Verbundausbildung zu.[25] Bei der *Verbundausbildung* oder dem *Ausbildungsverbund* schließen sich mehrere Betriebe (mindestens zwei) zusammen, um einen Auszubildenden gemeinsam auszubilden. Die Verbundausbildung wird relevant, wenn eine Ausbildungsstätte die in einer Ausbildungsordnung vorgesehenen Kenntnisse und Fähigkeiten nicht in vollem Umfang vermitteln kann und damit für die Ausbildung nicht geeignet ist. Nach § 27 Abs. 2 BBiG bzw. § 21 Abs. 2 HwO sind aber die Eignungsanforderungen erfüllt, wenn die nicht vermittelbaren Ausbildungsinhalte durch Ausbildungsmaßnahmen außerhalb der Ausbildungsstätte vermittelt werden. Wenn mehrere Ausbildungsstätten in einem Ausbildungsverbund zusammenwirken, muss nach § 10 Abs. 5 BBiG die Verantwortlichkeit für die einzelnen Ausbildungsabschnitte sowie für die Ausbildungszeit insgesamt sichergestellt sein. Es lassen sich folgende Organisationsformen der Verbünde unterscheiden (vgl. *Dehnbostel* 2010, S. 66):

– „Auftragsausbildung: Der Ausbildende vergibt Teile der Ausbildung als Auftrag an andere Betriebe/ausbildende Stellen.
– Ausbildungs-Konsortium: Mehrere am Verbund beteiligte Betriebe bzw. ausbildende Stellen schließen Ausbildungsverträge ab.
– Leitbetrieb mit Partnerbetrieben: Nur der Leitbetrieb schließt Ausbildungsverträge ab.
– Ausbildungsverein: Die Ausbildungsverträge werden mit dem Verein abgeschlossen" (*Drinkhut/Schlottau* 2003, S. 24).

---

[25] vgl. hierzu BIBB (Hrsg.): Verbundausbildung. Bonn 2003

Im Bereich des Handwerks kann die überbetriebliche Ausbildung in den Handwerksberufen als eine Form von Ausbildungsverbund angesehen werden (vgl. *Merk* 2006, S. 51).

Die Verbundausbildung dient der Schaffung zusätzlicher Ausbildungsplätze in Betrieben mit hoher technologischer Spezialisierung, die einzelbetrieblich keine vollständige Ausbildung durchführen können. Die Verbundausbildung wird durch verschiedene spezifische Förderprogramme unterstützt (vgl. *Schlottau* 2003, S. 9 und S. 15 ff.).

2.6 Prüfungen und Zertifizierungen im beruflichen Bildungswesen

2.6.1 Prüfungen im Rahmen des dualen Systems der Berufsausbildung

Für das *Prüfungswesen* im Rahmen der dualen Berufsausbildung sind die wichtigsten Rechtsgrundlagen das BBiG mit den §§ 37 bis 50 (HwO §§ 31 bis 40), die jeweiligen Ausbildungsordnungen, insbesondere hierzu die Prüfungsanforderungen, und die Prüfungsordnungen der zuständigen Stellen. Vor dem Ende des zweiten Ausbildungsjahres ist eine *Zwischenprüfung* entsprechend den Ausbildungsordnungen vorgeschrieben (§ 48 BBiG), die den Ausbildungsstand feststellen soll. Bei schlechten Prüfungsergebnissen sollen den Ausbildenden und den Auszubildenden Möglichkeiten eröffnet werden, im weiteren Verlauf der Ausbildung die Defizite abzubauen. Obwohl die Teilnahme an einer Zwischenprüfung vorgeschrieben und auch eine Voraussetzung für die Zulassung zur Abschlussprüfung ist (§ 43 Abs. 1 Ziff. 2 BBiG), hat die Zwischenprüfung nur Informationscharakter und führt nicht zum Bestehen oder Nichtbestehen. Wenn die Ausbildungsordnung vorsieht, dass die Abschlussprüfung in zwei zeitlich auseinander fallenden Teilen durchgeführt wird, entfällt die Zwischenprüfung (*gestreckte Abschlussprüfung*), da Teil I der Abschlussprüfung die Funktion der Zwischenprüfung wahrnimmt (§ 48 Abs. 2 BBiG).

„Durch die *Abschlussprüfung* ist festzustellen, ob der Prüfling die berufliche Handlungsfähigkeit erworben hat. In ihr soll der Prüfling nachweisen, dass er die erforderlichen beruflichen Fertigkeiten beherrscht, die notwendigen beruflichen Kenntnisse und Fähigkeiten besitzt und mit dem im Berufsschulunterricht zu vermittelnden, für die Berufsausbildung wesentlichen Lehrstoff vertraut ist. Die Ausbildungsordnung ist zugrunde zu legen" (§ 38 BBiG).

Es handelt sich um eine *Berufseingangsprüfung*, die neben einer beruflichen Qualifikation für die Verwendung im Beschäftigungssystem auch mit Berechtigungen für eine formalisierte berufliche Fort- bzw. Weiterbildung verbunden ist, z. B. Facharbeiterprüfung eine Zulassungsvoraussetzung für die Technikerausbildung.

Die *Zwischen- und Abschlussprüfungen* werden von den zuständigen Stellen organisiert und entsprechende Prüfungsausschüsse gebildet, die aus mindestens drei Mitgliedern bestehen, und zwar in gleicher Zahl Beauftragte der Arbeitgeber und der Arbeitnehmer sowie mindestens einem Lehrer der beruflichen Schulen (§§ 39-42 BBiG). Die Abschlussprüfungen bestehen aus Kenntnis- und Fertigkeitsprüfungen. In den 1987 neu geordneten Ausbildungsberufen der Metall- und Elektroindustrie war nachstehende *neue Qualifikationsbeschreibung* enthalten, die auch Rückwirkungen auf die Prüfung hatte.

> „Die in dieser Rechtsverordnung genannten Fertigkeiten und Kenntnisse sollen so vermittelt werden, daß der Auszubildende ... zur Ausübung einer qualifizierten beruflichen Tätigkeit befähigt wird, die insbesondere selbständiges Planen, Durchführen und Kontrollieren einschließt. Die Vermittlung orientiert sich an den Anforderungen des Berufes mit der jeweiligen Fachrichtung. Die in Satz 1 beschriebene Befähigung ist auch in den Prüfungen nachzuweisen" (Verordnung über die Berufsausbildung in den industriellen Metallberufen 1987, S. 4).

Mit dieser Qualifikationsbeschreibung wird für die duale Berufsausbildung verordnet, dass neben dem herkömmlichen Erwerb der fachspezifischen beruflichen Qualifikationen eine *berufliche Handlungsfähigkeit* vermittelt werden soll, die nicht nur die Fähigkeit zur Bearbeitung, sondern auch die Zuständigkeit für die Erledigung bestimmter Arbeitsaufgaben umfasst (vgl. *Pätzold* 2006, S. 72 f.). Mit der Ausbildung soll ein selbstständig und selbstverantwortlich handelnder Facharbeiter bzw. Fachangestellter herangebildet werden, der nicht nur nach Einzelanweisungen arbeiten kann. Ein so qualifizierter Facharbeiter oder Fachangestellter kommt einer Führungskraft sehr nahe (vgl. *Schanz* 1997, S. 286).[26]

Handlungsorientierte Ausbildungsinhalte verlangen auch nach handlungsorientierten Ausbildungs- und Prüfungsformen. So werden z. B. bei Bank- und Versicherungskaufleuten in der mündlichen Prüfung typische Beratungsgespräche mit Kunden simuliert. Bei gewerblich-technischen Berufen sind betriebliche Aufgaben oder betriebliche Projekte zu bearbeiten und der Prüfungskommission zu präsentieren.

---

[26] In diesem Zusammenhang werden auch die entpersonalisierte Führung und die Führungssubstitution relevant.

Die schriftlichen Prüfungen sind nicht nur reine Kenntnisprüfungen, die mit programmierten Fragen abgeprüft, sondern mit fallähnlichen Aufgaben angereichert werden. Computergestützte Prüfungsformen haben bereits im Metallbereich und beim technischen Zeichner sowie bei den kaufmännischen Büroberufen Eingang gefunden (vgl. BMBF 1999, S. 102; BMBF 2000, S. 111 ff.; BMBF 2002, S. 159 ff.).

Im Jahr 2010 haben 535.791 Auszubildende, davon 32.850 Wiederholer, an den Abschlussprüfungen teilgenommen. Die Erfolgsquote betrug 89,4 %. Zu den Prüfungen waren 35.949 als *Externe* zugelassen. Hier lag die Erfolgsquote bei 79,7 % (vgl. BIBB-Datenreport 2012, S. 178 ff.). Das 2005 neu gefasste Berufsbildungsgesetz hat die Zulassung zur Abschlussprüfung für Externe erweitert. So ergibt sich nach § 43 Abs. 2 BBiG und § 36 Abs. 2 HwO, dass Absolventen vollschulischer Berufsbildungsgänge oder sonstiger Berufsbildungseinrichtungen zur Abschlussprüfung zugelassen werden können, wenn dieser Bildungsgang der Berufsausbildung in einem anerkannten Ausbildungsberuf entspricht. Von den Externenprüflingen hatten 9.987 einen schulischen Bildungsgang absolviert (vgl. BIBB-Datenreport 2012, S. 183 f.). Die bereits nach dem BBiG 1969 mögliche Zulassung als Externer zur Abschlussprüfung wurde bezüglich der geforderten Mindest-Berufstätigkeit vom Zweifachen auf das Eineinhalbfache der Zeit, die als Ausbildungszeit in dem Beruf vorgeschrieben ist, in dem die Prüfung abgelegt werden soll, vermindert. Außerdem können Ausbildungszeiten in einem anderen, einschlägigen Ausbildungsberuf als Zeiten der geforderten Berufstätigkeit angerechnet werden (§ 45 Abs. 2 BBiG; § 37 Abs. 2 HwO).

2.6.2 Zertifizierung von Zusatzqualifikationen

> Nach § 5 Abs. 2 Nr. 5 BBiG werden unter Zusatzqualifikationen Kenntnisse, Fertigkeiten und Fähigkeiten verstanden, die über die Ausbildungsinhalte eines Ausbildungsberufsbildes hinausgehen und die berufliche Handlungsfähigkeit ergänzen oder erweitern. Darüber hinaus werden unter Zusatzqualifikationen solche Maßnahmen verstanden,
> - die parallel zur Berufsausbildung stattfinden oder unmittelbar im Anschluss daran,
> - die einen gewissen zeitlichen Mindestumfang nicht unterschreiten (40 Stunden) und
> - zertifiziert werden können (BIBB-Datenreport 2012, S. 246).

„Unter Zusatzqualifikationen der (beruflichen) Bildung sollen solche formalisierten, schriftlich fixierten Bescheinigungen autorisierter Stellen verstanden werden, die Personen eine bestimmte Leistungsfähigkeit attestieren und so potentiellen Arbeitgebern Hinweise auf bei der Bewerberin oder dem Bewerber vorhandene Kompetenzen geben" (*Clement* 2006, S. 496).

Zusatzqualifikationen dienen der stärkeren Individualisierung, praxisnahen Differenzierung und Flexibilisierung der dualen Ausbildung. Ausbildungsbegleitend bzw. unmittelbar nach Abschluss der Ausbildung soll durch die Vermittlung zusätzlicher Inhalte, die nicht in einer Ausbildungsordnung vorgeschrieben sind, die Ausbildung ergänzt und/oder erweitert werden, z.b. allgemeine und berufsbezogene Fremdsprachenkenntnisse, betriebswirtschaftliche Kenntnisse, EDV- und Informationstechnik, CNC-Technik. Bevor modernisierte oder neue Ausbildungsordnungen veränderte Qualifikationen abdecken, können Zusatzqualifikationen die Modernität sichern. Mit der Novellierung des BBiG 2005 wurde die Möglichkeit geschaffen, nach § 5 Abs. 2 Ziffer 5 BBiG in die Ausbildungsordnungen Zusatzqualifikationen zu integrieren. Solche *„kodifizierte" Zusatzqualifikationen* wurden z.b. in den Ausbildungsordnungen der Ausbildungsberufe Musikalienhändler/-in, Buchhändler/-in und Tourismuskaufmann/-frau vorgeschrieben (vgl. BIBB-Datenreport 2012, S. 257). Kodifizierte Zusatzqualifikationen werden nach § 49 BBiG gesondert geprüft und bescheinigt. Besonders für leistungsorientierte Auszubildende bieten Zusatzqualifikationen weitergehende Entwicklungsmöglichkeiten und erlauben, bereits Teile einer Weiterbildung vorwegzunehmen.

Die Bedürfnisse für Zusatzqualifikationen müssen sich an den Betrieben, den Auszubildenden und Berufstätigen sowie bildungspolitischen Zielvorstellungen orientieren. Zusatzqualifikationen können betriebliche, individuelle und bildungspolitische Nutzenwirkungen schaffen (vgl. *Rebmann/Tenfelde* 2002, S. 120f.).

Über das Angebot und die Inhalte von Zusatzqualifikationen gibt das *Informationssystem AusbildungPlus* im Internet kostenlos unter http://www.ausbildungplus.de einen bundesweiten Überblick. Die *Datenbank AusbildungPlus*, ein Projekt des BIBB, wird vom Bundesministerium für Bildung und Forschung gefördert. Drei verschiedene Suchmasken bieten folgende Informationsmöglichkeiten:

– Suche nach Ausbildungsangeboten mit Zusatzqualifikationen.
– Suche nach dualen Studiengängen.
– Suche nach Ausbildungsbetrieben mit Zusatzqualifikationen oder dualen Studiengängen.

Die Datenbank enthielt 2012 2.248 Angebote für verschiedene Zusatzqualifikationen (Modelle) in Form von 16.103 Angeboten, die 85.015 Auszubildenden eine zusätzliche Qualifizierung ermöglichten. In der *Datenbank AusbildungPlus* waren auch 1.384 verschiedene duale Studiengänge erfasst, davon waren 910 Studiengänge der Erstausbildung und 474 der Weiterbildung. Bei den Studiengängen der Erstausbildung waren 45.630 Unternehmen beteiligt und 64.093 Auszubildende/Studierende ausgewiesen (vgl. BIBB 2013, S. 6, S. 21 und S. 44).

Die *Kammern* bieten für Auszubildende zahlreiche Lehrgänge an, die mit einem Zertifikat oder mit einer anerkannten Kammerprüfung abschließen. Außerdem besteht die Möglichkeit, Teile anerkannter Fortbildungen mit einem formalen Abschluss während der Ausbildung oder direkt nach der Ausbildung zu absolvieren (§§ 53 ff. BBiG). Auch die Berufsschulen bieten Zusatzqualifikationen an, wozu auch Angebote zum Erwerb der Fachhochschulreife parallel zur Berufsausbildung gehören (vgl. BIBB-Datenreport 2012, S. 246 ff.).

2.7 Berufsvorbereitende Qualifizierungsmaßnahmen für bestimmte Zielgruppen

> Die Bildungsbiografie eines jungen Menschen ist beim Übergang aus der allgemeinen Schule in eine Berufsausbildung bzw. in das Beschäftigungssystem mit zwei *Statuspassagen* oder *Schwellen* konfrontiert:
> 1. Der Übergang aus dem allgemeinen Schulwesen in eine Berufsausbildung (*1. Schwelle*).
> 2. Der Übergang aus dem Berufsausbildungssystem in die Erwerbstätigkeit (*2. Schwelle*) (vgl. BMBF 2005 (Benachteiligte), S. 14).

„Übergänge sind Schnittstellen individueller biographischer Verläufe und sozialer Strukturen, Verzweigungen gesellschaftlich vorgeformter Entwicklungsbahnen" (*Kutscha* 1991, S. 113). Entscheidend sind die ersten Stationen nach dem Verlassen der allgemeinen Schule. Da der nahtlose Übergang von Abgängern der Hauptschule und anderer allgemeiner Schulen in die Arbeitswelt immer schwieriger wurde und sich vielfach um Jahre verzögerte, kommt der *Berufsorientierung* und *Berufsvorbereitung* wachsende Bedeutung zu. *Berufsorientierung* und *Berufsvorbereitung* soll junge Menschen beim Einstieg in die Berufsausbildung und das Berufsleben unterstützen. Vor allem soll im Rahmen der vorberuflichen Bildung die *Berufswahl* und die *Berufsreife* gefördert werden. Inhalte der vorberuflichen Bildung können in den Schulen aspekthaft in den einzelnen Unterrichtsfächern berücksichtigt werden. Außerdem tragen *Exkursionen* in Betriebe und vor allem *Schülerbetriebspraktika* zu realen Arbeitsweltbezügen bei, wobei vorgenannte Veranstaltungen im Unterricht vor- und nachbereitet werden müssen.

Zahlreiche staatliche Programme des Bundes und der Länder zur Förderung der Berufsausbildung gewähren in unterschiedlichem Umfang finanzielle Mittel für die

Das duale System der Berufsausbildung 67

Berufsorientierung und *Berufsvorbereitung*. Weitere Handlungsfelder dieser Programme sind Hilfen beim Übergang von der Schule in den Beruf, die Berufsausbildung, die Nachqualifizierung und sonstige Qualifizierung (vgl. BIBB-Datenreport 2012, S. 231 ff.).

2.7.1 Berufsorientierende Bildungsmaßnahmen

> „Angebote zur Berufsorientierung ermöglichen Schülerinnen und Schülern, sich mit eigenen Interessen und Kompetenzen auseinanderzusetzen und Anforderungen von Berufen, Branchen sowie der Arbeitswelt kennenzulernen und beide Seiten miteinander in Bezug zu bringen" (BIBB-Datenreport 2012, S. 231).

Das „Berufsorientierungsprogramm in überbetrieblichen und vergleichbaren Berufsbildungsstätten" (BOP) des BMBF bietet Jugendlichen, vor allem Hauptschülern ab Klasse 8, nach einer Potentialanalyse Praktika von mindestens 80 Stunden (entspricht zwei Wochen) in ÜBS und vergleichbaren Bildungsstätten an. Die Schüler sollen eine Einweisung und Information in mindestens drei Berufsfeldern erhalten. Nach dem *Praktikum* erhält jeder Jugendliche ein individuelles Zertifikat, in dem Neigungen, handwerkliche Fähigkeiten, Grundqualifikationen, Ausbildungsreife und, falls erforderlich, Förderbedarf des Jugendlichen eingeschätzt werden (vgl. BMBF 2012, S. 44).

Mit dem BMBF Sonderprogramm „*Berufseinstiegsbegleitung Bildungsketten*"[27] werden an 1.070 Haupt- und Förderschulen durch rund 1.000 hauptamtliche *Berufseinstiegsbegleiter* Jugendliche mit erhöhtem Förderbedarf individuell in ihrem Entwicklungsprozess, der Berufswahl und bis zum Abschluss eines Ausbildungsverhältnisses begleitet. Das Programm beginnt in Klasse 7 mit einer Potentialanalyse, die als Kompetenzfeststellungsverfahren die Personal-, Sozial- und Methodenkompetenz der Schüler erfassen soll. Anhand der Potentialanalyse soll die weitere individuelle Begleitung und Förderung erfolgen. An Potentialanalysen haben seit 2011 jährlich rund 60.000 Schüler teilgenommen. Die praxisnahe Berufsorientierung setzt in Klasse 8 ein, indem die Jugendlichen in Werkstätten durch praktische Arbeit Berufsfelder kennen lernen. Während die Berufsorientierung mit einem Zertifikat abschließt, kann die Begleitung durch den Berufseinstiegsbegleiter nach der Entlassung aus der Schule auch noch den ersten Zeitraum einer Berufsausbildung er-

---
[27] vgl. hierzu BMBF (Hrsg.): Berufseinstiegsbegleitung – die Möglichmacher. Eine Info für Eltern und Lehrer. Bonn 2012

fassen. Wenn der Übergang eines Schülers in eine Berufsausbildung nach Entlassung aus der Schule nicht gelingt, setzt der Berufseinstiegsbegleiter die Unterstützung des Jugendlichen fort, sofern weiterhin der Einstieg in eine Berufsausbildung angestrebt wird. Das Sonderprogramm wird durch die Bundesagentur für Arbeit (BA) umgesetzt (vgl. BMBF 2012, S. 43; BIBB-Datenreport 2012, S. 231 ff.; BA 2011, S. 5 ff.).

Im Rahmen der *Arbeitsförderung* sieht neben der Berufsberatung (§ 30 SGB III) § 33 SGB III unter *Berufsorientierung* die umfassende Vorbereitung auf die Berufswahl durch Informationspakete, Gruppenbesprechungen, Betriebserkundungen und Betriebspraktika von vier Wochen vor.

Junge Menschen, die nach Erfüllung der Vollzeitschulpflicht keinen Hauptschulabschluss oder einen vergleichbaren Schulabschluss erlangt haben, können nach § 53a SGB III im Rahmen einer berufsvorbereitenden Bildungsmaßnahme auf den nachträglichen *Erwerb des Hauptschulabschlusses* oder eines gleichwertigen Schulabschlusses vorbereitet werden.

2.7.2 Berufsvorbereitende Bildungsmaßnahmen

Berufsvorbereitende Bildungsmaßnahmen i. e. S. beziehen sich auf eine bedeutsame Gruppe von Jugendlichen bzw. jungen Erwachsenen, denen seit einigen Jahren der Übergang in eine Berufsausbildung bzw. dauerhafte Erwerbstätigkeit nicht gelingt. Gleichzeitig beklagen viele Ausbildungsbetriebe, dass sie ihre Ausbildungsstellen nicht in ausreichendem Umfang mit qualifizierten Bewerbern besetzen können (vgl. BMBF 2012, S. 32 ff.). Teilweise erfolgt der Einstieg in eine Berufsausbildung erst um Jahre verzögert nach der Entlassung aus der Schule, was sich u. a. auch in der Zunahme des durchschnittlichen Alters der Auszubildenden mit neu abgeschlossenen Ausbildungsverträgen im Jahr 2010 auf 20,0 Jahre zeigt. Im Jahr 1993 war das Durchschnittsalter bei neu abgeschlossenen Ausbildungsverträgen noch 18,5 Jahre (vgl. BIBB-Datenreport 2012, S. 138 f.).[28]

Berufsorientierung i. e. S. geht der Berufsausbildung voraus und soll zur Berufswahl und Ausbildungsfähigkeit führen. Berufsvorbereitung hat das Ziel, Jugendlichen und jungen Erwachsenen den Einstieg in eine Berufsausbildung zu erleichtern. In diesem Zusammenhang könnten Betriebe nach § 26 BBiG Jugendliche und junge Erwachsene ohne Ausbildung einstellen, um berufliche Fertigkeiten, Kenntnisse, Fähigkeiten oder berufliche Erfahrungen zu vermitteln, ohne dass es sich hierbei um eine Berufsausbildung gemäß BBiG handelt. Aus einer solchen praktischen

---

[28] vgl. hierzu *Beicht, Ursula; Friedrich, Michael; Ulrich, Gerd*: Deutlich längere Dauer bis zum Ausbildungseinstieg. BIBB-Report 2/07

Tätigkeit kann sich ein Einstieg in eine Berufsausbildung ergeben. Eine weitere Möglichkeit der Berufsvorbereitung bietet die betriebliche Einstiegsqualifizierung. Die *betriebliche Einstiegsqualifizierung* (mindestens sechs, maximal zwölf Monate) kann nach § 54a SGB III Arbeitgeber mit einem Zuschuss fördern. Die Teilnehmer an der Maßnahme erhalten eine Vergütung. Mit diesen *Einstiegspraktika*, die bereits auf einen anerkannten Ausbildungsberuf ausgerichtet sind, kann sowohl die Eignung der Teilnehmer für einen Beruf als auch nötiger Förderbedarf ermittelt werden. Im Januar 2012 begannen 22.304 junge Menschen eine Einstiegsqualifizierung (vgl. BMBF 2013, S. 57).

Während die *Berufsorientierung* und *Berufsvorbereitung* die *Ausbildungsfähigkeit*, auch als *Berufsreife* bezeichnet, fördern und den Einstieg in eine Berufsausbildung vorbereiten und erleichtern will, geht die Berufsausbildungsvorbereitung weiter.

> *Berufsausbildungsvorbereitung* ist nach § 1 Abs. 1 BBiG bereits Bestandteil der Berufsausbildung. Nach § 1 Abs. 2 BBiG dient *Berufsausbildungsvorbereitung* dem Ziel, „durch die Vermittlung von Grundlagen für den Erwerb beruflicher Handlungsfähigkeit an eine Berufsausbildung in einem anerkannten Ausbildungsberuf heranzuführen".

Die *Berufsausbildungsvorbereitung* richtet sich nach § 68 Abs. 1 BBiG „an lernbeeinträchtigte oder sozial benachteiligte Personen, deren Entwicklungsstand eine erfolgreiche Ausbildung in einem anerkannten Ausbildungsberuf noch nicht erwarten lässt. Sie muss nach Inhalt, Art, Ziel und Dauer den besonderen Erfordernissen des in Satz 1 genannten Personenkreises entsprechen und durch umfassende sozialpädagogische Betreuung begleitet werden". Die Durchführung von geförderten Maßnahmen der Berufsausbildungsvorbereitung erfolgt in 12–16-monatigen Praktika in Betrieben, wobei so genannte *Qualifizierungsbausteine* zugrunde gelegt werden, die aus Inhalten anerkannter Ausbildungsberufe entwickelt werden. Eine Datenbank mit gesammelten Qualifizierungsbausteinen steht zur Information und zur Transformation zur Verfügung.[29] Der Anbieter der Berufsausbildungsvorbereitung stellt über die vermittelten Grundlagen für den Erwerb beruflicher Handlungsfähigkeit eine Bescheinigung aus (§ 69 BBiG).

---

[29] vgl. hierzu BIBB Autorenteam: Berufsausbildungsvorbereitung – Entwicklung von Qualifizierungsbausteinen. Bonn 2004

2.7.3 Maßnahmen der Bundesagentur für Arbeit

Berufsvorbereitende Bildungsmaßnahmen zielen darauf, Jugendlichen und jungen Erwachsenen die Aufnahme einer beruflichen Erstausbildung oder den Zugang zur Arbeit zu ermöglichen. Die *Bundesagentur für Arbeit* (BA) hat am 12. Januar 2004 ein neues *Fachkonzept für berufsvorbereitende Bildungsmaßnahmen nach §§ 51ff. SGB III* veröffentlicht.[30] Mitbestimmend für das neue Konzept der BA war die Integration der Berufsausbildungsvorbereitung in die Berufsausbildung nach dem BBiG. Ziel der berufsvorbereitenden Bildungsmaßnahmen (BvB) der BA ist die Vorbereitung auf die Aufnahme einer Ausbildung oder die berufliche Eingliederung. Zielgruppe der BvB sind „noch nicht berufsreife Jugendliche, junge Menschen mit Lernbeeinträchtigung, junge Menschen mit Behinderung, Un- und Angelernte, sozial Benachteiligte, junge Menschen mit Migrationshintergrund sowie Jugendliche, denen die Aufnahme einer Ausbildung nicht gelungen ist und deren Ausbildungs- und Arbeitsmarktchancen durch die weitere Förderung ihrer beruflichen Handlungsfähigkeit erhöht werden sollen, sofern sie ohne berufliche Erstausbildung sind, das 25. Lebensjahr noch nicht vollendet und ihre allgemeine Schulpflicht erfüllt haben" (BMBF 2008, S. 221). Das Fachkonzept der BA beinhaltet auf den Einzelfall abgestimmte Qualifizierungsebenen und beginnt mit einer Eignungsanalyse. Entsprechend den Bedürfnissen der Teilnehmer folgen die Qualifizierungsebenen

- Grundstufe mit dem Kernelement „Berufsorientierung/Berufswahl",
- Förderstufe mit dem Kernelement „Berufliche Grundfertigkeiten" in Anlehnung an Inhalte der Ausbildungsberufe und
- Übergangsqualifizierung mit dem Kernelement „Berufs- und betriebsorientierte Qualifizierung" sowie arbeitsbezogenes Einarbeiten (vgl. hierzu BA-Fachkonzept 2004, S. 10).

Die BA fördert die Maßnahmen der Berufsvorbereitung in Werkstätten und Unterrichtsräumen verschiedener Bildungsträger bzw. in Betriebspraktika.

Die Berufsausbildungsvorbereitung von lernbeeinträchtigten und sozial benachteiligten Personen muss nach § 68 BBiG bzw. § 42o HwO durch umfassende sozialpädagogische Betreuung und Unterstützung begleitet werden. Im Jahr 2013 haben 48.000 förderungsbedürftige junge Menschen an einer berufsvorbereitenden Bildungsmaßnahme – ohne spezielle Maßnahmen für Behinderte – teilgenommen und 19.000 eine solche Maßnahme begonnen (vgl. BA-Monatsbericht Dezember 2013, S. 38).

---

[30] vgl. hierzu Sozialgesetzbuch – Bücher I–XII. 41. Aufl., München: Beck 2012

Das duale System der Berufsausbildung

Ausbildungsbegleitende Hilfen (abH) sollen bedürftigen Jugendlichen die Aufnahme, Fortsetzung und den erfolgreichen Abschluss einer erstmaligen betrieblichen Berufsausbildung in anerkannten Ausbildungsberufen ermöglichen. Nach § 75 SGB III sind förderungsfähig:

1. Abbau von Sprach- und Bildungsdefiziten.
2. Förderung der Fachpraxis und der Fachtheorie.
3. Sozialpädagogische Begleitung.
4. Ausbildungsbegleitende Hilfen können durch Abschnitte der Berufsausbildung in einer außerbetrieblichen Bildungseinrichtung ergänzt werden.

Im Jahr 2012 haben 42.926 junge Menschen abH erhalten (vgl. BMBF 2013, S. 60).

2.7.4 Personengruppen, die besonderer Förderung bedürfen

Junge Menschen, die im Vergleich zu ihren Altersgenossen beim Übergang von der Schule in den Beruf und im Wettbewerb um Ausbildungsplätze im Nachteil sind, gelten als *Benachteiligte*. Die *Benachteiligtenförderung* umfasst Förderangebote, die auf Einstieg in Ausbildung bzw. Arbeit und somit auf gesellschaftliche Teilhabe gerichtet sind (vgl. BIBB-Datenreport 2013, S. 254 ff.). Zielgruppen der Benachteiligtenförderung sind:

- An- und Ungelernte,
- Jugendliche mit Behinderung,
- Individuell Benachteiligte,
- Lernbeeinträchtigte,
- Mädchen und Frauen,
- Jugendliche mit Migrationshintergrund,
- Sozial Benachteiligte (vgl. GPC 2014, S. 2).

Die *Benachteiligtenförderung* enthält folgende zentrale Erklärungselemente der Förderangebote:

- Benachteiligung kann entstehen durch einen individuellen oder gesellschaftlichen Nachteil aufgrund von Beeinträchtigungen oder sozialen bzw. strukturellen Tatbeständen.
- Aufgrund unterschiedlicher gesetzlicher Regelungen auf den verschiedenen Ebenen der föderalen Strukturen erfolgt die finanzielle Förderung. Für die Förderung bestehen unterschiedliche Zuständigkeiten und Verantwortlichkeiten.

Bei der Benachteiligtenförderung müssen *Regelangebote* und *zeitlich begrenzte Maßnahmen* unterschieden werden, wobei jeweils Benachteiligung nicht nach ihren Ursachen, sondern nach ihren Folgen definiert wird, z. B. Ausbildungslosigkeit (vgl. BIBB-Datenreport 2009, S. 204). Soziale Benachteiligung zeigt sich z. B.

darin, dass Personen die (volle) Teilhabe an gesellschaftlichen Vollzügen und Erträgen nicht – auch zunächst noch nicht – möglich ist. *Soziale Benachteiligung* ist daher auch ein Merkmal zur Förderung durch das *Kinder- und Jugendhilferecht* (§ 13 SGB VIII) sowie das *Arbeitsförderungsrecht*.

Für die Berufsausbildung benachteiligter Jugendlicher, die in einem Betrieb selbst mit ausbildungsbegleitenden Hilfen nicht ausgebildet werden können, besteht die Möglichkeit, in einer *außerbetrieblichen Einrichtung* (BaE) zu einem Ausbildungsabschluss geführt zu werden (§ 76 SGB III). Bei einer Berufsausbildung in einer BaE wird ein Übergang in eine betriebliche Ausbildung angestrebt. Wenn der Übergang nicht gelingt, kann die Ausbildung außerbetrieblich fortgeführt werden. 2013 befanden sich 44.000 Personen in einer außerbetrieblichen Ausbildung und im gleichen Jahr haben 24.000 Personen eine außerbetriebliche Ausbildung begonnen (vgl. BA-Monatsbericht Dezember 2013, S. 39).

Im Jahr 2011 haben 149.760 Auszubildende ihren Ausbildungsvertrag vorzeitig gelöst. Das entspricht einer *Lösungsquote* von 24,5% (vgl. BIBB-Datenreport 2013, S. 185). Man spricht auch von *Ausbildungsabbruch*, obwohl dies nur zutrifft, wenn der Betroffene ohne Ausbildung bleibt. Die höchsten Lösungsquoten verzeichneten die Berufe des Ausbildungsbereichs Handwerk mit 31,1% und die Berufe des Ausbildungsbereichs Hauswirtschaft mit 25,3%. Bei den Ausbildungsberufen des Gaststättengewerbes, den Sicherheitsberufen und den Fachkräften für Möbel-, Küchen- und Umzugsservice lagen die höchsten Lösungsquoten mit 45% und höher. Zeitdauerbezogen lagen die höchsten Lösungsquoten bei über 30% in der Probezeit und nach 5 bis 12 Monaten (BIBB-Datenreport 2013, S. 181 ff.).

Zur Verminderung von Ausbildungsabbrüchen haben das BMBF und die Spitzenverbände der Wirtschaft die Initiative VerA gegründet. VerA will Abbrüche der Ausbildung verhindern und Jugendliche mit Problemen in der Berufsausbildung durch Ausbildungsbegleiter unterstützen. Die *Ausbildungsbegleiter* sind SeniorExpertinnen und Experten, die bei Schwierigkeiten in der Ausbildung für eine regelmäßige Begleitung und vielfältige Hilfen zur Verfügung stehen. Bundesweit stehen 1.000 Experten für VerA-Begleitung bereit und können von jedem Auszubildenden beim SeniorExpertinnen Service (SES) in Bonn abgerufen werden (vgl. BMBF 2012, S. 47).

In der Regel ist eine abgeschlossene Berufsausbildung die *Mindestqualifikation* für den Einstieg in das Beschäftigungssystem. Für die 20- bis 29-jährigen Personen in Deutschland hat man 2012 eine *Ungelerntenquote*[31] von rund 15% = 1,46 Millionen ermittelt (vgl. BMBF 2013, S. 35). Um den Anteil der Jugendlichen und jungen

---

[31] vgl. hierzu *Beicht, Ursula*; *Ulrich, Joachim Gerd*: Welche Jugendlichen bleiben ohne Berufsabschluss? BIBB-Report 6/08

Erwachsenen ohne beruflichen Abschluss zu vermindern, hat das BMBF das Programm *„Perspektive Berufsabschluss"* eingeführt. Das Programm fördert in Zusammenarbeit mit den Arbeitsmarktakteuren in 97 Regionen die Etablierung von Strukturen für den Übergang Schule – Berufsausbildung sowie die berufliche Nachqualifizierung von jungen Erwachsenen ohne Berufsabschluss (vgl. BMBF 2012, S. 47f.)

2.7.5 Berufsausbildung von behinderten Menschen

Der Begriff *Behinderung* ist abzugrenzen vom Begriff der *Benachteiligung*.

> Nach dem SGB IX *„Rehabilitation und Teilhabe behinderter Menschen"* wird Behinderung wie folgt definiert: „Menschen sind behindert, wenn ihre körperliche Funktion, geistige Fähigkeit oder seelische Gesundheit mit hoher Wahrscheinlichkeit länger als sechs Monate von dem für das Lebensalter typischen Zustand abweichen und daher ihre Teilhabe am Leben in der Gesellschaft beeinträchtigt ist. Sie sind von Behinderung bedroht, wenn die Behinderung zu erwarten ist" (§ 2 Abs. 1 SGB IX).

Bei einer *Behinderung* handelt es sich im Unterschied zur *Benachteiligung* um eine langfristige oder dauerhafte Beeinträchtigung, die daher für die Betroffenen (einschließlich lernbehinderter Menschen) Hilfen zur *Teilhabe* am Arbeitsleben verlangt (§ 33 SGB IX, § 19 SGB III). Die berufliche Qualifizierung Behinderter bedarf teilweise einer besonderen Ausstattung von Arbeitsplätzen sowie einer der Behinderung entsprechenden Betreuung. Behinderte junge Menschen sollen nach Möglichkeit gemeinsam mit nicht behinderten Personen gefördert werden. Nach § 64 BBiG bzw. § 42k HwO sollen Behinderte möglichst in anerkannten Ausbildungsberufen ausgebildet werden, wobei die besonderen Verhältnisse behinderter Menschen berücksichtigt werden sollen, z. B. Gliederung der Ausbildung, Prüfungszeiten, Verwendung von Hilfsmitteln, Hilfeleistungen Dritter (vgl. § 65 BBiG; § 421 HwO).

> Das SGB III und SGB IX fördern die Teilhabe am Arbeitsleben: „Zur Teilhabe am Arbeitsleben werden die erforderlichen Leistungen erbracht, um die Erwerbsfähigkeit behinderter oder von Behinderung bedrohter Menschen entsprechend ihrer Leistungsfähigkeit zu erhalten, zu verbessern, herzustellen oder wieder herzustellen und ihre Teilhabe am Arbeitsleben möglichst auf Dauer zu sichern (§ 33 SGB IX).

Kommt für Behinderte wegen der Art und Schwere ihrer Behinderung eine Ausbildung in einem anerkannten Ausbildungsberuf nicht in Betracht, können die zuständigen Stellen auf Antrag besondere Ausbildungsregelungen zum Nachteilausgleich festlegen (vgl. § 66 BBiG; § 42m HwO). Gegenüber anerkannten Ausbildungsberufen sind die besonderen Regelungen für Behinderte meistens theoriereduziert und betreffen am häufigsten die Behinderungsart „Lernbehinderung" (vor körperlicher Behinderung, psychisch-seelischen Störungen und geistiger Behinderung) (vgl. BIBB-Datenreport 2009, S. 187 f.).

Verlangt die Art und Schwere einer Behinderung oder die Erfolgssicherung besondere spezifische Hilfen und Betreuung, kann die berufliche Qualifizierung in *Berufsbildungswerken* erfolgen (§ 35 SGB IX). In Deutschland stehen in 52 *Berufsbildungswerken* 15.000 Plätze für Ausbildung, Förderungslehrgänge, Arbeitserprobung und Berufsfindung zur Verfügung. Die Berufsbildungswerke führen in über 240 Berufen Ausbildungen durch (vgl. *Seyd* 2006, S. 141 ff.; *Biermann* 2012, S. 15).

Im Jahr 2012 haben 43.695 behinderte Menschen eine berufsfördernde Maßnahme der *beruflichen Ersteingliederung* mit dem Ziel eines Berufsabschlusses besucht. Ferner befanden sich weitere 14.683 Jugendliche in Maßnahmen der Berufsvorbereitung bzw. Eignungsabklärung.[32]

Wenn für behinderte Menschen eine Tätigkeit auf dem allgemeinen Arbeitsmarkt nicht oder noch nicht in Frage kommt, kann die Aufnahme in eine *Werkstatt für behinderte Menschen* in Betracht kommen. Man kann von rund 1.000 Haupt- und Zweigwerksstätten mit etwa 280.000 behinderten Mitarbeitern ausgehen (vgl. *Biermann* 2012, S. 16). Im Jahr 2012 wurden 19.752 behinderte Menschen in *Behindertenwerkstätten* im Eingangsverfahren und Berufsbildungsbereich gefördert (vgl. BMBF 2013, S. 39).

Erwachsene Arbeitnehmer, die ihren bisherigen Beruf aufgrund von Krankheit oder Unfall nicht mehr ausüben können, haben die Möglichkeit, in Berufsförderungswerken eine *berufliche Umschulung* oder *Weiterbildung zur Wiedereingliederung* in den Arbeitsmarkt zu absolvieren. In Deutschland bestehen 28 Berufsförderungswerke mit etwa 15.000 Ausbildungsplätzen und 180 Bildungsgängen (vgl. *Biermann* 2012, S. 16).[33]

---

[32] vgl. hierzu Bundesministerium für Arbeit und Soziales (Hrsg.): Berufsbildungswerke – Einrichtungen zur beruflichen Rehabilitation junger Menschen. Bonn 2011

[33] vgl. hierzu Bundesministerium für Arbeit und Soziales (Hrsg.): Berufsförderungswerke – Einrichtungen zur beruflichen Eingliederung erwachsener Menschen. Bonn 2010

Zusammenfassung zum Kapitel 2

In Deutschland erfolgt die Ausbildung auf der unteren Qualifikationsebene der Facharbeiter und Fachangestellten in Betrieben und in der Berufsschule. Dieses Ausbildungsmodell wird als *„Duales System der Berufsausbildung"* bezeichnet, obwohl der Systemcharakter bezweifelt wird, nachdem die ausbildenden Betriebe nicht als Lerneinrichtungen, sondern entsprechend ökonomisch-technischen Aufgaben und Zielen organisiert sind, während die Berufsschulen mit ihrer pädagogischen Orientierung systematisches Lernen organisieren.

Die duale Ausbildung erfolgt überwiegend in Betrieben und wird durch den Besuch einer Berufsschule (Richtmaß 12 Wochenstunden) als einer Teilzeitschule begleitet. Rechtlich gesehen besteht für die duale Ausbildung ein *Zwei-Instanzen-Problem*, da für die betriebliche Ausbildung bundesgesetzliche Regelungen durch das BBiG und die HwO bestehen, während für die Berufsschulen die Schulgesetze der 16 Bundesländer gelten. Über die KMK und die Rahmenlehrpläne wird eine gewisse Einheitlichkeit angestrebt; trotzdem bestehen aber länderspezifische Unterschiede.

Die Überwachung der Ausbildung in den Betrieben erfolgt durch die *„Zuständigen Stellen"* (§ 71 BBiG), das sind die Kammern. Für die Berufsschulen sind die Schulbehörden der Länder zuständig.

Auszubildende dürfen in Betrieben nur durch Personen eingestellt werden, die persönlich geeignet sind. Auszubildende darf nur ausbilden, wer persönlich und fachlich geeignet ist. Die Ausbildungsstätte muss für die Ausbildung geeignet sein (§§ 27–33 BBiG; §§ 21–23 HwO).

Das BBiG und die HwO enthalten nicht nur Vorschriften für die Berufsausbildung, sondern auch Regelungen für die Berufsausbildungsvorbereitung, die berufliche Fortbildung und die berufliche Umschulung sowie für die Berufsausbildung behinderter Menschen (§§ 53–70 BBiG; §§ 42–42q HwO).

Für die Sicherstellung einer einheitlichen Ausbildung im dualen System spielen die *staatlich anerkannten Ausbildungsberufe* eine zentrale Rolle. Für jeden Ausbildungsberuf besteht eine Ausbildungsordnung, auf die sich ein Ausbildungsbetrieb im jeweiligen Ausbildungsvertrag verpflichten muss. Jugendliche unter 18 Jahren dürfen nicht in anderen als anerkannten Ausbildungsberufen ausgebildet werden (§§ 4–6 BBiG; §§ 25, 26 HwO). Die Ausbildungsordnung ist die Grundlage für die inhaltliche Ausbildung im Betrieb. Die Rahmenlehrpläne für die Berufsschulen werden mit den Ausbildungsordnungen abgestimmt.

Die Ausbildungsberufe sind am Berufskonzept orientiert. Ein *Ausbildungsberuf ist ein Einsteigsberuf*, der nicht auf einen bestimmten Erwerbsberuf ausgerichtet ist. „Heute kommt dem Berufskonzept als Leit- und Strukturprinzip für berufliche Ausbildung und Arbeit nur noch begrenzte Bedeutung zu. Im Bereich der beruflichen Ausbildung liegt die Leistungsfähigkeit des Berufskonzepts (nur noch) im Organisationsprinzip für eine basale Qualifizierung für die Arbeitswelt in Form des Ausbildungsberufs" (*Wittwer* 2003, S. 80).

Im dualen System der Berufsausbildung sind die beiden Lernorte die Betriebe und die Berufsschule, die jeweils noch weiter aufgegliedert werden können. Neben den regulären Arbeitsplätzen, die in den Arbeitsablauf eingebunden sind, können in Betrieben vom Arbeitsablauf isolierte Ausbildungsplätze eingerichtet werden. In Abhängigkeit von der Betriebsgröße und der Anzahl der Auszubildenden können auch besondere Ausbildungsabteilungen zur Verfügung stehen, z. B. Lehrwerkstätten, Lehrlabors, Lernecken, Lerninseln, Lernbüros.

Nach *Greinert* ist das charakteristische Merkmal dualer Berufsausbildung „nicht die Zahl der Lernorte (Betrieb + Schule), sondern eine 'duale' Organisationsstruktur bestehend aus einem nach privatwirtschaftlichen, d. h. nach Marktregeln funktionierenden Ausbildungssektor und einem staatlich gesetzten Berufsbildungsrecht, das diesen Markt steuert bzw. flankiert" (*Greinert* 2000, S. 25 f.).

Die Ausbildung im Betrieb an regulären Arbeitsplätzen zeichnet den *Ernstcharakter* und die *Praxis* der Arbeit aus. Die Grenzen der Ausbildung an regulären Arbeitsplätzen sind aber unübersehbar, wenn man bedenkt, dass Theorie und Praxis nicht eindeutig voneinander zu trennen sind und im Zeichen dynamischen Wandels der Arbeitswelt der Arbeitsplatz von heute nur bedingt Abbild des künftigen Arbeitsplatzes sein kann (vgl. *Neumann* 1980, S. 18 und S. 20).

Angesichts der Grenzen für eine vollständige Ausbildung vor allem in Klein- und Mittelbetrieben haben die ÜBS die Aufgabe, zur Vervollständigung und Systematisierung der Ausbildung beizutragen. Mit den ÜBS wird die duale Ausbildung um einen dritten Lernort erweitert, was mit neuen Steuerungs-, Abstimmungs- und Finanzierungsproblemen verbunden ist (vgl. *Greinert* 2000, S. 48 f.).

Die Berufsschule ist im dualen Ausbildungssystem ein eigenständiger Lernort. Die Berufsschule vermittelt allgemeine und berufliche Lerninhalte unter besonderer Berücksichtigung der Anforderungen der jeweiligen Berufsausbildung.

Mit der *Lernortkooperation* soll eine Zusammenarbeit und Abstimmung zwischen betrieblicher und schulischer Ausbildung angestrebt werden. Bei der *Verbundausbildung* arbeiten bezüglich der Ausbildung mehrere Betriebe zusammen. Mit Hilfe einer Verbundausbildung können Betriebe, die nur einen Teil einer Berufsausbildung vermitteln können, sich an der Ausbildung beteiligen und dadurch zusätzliche Ausbildungsplätze schaffen.

Mit Hilfe der *berufsvorbereitenden Qualifizierungsmaßnahmen* für bestimmte Zielgruppen sollen die Chancen für den Einstieg in eine Berufsausbildung bzw. den erfolgreichen Abschluss einer Ausbildung erhöht werden.

Das duale System der Berufsausbildung 77

Die *Benachteiligtenförderung* will man von dem Stigma „Benachteiligte" befreien und zu einem Angebot für alle Jugendlichen, die eine Unterstützung benötigen, entwickeln (vgl. BIBB-Datenreport 2012, S. 231).

Zur Diskussion ...

1. Die verschiedenen Dimensionen der Arbeit müssen bei der Ausbildung berücksichtigt werden. Bei der Ausbildung an Arbeitsplätzen in den Betrieben wird die Notwendigkeit und Abfolge des Lernens durch die einzelnen Arbeitsaufträge und Veränderungen der Arbeitsprozesse bestimmt (vgl. *Gidion* 2008, S. 69).

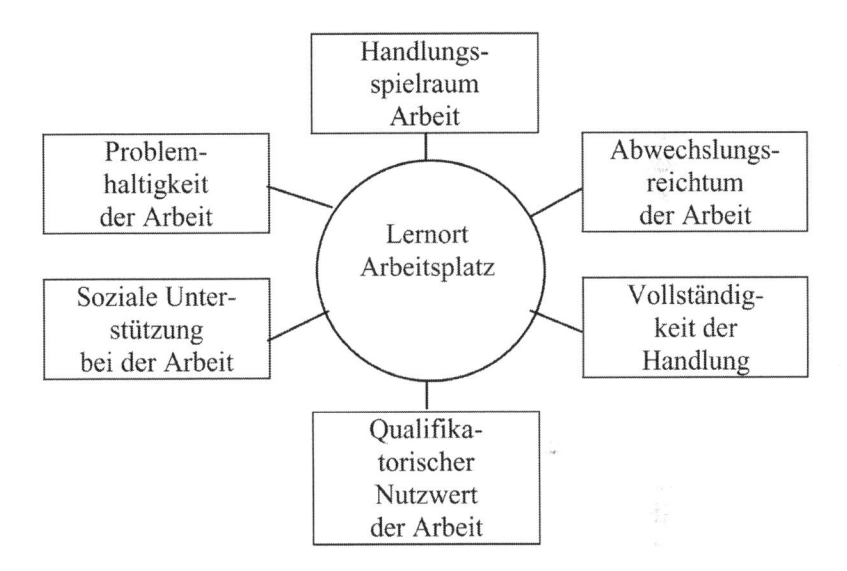

```
                    Handlungs-
                    spielraum
                     Arbeit
    Problem-                        Abwechslungs-
    haltigkeit                      reichtum
    der Arbeit                      der Arbeit
                    Lernort
                   Arbeitsplatz
    Soziale Unter-                  Vollständig-
    stützung                        keit der
    bei der Arbeit                  Handlung

                    Qualifika-
                    torischer
                    Nutzwert
                    der Arbeit
```

Abb. 5: Dimensionen der Arbeit, die für die Ausbildung bedeutsam sind

Quelle: Franke, Guido: Lernen im Arbeitsprozeß – Merkmale, Probleme, Ansätze zur Intensivierung. In: *Achtenhagen, Frank; John, Ernst* (Hrsg.): Lernprozesse und Lernorte in der beruflichen Bildung. (Berichte Bd. 12) Göttingen 1988, S. 497

Nennen Sie Möglichkeiten und Grenzen, die Dimensionen der Arbeit bei der Ausbildung im Betrieb zu berücksichtigen.

2. Von einigen Vertretern der Wirtschaft wird eine Verminderung des Stundenanteils der Berufsschule verlangt, damit die Auszubildenden längere Zeit in den Betrieben sind. Versuchen Sie das Für und Wider von kürzeren Berufsschulzeiten gegenüberzustellen.

3. Hinsichtlich der Kritik an der Berufsschule wird auch die Notwendigkeit bzw. der zeitliche Anteil der allgemeinen Fächer (Deutsch, Gemeinschaftskunde, Religion, Fremdsprache, Sport) beanstandet. Nehmen Sie zu dieser Kritik begründet Stellung.
4. Die Lernortkooperation, vor allem zwischen den einzelnen Ausbildungsbetrieben und der Berufsschule, wird nicht als befriedigend angesehen. *Lipsmeier* kommt zu der Einschätzung, dass die Lernortkooperation in ihrer Bedeutung und Machbarkeit in der aktuellen Diskussion völlig überzogen wird. Auch eine neue „Kooperationskultur" kann *Lipsmeier* nicht erkennen und hält sie auch nicht für erforderlich (vgl. *Lipsmeier* 2004, S. 70). Überdenken Sie Möglichkeiten und Grenzen der Lernortkooperation und versuchen Sie, Mindestanforderungen für eine Lernortkooperation aufzustellen.
5. Mit der überbetrieblichen Ausbildung entsteht im Rahmen der dualen Ausbildung neben den Lernorten Betrieb und Berufsschule ein dritter Lernort. Worin sehen Sie die Problematik dieses dritten Lernortes?
6. Am Ende der dualen Berufsausbildung steht die Abschlussprüfung. Inzwischen gibt es Beispiele der „gestreckten Abschlussprüfung", d. h. an Stelle der Zwischenprüfung tritt Teil I der Abschlussprüfung. Stellen Sie die Vor- und Nachteile der „gestreckten Abschlussprüfung" gegenüber.
7. Die Auszubildenden haben die Möglichkeit, Zusatzqualifikationen zu erwerben. Welchen Nutzen können Zusatzqualifikationen für die Ausbildungsbetriebe einerseits und für die Auszubildenden andererseits haben?

Überblick zu Kapitel 3

Das folgende Kapitel behandelt die Vielfalt der beruflichen Schulen. Von der Institution Berufsschule ausgehend werden die Institutionen Berufsfachschulen und berufliche Schulen, die eine Schullaufbahnberechtigung vermitteln, vorgestellt. Ferner wird auf die Schulen des Gesundheitswesens, die Ausbildung im öffentlichen Dienst und die berufliche Erstausbildung an Hochschulen eingegangen. Die länderspezifischen Angaben beziehen sich auf die jeweiligen Schulgesetze.

3 Die Vielfalt beruflicher Schulen
3.1 Die Berufsschule
3.1.1 Die Organisation der Berufsschule
3.1.2 Das Lernfeldkonzept
3.1.3 Vorbildung und Alter der Berufsschüler
3.1.4 Abschluss, Zeugnisse und Berechtigungen der Berufsschule
3.1.5 Der Beitrag der Berufsschule zur Berufsausbildung
3.1.6 Das Berufsvorbereitungsjahr
3.1.7 Das Berufsgrundbildungsjahr
3.2 Die Berufsfachschulen
3.2.1 Berufsfachschulen, die nur eine berufliche Teilqualifikation vermitteln
3.2.2 Berufsfachschulen, die eine vollständige Berufsausbildung in einem anerkannten Ausbildungsberuf gemäß BBiG bzw. HwO vermitteln
3.2.3 Berufsfachschulen, die eine vollständige Berufsausbildung vermitteln, die nur schulisch erreichbar ist
3.2.4 Die Schulen des Gesundheitswesens
3.2.5 Die Ausbildung im öffentlichen Dienst
3.3 Berufliche Schulen, die eine Schullaufbahnberechtigung vermitteln
3.3.1 Die Berufsaufbauschulen
3.3.2 Die Fachoberschulen
3.3.3 Die Berufsoberschulen
3.3.4 Berufliche Gymnasien / Fachgymnasien
3.3.5 Organisationsmodelle beruflicher Schulen
3.4 Berufliche Erstausbildung an Hochschulen

Zusammenfassung zum Kapitel 3

Zur Diskussion ...

3 Die Vielfalt beruflicher Schulen [34]

3.1 Die Berufsschule

3.1.1 Die Organisation der Berufsschule

Die *Berufsschule*[35] wurde bereits als Lernort im Rahmen des dualen Systems der Berufsausbildung angesprochen (siehe auch Kp. 2.3). Berufsschüler sind aber nicht nur Jugendliche, die eine berufliche Erstausbildung durchlaufen. Auch arbeitslose Jugendliche und solche, die in einem Arbeitsverhältnis stehen, können berufsschulpflichtig sein. Unter dem *Oberbegriff Berufsschule* werden nach einer KMK-Entscheidung nicht nur die Berufsschulen im dualen System, sondern auch das *Berufsgrundbildungsjahr* und das *Berufsvorbereitungsjahr* zusammengefasst. Die *Berufssonderschulen* werden ebenfalls den Berufsschulen zugeordnet. Die Berufsschulen gliedern sich in Anlehnung an die Wirtschaftsbereiche in

- kaufmännisch-verwaltende Berufsschulen,
- gewerblich-technische Berufsschulen,
- gewerblich-nichttechnische Berufsschulen,
- hauswirtschaftlich-pflegerisch-sozialpädagogische Berufsschulen,
- landwirtschaftliche Berufsschulen.

In begrenztem Umfang bestehen berufsschulische Einrichtungen für Auszubildende des Bergbaus und der Seeschifffahrt. In den einzelnen Schulzweigen besteht eine Differenzierung nach Berufsfeldern und Ausbildungsberufen. Da die Organisation der Berufsschulen nach Schulzweigen auf Grund der quantitativen Verhältnisse nicht durchgehalten werden kann, bestehen gemischt-berufliche Berufsschulen. In der ersten Klasse der Berufsschule, der *Grundstufe*, wird in der Regel eine breite berufliche Grundbildung für verwandte Ausbildungsberufe vermittelt. In den folgenden *Fachstufen* steht ein Ausbildungsberuf im Vordergrund, d. h. es werden Fachklassen gebildet, die nur Schüler mit einem Ausbildungsberuf oder mit sehr eng verwandten Ausbildungsberufen umfassen. Um das Fachklassenprinzip bei Ausbildungsberufen mit einer geringen Anzahl von Auszubildenden (Splitterberufe) aufrechtzuerhalten, werden an einzelnen Berufsschulen übergreifend Fachklassen auf regionaler Ebene, auf Landesebene oder länderübergreifend eingerichtet. Die KMK führt eine Liste der anerkannten Ausbildungsberufe, für welche länderübergreifende Fachklassen eingerichtet sind, mit Angabe der aufnehmenden Länder (Berufsschulstandorte) und Einzugsbereiche. So besteht z.B. für den

---

[34] Tabelle 5 gibt einen Überblick über die Schülerzahlen an beruflichen Schulen nach Schularten.
[35] vgl. hierzu *Pahl, Jörg-Peter*: Berufsschule – Annäherung an eine Theorie des Lernortes. Seelze-Velber: Kallmeyer'sche Verlagsbuchhandlung 2004

Papiertechnologen in Baden-Württemberg die Papiermacherschule Gernsbach mit dem Einzugsbereich für 10 Bundesländer. Für die restlichen Bundesländer steht in Thüringen die Johann-Friedrich-Pierer-Schule Berufliches Schulzentrum für Gewerbe und Technik in Altenburg als Berufsschulstandort für Papiertechnologen zur Verfügung (vgl. KMK 2012, S. 2 und S. 171). Da auf Grund der Entfernung zwischen den Berufsschulstandorten mit übergreifenden Fachklassen und den Arbeits- und Wohnorten der betroffenen Berufsschüler ein tagesweiser Unterricht nicht mehr möglich ist, muss der Unterricht in Blockform erteilt werden. Außerdem ist eine Internatsunterbringung erforderlich.

Tab. 5: Schüler und Schülerinnen in beruflichen Schulen Schuljahr 2012 / 13

Bildungsbereich / Schulart	Schüler / innen	Davon			
		weibliche		ausländische	
	insgesamt	zusammen	%[1]	zusammen	%[1]
Teilzeit-Berufsschulen	1.519.244	594.414	*39,1*	108.004	*7,1*
Berufsvorbereitungsjahr	48.810	19.097	*39,1*	11.972	*24,5*
Berufsgrundbildungsjahr in vollzeitschulischer Form	28.217	10.378	*36,8*	5.129	*18,2*
Berufsaufbauschulen	427	114	*26,7*	83	*19,4*
Berufsfachschulen	436.948	251.193	*57,5*	51.187	*11,7*
Berufsobersch. / Techn. Oberschulen	23.196	9.391	*40,5*	1.173	*5,1*
Fachgymnasien	172.879	89.668	*51,9*	10.772	*6,2*
Fachoberschulen	134.151	70.010	*52,2*	11.407	*8,5*
Fachschulen	185.202	94.612	*51,1*	6.563	*3,5*
Fachakademien / Berufsakademien	8.324	7.000	*84,1*	479	*5,8*
Insgesamt	**2.557.398**	**1.145.877**	*44,8*	**206.769**	*8,1*
Schulen des Gesundheitswesens	148.558	114.212	*76,9*	10.604	*7,1*

[1] Anteil an der Spalte insgesamt

Quelle: Statistisches Bundesamt: Berufliche Schulen. Schuljahr 2012 / 13. (Fachserie 11 Reihe 2) Wiesbaden 2014, S. 9

Von den Schülern der Teilzeit-Berufsschulen hatten 1.471.092 einen Ausbildungsvertrag, 2.585 waren Erwerbstätige ohne Ausbildungsvertrag und 10.553 Arbeitslose (vgl. Statistisches Bundesamt 2014, S. 69).

Unter den 2.151 privaten beruflichen Schulen mit 237.602 Schülern befinden sich 1.042 Berufsfachschulen, 481 Fachschulen und 203 Teilzeit-Berufsschulen. Auch bei den Schulen des Gesundheitswesens hat ein hoher Anteil private Träger (vgl. Stat. Bundesamt, Fachserie 11 Reihe 1.1, 2014, S. 27). *Lipsmeier* weist darauf hin, dass obwohl das private berufliche Schulwesen für unbedeutend gehalten wird, die privaten beruflichen Schulen in vielen Bereichen des Berufsbildungswesens wachsende Bedeutung haben und kaum wahrgenommen schleichend das System verändern (vgl. *Lipsmeier* 2011, S. 616).

3.1.2 Das Lernfeldkonzept

> Die KMK verlangt bei der Zielformulierung für die Berufsschule die Vermittlung einer *Berufsfähigkeit*, die Fachkompetenz mit allgemeinen Fähigkeiten humaner und sozialer Art verbindet. Zur Erreichung dieser Zielsetzung muss die Berufsschule die Handlungsorientierung betonen und die Schüler zum selbständigen Planen, Durchführen und Beurteilen von Arbeitsaufgaben im Rahmen ihrer beruflichen Tätigkeiten befähigen (vgl. KMK 1996, S. 27).

Um den *Berufsbezug* als strukturelles Leitkriterium in den Rahmenlehrplänen für die Berufsschule in den Vordergrund zu stellen, hat die KMK die herkömmlich unter fachdidaktischen Gesichtspunkten stehenden Lerngebiete durch *Lernfelder* ersetzt, d.h. das Fächerprinzip wird zugunsten einer Orientierung an Handlungs- bzw. Tätigkeitsfeldern aufgegeben (vgl. KMK 1996, S. 20). Mit der Vorgabe der KMK, die traditionellen Unterrichtsfächer an der Berufsschule durch die in den Rahmenlehrplänen ausgewiesenen Lernfelder zu ersetzen, wird ein *prozessorientiertes Lehren und Lernen* in vernetzten Strukturen erforderlich. Die stärkere Ausrichtung auf das reale Berufshandeln hat inzwischen zu Rahmenlehrplänen geführt, in denen die Trennung zwischen gewerblich-technischen und kaufmännischen beruflichen Tätigkeiten aufgehoben ist, z.B. IT-Berufe (vgl. *Kochendörfer* 2005, S. 119 ff.).

Die Implementation des *Lernfeldkonzeptes*[36] *erfordert auf drei organisatorischen Ebenen Handlungs- und Entwicklungsbedarf:*

---

[36] vgl. hierzu *Bader, Reinhard* (Hrsg.): Lernen in Lernfeldern: Theoretische Analysen und Gestaltungsansätze zum Lernfeldkonzept. Markt Schwaben: Eusl 2000; Minnamaier, Gerhard: Wie fruchtbar sind Lernfelder? Wirtschaft und Erziehung 56 (2004), S. 239–246

Die Vielfalt beruflicher Schulen 83

1. Ebene der Lehrplanentwicklung und -gestaltung (Makroebene). Hier geht es um Gestaltungsfragen von curricularen Vorgaben, z.B. inhaltliche Präzisierungen, handlungslogische Strukturen.
2. Ebene der Schulorganisation (Mesoebene). Curriculare Entwicklungsarbeit verlagert sich vermehrt an die Berufsschulen. Fragen der organisatorischen Rahmenbedingungen und der Abstimmung zwischen den Lernorten sind zu klären.
3. Ebene der Unterrichtsführung (Mikroebene). Es geht nicht nur um eine thematische Umstrukturierung von Unterricht, sondern vielmehr um die Gestaltung der Unterrichts- und Lernsituationen durch die Lehrkräfte. Für die künftige Unterrichtsführung sind die Herstellung von didaktischer Parallelität zwischen Lern- und Arbeitssituationen zentrale Fragen (vgl. *Sloane* 2001, S. 191 f.; *Dubs* 2001, S. 50 ff.; *Nickolaus* 2008, S. 87 ff.).

Mit der Implementierung des Lernfeldkonzepts wurde der Übergang vom *Wissenschaftsprinzip* zum *Situationsprinzip* vollzogen, obwohl dieser Übergang auch sehr kritisch hinterfragt wird (vgl. *Horlebein* 2005, S. 62; *Bruchhäuser* 2005, S. 27 ff.; *Backes-Haase* 2002, S. 177 ff.). Didaktisch betrachtet sind *Lernsituationen* Lerngegenstände, die von Lehrkräfteteams zu entwickeln sind, da Lernsituationen nicht aus Lernfeldern abgeleitet werden können. Bei der Entwicklung von Lernsituationen müssen sich Lehrende an zwei Ansprüchen orientieren. Einerseits soll der Bildungsanspruch konkretisiert werden, andererseits muss eine Orientierung an beruflichen Tätigkeiten erfolgen (vgl. *Sloane* 2009, S. 198 ff.). „Ziele und Inhalte beruflichen Lernens orientieren sich nun weitgehend an beruflichen Situationen. Somit steht die Praxisrelevanz auch im beruflichen Unterricht im Vordergrund" (*Deißinger* 2009, S. 80). Die Fachsystematik der Bezugswissenschaften verliert an Bedeutung zugunsten der *„Handlungssystematik"* (vgl. *Deißinger* 2009, S. 80). Praxis- und Lebensnähe von heute kann aber auch Praxis- und Lebensferne von morgen bedeuten.

3.1.3 Vorbildung und Alter der Berufsschüler

Die Berufsschule hebt sich von den allgemeinbildenden Schulen durch eine sehr *heterogene Schülerschaft* selbst innerhalb einzelner Schulklassen ab. Diese Heterogenität besteht hinsichtlich der Vorbildung, dem Alter und den außerschulischen Lebens- und Arbeitssituationen der Schüler. Tabelle 5 zeigt, dass die Berufsschule das Kernstück der beruflichen Schulen darstellt. Das Durchschnittsalter der Auszubildenden, und damit der Berufsschüler, beim Eintritt nach Schulabschluss in eine duale Berufsausbildung 2010 betrug 19,5 Jahre (vgl. *Autorengruppe* 2012, S. 105). Die gestiegene Altersstruktur deutet an, dass es sich bei der Berufsschule nicht mehr um eine reine Jugendschule handelt, da eine große Anzahl von nicht mehr Berufsschulpflichtigen als Berufsschulberechtigte die Berufsschule besucht. Die Tabelle 6 mit den Angaben zur schulischen Vorbildung der Berufsschüler zeigt einerseits einen hohen Anteil von Schülern ohne Hauptschulabschluss, andererseits einen hohen Anteil von Studienberechtigten. Die Schwierigkeiten, die sich für den Berufsschulunterricht auf Grund der unterschiedlichen Schulbildung der Schüler ergeben, sind offensichtlich, vor allem dann, wenn in einer Klasse ein großes Vorbildungsgefälle besteht.

Tab. 6: Anfänger/innen eines Bildungs-/Ausbildungsganges an Teilzeit-Berufsschulen nach schulischer Vorbildung im Schuljahr 2012/13

Schulische Vorbildung	Anfänger		
		davon	
	insgesamt	männlich	weiblich
Ohne Hauptschulabschluss	32.869	21.284	11.585
Hauptschulabschluss	156.545	103.777	52.768
Realschulabschluss	228.193	133.295	94.898
Fachhochschulreife	47.027	23.898	23.129
Allgemeine u. fachgebundene Hochschulreife	67.298	32.534	34.764
Sonstige Vorbildung	4.783	3.079	1.704
Ohne Angabe	4.830	2.919	1.911
Insgesamt	541.545	320.786	220.759

Quelle: Statistisches Bundesamt: Berufliche Schulen. Schuljahr 2012/2013 (Fachserie 11 Reihe 2). Wiesbaden 2014, S. 35

3.1.4 Abschluss, Zeugnisse und Berechtigungen der Berufsschule

Die Berufsschule führt zu einem eigenständigen Abschluss, der berufliche und allgemeine Qualifikationen umfasst. Nach den Bestimmungen der Länder kann die Berufsschule mit einer Prüfung abschließen. Das *Abschlusszeugnis der Berufsschule* wird erteilt, wenn mindestens ausreichende Leistungen in allen Unterrichtsfächern des jeweiligen Bildungsgangs erreicht wurden. Wurde das Ziel des jeweiligen Bildungsgangs der Berufsschule nicht erreicht, wird ein *Abgangszeugnis* erteilt.

Die Vielfalt beruflicher Schulen 85

In Baden-Württemberg gilt die schriftliche Abschlussprüfung der Berufsschule seit mehr als 30 Jahren als schriftlicher Teil der Lehrabschlussprüfung nach BBiG oder HwO, während in den anderen Ländern besondere schriftliche Prüfungen durch die zuständigen Stellen durchgeführt werden (vgl. *Lorenz; Ebert; Krüger* 2005, S. 157).

Nach den Bestimmungen der einzelnen Länder kann das Abschlusszeugnis der Berufsschule die *Berechtigungen* des Hauptschulabschlusses oder einen dem Realschulabschluss gleichwertigen Abschluss einschließen. Im Rahmen von zusätzlichem Unterricht kann auch die Fachhochschulreife erworben werden (vgl. KMK 2001, S. 2 ff.). (Siehe Tabelle 7) Erworbene *Zusatzqualifikationen* oder *Fremdsprachenkenntnisse* können durch *Zertifikate* bescheinigt werden (vgl. KMK 1991, S. 5 f.; KMK 1997, S. 2 f.; KMK 2008, S. 1 ff.).

Tab. 7: Absolventen der Teilzeit-Berufsschulen mit bestandener Abschlussprüfung und zusätzlich erworbenen allgemein bildenden Abschlüssen Schuljahr 2012/13

	Absolventen	
Abschluss	insgesamt	davon weiblich
Bestandene Abschlussprüfung	594.412	169.043
darunter		
Hauptschulabschluss	11.832	3.959
Mittlerer Abschluss	86.146	42.031
Fachhochschulreife	1.684	614

Quelle: Statistisches Bundesamt: Berufliche Schulen. Schuljahr 2012/2013 (Fachserie 11 Reihe 2). Wiesbaden 2014, S. 500

3.1.5 Der Beitrag der Berufsschule zur Berufsausbildung

Im Rahmen des gemeinsamen Auftrags der Berufsausbildung von Ausbildungsbetrieben und Berufsschulen ist die Berufsschule unmittelbar mit dem Beschäftigungssystem verbunden und hat einen großen Anteil der beruflichen Grund- und Fachbildung der etwa 350 Ausbildungsberufe zu vermitteln (vgl. *Doose* 2005, S. 164). Die *Berufsfähigkeit* und die *Weiterbildungsfähigkeit* der Berufsschüler soll erreicht werden. Unverzichtbarer Beitrag der Berufsschule muss eine „Grundmenge von Qualifikationen" einer Berufsausbildung sein, die unabhängig ist von betrieblicher Spezialisierung (vgl. *Kuklinski* 2005, S. 99 und S. 104 ff.).

> *„Veränderung"* als Zeichen der Zeit im 20. Jahrhundert, die globale revolutionäre Wandlungen der Funktionen von Arbeit und Freizeit bewirkt hat und sich beschleunigt im 21. Jahrhundert fortsetzt, betrifft auch die Berufsausbildung und damit die Berufsschule (vgl. *Robinsohn* 1973, S. 15).

Der technisch-organisatorische Wandel, verbunden mit neuen Technologien, Verlagerung von Produktions- und Dienstleistungstätigkeiten, Dezentralisierung von Verantwortung, Globalisierung der Märkte und starker Diffusion der Informationstechnologien, führt zu neuen oder veränderten Anforderungen an die Arbeitskräfte, die auch die Berufsausbildung berücksichtigen muss (vgl. *Gidion* 2008, S. 56 f.). Die Berufsschule kann aber nicht jede Neuerung, die mit veränderten Qualifikationsanforderungen verbunden ist, aufgreifen, zumal es immer wieder Neuerungen gibt, die nur kurzlebig sind oder keine große Breitenwirkung erreichen.

Es ist nicht zu übersehen, dass die besonderen Rahmenbedingungen der Berufsschule ihre Beiträge zur Berufsausbildung begrenzen und erschweren. Ein gewisser *Modernitätsrückstand* der Berufsschule ist unvermeidlich und kann mit Hilfe überfachlicher Qualifikationen, Selbstlernfähigkeit der Berufsschüler und Weiterbildung behoben werden. Hinzu kommt die begrenzte Unterrichtszeit, die 12 Unterrichtsstunden pro Woche betragen soll, aber nicht an sämtlichen Berufsschulen erreicht wird. Von den 1.555.964 Berufsschülern in Deutschland hatten im Schuljahr 2011/2012, abgesehen vom Blockunterricht, nur 306.866 Schüler 12 und mehr Unterrichtsstunden in der Woche. Für 34.110 Schüler standen nur 7 und weniger Unterrichtsstunden je Woche zur Verfügung (vgl. Statistisches Bundesamt 2012, S. 155). Neben der begrenzten Unterrichtszeit kommt die sehr heterogene Zusammensetzung der Berufsschulklassen mit Schülern verschiedener Vorbildung und unterschiedlichen Alters hinzu (15 bis über 25 Jahre!) (vgl. Statistisches Bundesamt 2012, S. 156).

3.1.6 Das Berufsvorbereitungsjahr

Jugendliche, die nach Erfüllung der allgemeinen Schulpflicht keine Ausbildung beginnen, sondern direkt in das Erwerbsleben eintreten wollen, keine Ausbildungsstelle finden, sich über ihre Ausbildungsabsichten bzw. die Berufseignung im Unklaren sind oder auf Grund von Kenntnis- oder Verhaltensdefiziten nicht ausbildungsfähig sind, können im *Berufsvorbereitungsjahr* (BVJ) eine Berufsorientierung und Berufsvorbereitung zur Heranführung an die Berufsausbildung bzw. Erwerbsfähigkeit durchlaufen (vgl. *Bunk* 1982, S. 44 ff.). Das BVJ wird in den Ländern unter veränderten Bezeichnungen, in unterschiedlichem Umfang und in verschiedener Ausgestaltung im Rahmen der Berufsschule angeboten. So besteht z. B. in Nordrhein-Westfalen das Berufsorientierungsjahr, in Niedersachsen die Berufseinstiegsschule, die sich in das BVJ und die Berufseinstiegsklasse gliedert, während Schleswig-Holstein das Ausbildungsvorbereitungsjahr und die Berufseingangsklasse unterscheidet.

Das einjährige BVJ, das überwiegend in Vollzeitform angeboten wird, soll die Schüler konkrete berufliche Anforderungen in bis zu drei Berufsfeldern erfahren lassen. Durch Praxistage in Betrieben sollen die Schüler des BVJ die Arbeitswelt vor Ort kennen lernen. Im BVJ kann auch der Hauptschulabschluss nachgeholt werden. Im Schuljahr 2012/13 haben 48.810 Schüler das BVJ besucht. Von den 45.556 Anfängern des BVJ im Schuljahr 2012/13 hatten 31.711 keinen Hauptschulabschluss. Von den Absolventen des BVJ mit bestandener Abschlussprüfung haben zusätzlich 14.789 Absolventen den Hauptschulabschluss und 65 Absolventen den mittleren Abschluss erworben. Absolventen des BVJ, die kein Ausbildungsverhältnis im Anschluss an das BVJ eingehen, haben die Berufsschulpflicht erfüllt (vgl. Stat. Bundesamt 2014, S. 9, 35 und 500; *Kell* 2006, S. 172 ff.).

3.1.7 Das Berufsgrundbildungsjahr

Im *Berufsgrundbildungsjahr* (BGJ) soll auf der Breite eines *Berufsfeldes* mittels fachtheoretischer und fachpraktischer Inhalte eine berufliche Grundbildung vermittelt werden. Ein Berufsfeld umfasst eine Gruppe verwandter Ausbildungsberufe, für die eine gemeinsame Grundbildung möglich ist, z. B. Berufsfeld Metalltechnik oder Berufsfeld Wirtschaft und Verwaltung.

Die Ausbildung erfolgt in 13 Berufsfeldern, wobei einige Berufsfelder in Schwerpunkte unterteilt sind.[37] Das BGJ kann in der Organisationsform des *Berufsgrundbildungsschuljahres* (Vollzeitschuljahr) oder *kooperativ* im Rahmen einer betrieblichen Ausbildung und begleitendem Berufsschulbesuch (Teilzeitunterricht) durchgeführt werden. Da die Berufsgrundbildung mit ihrer einzelberufsübergreifenden breiten Grundbildung erst auf eine anschließende berufliche spezielle Fachbildung vorbereiten will, kann beim kooperativen BGJ in Betrieben nicht an regulären Arbeitsplätzen ausgebildet werden. Für das kooperative BGJ kommen daher nur

---

[37] Nach der Berufsgrundbildungsjahr-Anrechnungs-Verordnung gewerbliche Wirtschaft wurden 13 Berufsfelder ausgewiesen. Das BGJ in vollzeitschulischer Form unterscheidet 18 Berufsfelder oder Berufsbereiche.

Ausbildungsbetriebe in Frage, die über besondere Ausbildungsabteilungen verfügen, die eine systematische Ausbildung nach pädagogischen Gesichtspunkten ermöglichen. Da dem vollzeitschulischen BGJ betriebliche Ausbildungsanteile fehlen, müssen in den Berufsschulen entsprechende Werkstätten, Labors oder Lernbüros vorhanden sein, in denen die Schüler berufspraktisch ausgebildet werden können.

Auf Grund der Berufs-Grundbildungsjahr-Anrechnungs-Verordnung musste auf eine an das BGJ anschließende Ausbildung in einem Ausbildungsberuf des betreffenden Berufsfeldes ein halbes bzw. ein ganzes Jahr angerechnet werden. Nach dem Berufsbildungsreformgesetz (BerBiRefG) von 2005 traten die verschiedenen BGJ-Anrechnungsverordnungen zum 1.8.2006 außer Kraft. Ab 1.8.2009 ist § 7 Abs. 2 BBiG in Kraft getreten. Demnach bedarf die Anrechnung des Bildungsgangs einer beruflichen Schule des gemeinsamen Antrags des Auszubildenden und des Ausbildenden an die zuständige Stelle. Obwohl das BGJ der Berufsschule zugeordnet ist, werden die Schülerzahlen des Vollzeitschuljahres gesondert ausgewiesen. Die Schüler des kooperativen BGJ sind in den Zahlen der Berufsschüler mit Ausbildungsvertrag enthalten.

Im Schuljahr 2012/13 haben 28.217 Schüler das schulische BGJ besucht. Von den 26.938 Anfängern des BGJ im Schuljahr 2012/13 waren 2.575 ohne Hauptschulabschluss. Von den 13.116 Absolventen des BGJ des Schuljahres 2012/13 mit bestandener Abschlussprüfung hatten zusätzlich 2.263 Schüler den Hauptschulabschluss und 3.925 Schüler den mittleren Abschluss erworben (vgl. Stat. Bundesamt 2014, S. 9, 35 und 500).

Während ein Auszubildender im kooperativen BGJ bereits im dualen System ausgebildet wird, bleibt es für Absolventen des Berufsgrundbildungsschuljahres offen, ob sie im Anschluss an das Schuljahr einen dem Berufsfeld entsprechenden Ausbildungsplatz, einen Ausbildungsplatz in einem anderen Berufsfeld finden, eine ganz andere Ausbildungsmöglichkeit aufgreifen oder zunächst ohne Ausbildung bzw. Beschäftigung bleiben. Das BGJ wird daher auch als „*Warteschleife*" für günstigere Möglichkeiten benutzt. Unter dem Blickwinkel der *Übergangsprobleme* von Jugendlichen, die nach Erfüllung der Vollzeitschulpflicht in eine duale Berufsausbildung einmünden wollen, hat das BGJ auch verschiedene Varianten herausgebildet (vgl. *Kell* 2006, S. 149 f.).

Im Zusammenhang mit der Grundstufe der Berufsschule (1. Klasse), die in Teilzeitunterricht dual organisiert ist, kann auch das BGJ die Grundstufe der Berufsschule ersetzen.

Das BGJ ist nicht in allen Bundesländern eingerichtet. Entsprechende Bildungsmöglichkeiten bestehen in diesen Ländern an Berufsfachschulen oder im Rahmen von besonderen Lehrgängen.

3.2 Die Berufsfachschulen

Die Berufsschule ist eine Pflichtschule und Teilzeitschule. Bei den *Berufsfachschulen* handelt es sich überwiegend um Vollzeitschulen, die freiwillig besucht werden und weder eine Berufsausbildung noch Berufstätigkeiten voraussetzen. Es lassen sich folgende Typen von Berufsfachschulen unterscheiden:

- Berufsfachschulen, die eine berufliche Teilqualifikation vermitteln,
- Berufsfachschulen, die eine vollständige Berufsausbildung in einem anerkannten Ausbildungsberuf gemäß Berufsbildungsgesetz bzw. Handwerksordnung vermitteln,
- Berufsfachschulen, die eine vollständige Berufsausbildung vermitteln, die nur schulisch erreichbar ist.[38]

Nach den Fachrichtungen können kaufmännische, gewerblich-technische, gewerblich-nichttechnische sowie hauswirtschaftlich-pflegerische Berufsfachschulen unterschieden werden. In den einzelnen Fachrichtungen bestehen teilweise unterschiedliche Typen von Berufsfachschulen mit relativ großen Unterschieden in den einzelnen Bundesländern.

Von den insgesamt 436.948 Berufsfachschülern im Schuljahr 2012/13 waren 51.187 Ausländer (vgl. Statistisches Bundesamt 2014, S. 9).

3.2.1 Berufsfachschulen, die nur eine berufliche Teilqualifikation vermitteln

> Bei den Berufsfachschulen, die nur eine *berufliche Teilqualifikation* vermitteln, handelt es sich um berufliche Grundbildung auf der Basis eines Berufsfeldes oder eines Ausbildungsberufs.

Eine solche Ausbildung kann bei der anschließenden Ausbildung im dualen System das erste Ausbildungsjahr ersetzen. Dies gilt aber nur bei der anschließenden Ausbildung in einem Ausbildungsberuf des entsprechenden Berufsfeldes oder der Fortsetzung der Ausbildung in einem Ausbildungsberuf, dessen Grundlagen bereits vermittelt wurden. Berufsfachschulen, die nur eine berufliche Teilqualifikation vermitteln und damit eine anschließende Berufsausbildung vorbereiten, sind ein- oder zweijährig und setzen den Hauptschulabschluss voraus.

---

[38] vgl. hierzu Feller, Gisela (Hrsg.): Auf dem Schulweg zum Beruf. (Berichte zur beruflichen Bildung Heft 243) Bielefeld: Bertelsmann 2001; Zöller, Maria; Kroll, Stephan: Bildungsgänge an beruflichen Vollzeitschulen. (Schriftenreihe des BIBB Heft 139) Bonn 2013

Tab. 8: Berufsfachschulen, die eine berufliche Grundbildung vermitteln und zum Realschulabschluss führen, im Schuljahr 2011/12

Fachrichtung	Schüler/innen		
	Insgesamt	männlich	weiblich
Wirtschaft und Verwaltung	30.870	15.755	15.115
Technik	13.680	12.587	1.093
Chemie, Naturwissenschaften	615	381	234
Gestaltung, Farbtechnik und Raumgestaltung	560	266	294
Gesundheit und Körperpflege	7.501	1.042	6.459
Ernährung und Hauswirtschaft	3.511	948	2.563
Agrar-, Landwirtschaft	216	108	108
Sozialwirtschaft, -pflege, Erziehung	2.315	467	1.848
Kombinierte Hauswirtschaft mit Sozialwesen, -wirtschaft, -pädagogik	5.130	907	4.223
Hotel- und Gaststättengewerbe	709	305	404
Medientechnik/-gestaltung	245	157	88
Medizintechnik	10	5	5
Gesundheit und Ernährung	1.100	246	854
Sozialwesen	252	40	212
Fahrzeugtechnik	139	138	1
Sonstige	3.030	1.372	1.658
Insgesamt	**69.883**	**34.724**	**35.159**

Quelle: Statistisches Bundesamt: Berufliche Schulen. Schuljahr 2011/2012 (Fachserie 11 Reihe 2). Wiesbaden 2012, S. 200

Die *einjährigen Berufsfachschulen* vermitteln eine berufliche Grundbildung in einem bestimmten Berufsfeld. Dieser Berufsfachschultyp ist dem schulischen Berufsgrundbildungsjahr vergleichbar. Es bestehen aber auch einjährige Berufsfachschulen, die sich inhaltlich auf die Grundlagen eines Ausbildungsberufs

Die Vielfalt beruflicher Schulen 91

beschränken und damit das erste Ausbildungsjahr einer dualen Ausbildung übernehmen (vgl. *Lipsmeier* 1984, S. 76f.).

Im Schuljahr 2011/12 haben 57.618 Schüler, davon 34.718 weiblich, ein- oder zweijährige Berufsfachschulen besucht, die eine berufliche Grundbildung vermitteln und bei Einstieg und Abschluss unterhalb des Realschulabschlusses bleiben. Es bestehen aber auch Berufsfachschulen, die eine berufliche Grundbildung vermitteln und mindestens den Realschulabschluss voraussetzen. Diese der Berufsvorbereitung dienenden Schulen wurden im Schuljahr 2011/12 von 83.858 Schülern besucht (vgl. Statistisches Bundesamt 2012, S. 201 f.).

Verschiedene *zweijährige Berufsfachschulen* vermitteln neben einer beruflichen Grundbildung auch eine gehobene Allgemeinbildung und erteilen nach erfolgreicher Absolvierung eine dem Realschulabschluss gleichwertige *Berechtigung*, die z. B. in Baden-Württemberg *Fachschulreife* und in Nordrhein-Westfalen *Fachoberschulreife* genannt wird. Tabelle 8 zeigt die Fachrichtungen und Schülerzahlen der Berufsfachschulen, die eine berufliche Grundbildung vermitteln und zu einem dem Realschulabschluss vergleichbaren Abschluss führen.

3.2.2 Berufsfachschulen, die eine vollständige Berufsausbildung in einem anerkannten Ausbildungsberuf gemäß Berufsbildungsgesetz bzw. Handwerksordnung vermitteln

Berufsfachschulen, die eine *vollständige Berufsausbildung* in einem *anerkannten Ausbildungsberuf* vermitteln, wie er im dualen System ausgebildet wird, sind meistens dreijährig und setzen als Vorbildung den Hauptschulabschluss voraus. Um das Qualifikationsniveau der vollschulischen Berufsausbildung gegenüber einer dualen Ausbildung zu sichern, umfasst die schulische Ausbildung einen hohen Anteil berufspraktischer Ausbildung in Werkstätten, Labors usw. Teilweise sind auch Betriebspraktika einbezogen.

Im Jahr 2012 haben 24.131 Schüler (davon 7.551 im Teilzeitunterricht) Berufsfachschulen besucht, in denen ein Ausbildungsberuf gemäß BBiG oder HwO erlernt werden kann. Tabelle 9 zeigt die 10 am stärksten besetzten Berufsgruppen, die an Berufsfachschulen gemäß BBiG/HwO einen Berufsabschluss erwerben konnten (vgl. Statistisches Bundesamt 2012, S. 210).

Tab. 9: Die 10 am stärksten besetzten Berufsgruppen an Berufsfachschulen, die eine Berufsausbildung gemäß BBiG/HwO vermitteln – Schuljahr 2011/12

Berufsgruppe	Schüler insgesamt	davon weiblich
Berufe der Körperpflege	3.322	3.296
darunter Kosmetiker/in	2.862	2.851
Büroberufe; kaufmännische Angestellte	2.970	1.814
Bank-/Versicherungsfachleute	2.470	1.312
Groß- u. Einzelhandelskaufleute, Ein- u. Verkaufsfachleute	1.646	1.077
Hauswirtschafter/in	1.568	1.489
Elektroberufe	1.516	75
Maschinenbau- u. -wartungsberufe	1.081	76
Feinwerktechnische u. verwandte Berufe (u. a. Goldschmied(e)/innen, Uhrmacher/innen)	917	442
Berufe in der Textilverarbeitung	907	818
Insgesamt (sämtliche Berufsgruppen)	**24.131**	**12.769**

Quelle: Statistisches Bundesamt: Berufliche Schulen. Schuljahr 2011/2012 (Fachserie 11 Reihe 2). Wiesbaden 2012, S. 209

3.2.3 Berufsfachschulen, die eine vollständige Berufsausbildung vermitteln, die nur schulisch erreichbar ist[39]

Prototyp der Berufsfachschulen, die eine nur schulisch mögliche vollständige Berufsausbildung vermitteln, sind die zweijährigen Ausbildungsgänge für *Assistentenberufe*. Wird die Berufsqualifikation mit einer Studienberechtigung verbunden, dauert die Ausbildung entsprechend länger (vgl. KMK-Dokumentation 2012). Assistenten üben schwerpunktmäßig Hilfstätigkeiten für Funktionen aus, die eine akademische Ausbildung voraussetzen (vgl. *Frackmann* 1988, S. 31). Zusammengefasst in Berufsbereiche können unterschieden werden:

---

[39] vgl. hierzu *Sandmann, Detlef*: Perspektiven der vollzeitschulischen Ausbildung. Wirtschaft und Erziehung 65 (2013), S. 77–85

Die Vielfalt beruflicher Schulen 93

- Technische Assistenten, z. B. Biologisch-technische, Chemisch-technische, Elektrotechnische, Gestaltungstechnische, Pharmazeutisch-technische, Umwelttechnische Assistenten;
- Wirtschaftsassistenten, z. B. Wirtschaftsassistent, Eurowirtschaftsassistent, Informatikassistent;
- Dienstleistungsassistenten, z. B. Gesundheits-, Sozial- und Versorgungsassistenten (vgl. *Feller* 1999, S. 31).

Die Berufsfachschulen, die Assistenten (Schulberufe) ausbilden, setzen als Vorbildung den Realschulabschluss oder einen gleichwertigen Abschluss voraus und schließen mit einer staatlichen Abschlussprüfung, meistens nach Landesrecht, ab. Teilweise sind Praktika in die Ausbildung einbezogen, und durch Zusatzprogramme kann die Fachhochschulreife und damit eine *Doppelqualifikation* erworben werden (vgl. *Frackmann* 1988, S. 50).

Neben den Assistenten werden an Berufsfachschulen noch weitere Berufe außerhalb des BBiG und der HwO ausgebildet. Hierzu gehören auch *nichtakademische Gesundheitsberufe*. Einen Überblick hierzu gibt Tabelle 10. Die zweijährigen *Assistentenschulen* werden in einigen Ländern als höhere Berufsfachschulen bezeichnet, in Baden-Württemberg heißen sie Berufskolleg.

Tab. 10: Berufsfachschulen, die einen beruflichen Abschluss vermitteln, der kein Ausbildungsberuf nach BBiG/HwO ist. Die 10 am stärksten besetzten Berufe – Schuljahr 2011/12

Beruf	Schüler insges.	davon weibl.
Altenpfleger/in, Fachkraft für Altenpflege	29.201	23.360
Sozialassistent/in	20.704	17.009
Kaufmännische(r) Assistent/in / Wirtschaftsassistent/in	17.833	9.560
Kinderpfleger/in	16.338	14.640
Technische(r) Assistent/in Informatik	11.554	1.164
Sozialhelfer/in	10.535	8.248
Gestaltungstechnische(r) Assistent/in (Grafik, Medien/Kommunikation), Grafik-Design-Assistent/in, Grafik-Designer/in	9.934	6.358
Sozialpädagogische(r) Assistent/in	7.962	6.520
Erzieher/in	6.678	6.002
Gesundheits- und Krankenpfleger/in	6.559	4.898
Insgesamt (sämtliche Berufe)	**219.722**	**149.294**

Quelle: Statistisches Bundesamt: Berufliche Schulen. Schuljahr 2011/2012 (Fachserie 11 Reihe 2). Wiesbaden 2012, S. 203 ff.

Von den in Tabelle 10 aufgeführten Schülern hatten 12.875 Teilzeitunterricht. Insbesondere handelt es sich hierbei um 10.754 *Altenpfleger* und *Fachkräfte für Altenpflege* (davon 8.670 weiblich) (vgl. Statistisches Bundesamt 2012, S. 205). Bezüglich der in Tabelle 10 aufgeführten nichtakademischen Gesundheitsberufe siehe auch das folgende Kapitel 3.2.4.

Vollzeitschulische Berufsausbildungsgänge sollen zu Gunsten der dualen Berufsausbildung reduziert werden, da zunehmend betriebliche Ausbildungsstellen nicht mehr besetzt werden können. Sachsen und Mecklenburg-Vorpommern haben bereits vollschulische Berufsausbildungsgänge eingestellt und weitere Länder wollen folgen (vgl. hierzu BIBB-Datenreport 2013, S. 243 f.). Die Wirtschaftsministerkonferenz hat bei ihrer Tagung am 4./5.6.2012 die KMK gebeten darauf hinzuwirken, dass „vollzeitschulische Ausbildungsgänge, für die es ausreichend Angebote an betrieblichen Ausbildungsplätzen gibt, eingestellt werden". In der Begründung hierzu heißt es u.a.: „Die Arbeitsmarktchancen dieser schulisch erworbenen Abschlüsse sind deutlich schlechter als die Abschlüsse der dualen Ausbildung. Folglich ist einer dualen Ausbildung zur Fachkräftesicherung immer Vorrang einzuräumen, da diese arbeitsmarktorientiert und ressourcenschonend ist." (WMK Beschluss-Sammlung 2012, S. 39 f.).

3.2.4 Die Schulen des Gesundheitswesens

> Bei den Schulen des Gesundheitswesens handelt es sich um Schulen, die eine Berufsausbildung in *nichtakademischen bzw. nichtärztlichen Gesundheitsdienstberufen* vermitteln. Die nichtärztlichen Gesundheitsberufe werden auch als Pflegeberufe bezeichnet.[40]

Während die *ärztlichen Helferberufe Arzt-, Zahnarzt- und Tierarzthelfer/in*, seit 2006 als Medizinische, Zahnmedizinische und Tiermedizinische Fachangestellte bezeichnet, nach BBiG geregelt sind, erfolgt die Ausbildung in den nichtärztlichen Gesundheitsdienstberufen in Ausbildungsgängen, die *„schulisch"* bezeichnet werden, obwohl sie rechtlich problematisch und uneinheitlich weder Schulen im Sinne des Landesschulrechts noch Privatschulen sind. Allerdings findet in einigen Ländern die Ausbildung in Gesundheitsdienstberufen in Berufsfachschulen oder Fachschulen statt, z.B. in Bayern in Berufsfachschulen für Gesundheitsberufe, in Sachsen in Berufsfachschulen für Gesundheit und Pflege, in Thüringen in dreijährigen

---

[40] vgl. hierzu *Vogel, Peter:* Pflegeberufe. In: *Kaiser, Franz-Josef; Pätzold, Günter* (Hrsg.): Wörterbuch Berufs- und Wirtschaftspädagogik. 2. Aufl., Bad Heilbrunn: Klinkhardt 2006, S. 403–404

höheren Berufsfachschulen für Gesundheits- und Krankenpfleger sowie für andere Gesundheitsberufe.

Bundesrechtliche Grundlage für die Ausbildung der Gesundheits- und Krankenpfleger sowie der Gesundheits- und Kinderkrankenpfleger ist das *„Gesetz über die Berufe in der Krankenpflege und zur Änderung anderer Gesetze"* (KrPflG), z. B. Masseur- und Physiotherapeutengesetz, MTA-Gesetz, Altenpflegegesetz. Für die Berufe der Krankenpflege ist ferner die *„Ausbildungs- und Prüfungsordnung für die Berufe der Krankenpflege"* relevant.

Für den Zugang zur dreijährigen Ausbildung der Krankenpflegeberufe wird der Realschulabschluss oder eine gleichwertige Schulbildung verlangt oder der Hauptschulabschluss zusammen mit einer mindestens zweijährigen erfolgreich abgeschlossenen Berufsausbildung und einer Erlaubnis als Krankenpflegehelfer oder einer erfolgreich abgeschlossenen landesrechtlich geregelten Ausbildung von mindestens einjähriger Dauer in der Krankenpflegehilfe oder Altenpflege (§ 5 KrPflG). Die Ausbildung schließt mit einer staatlichen Prüfung ab, die zur Ausübung des gewählten Berufs berechtigt.

Bei den Ausbildungen für die Gesundheitsdienstberufe handelt es sich nicht nur um berufliche Erstausbildungen, da auf Grund von Altersbegrenzungen für den Beginn der Ausbildung bereits Ausbildungen absolviert oder vorgeschrieben waren und damit die Schulpflicht bereits erfüllt wurde.

Zu den Schulen des Gesundheitswesens zählen auch die *Pflegevorschulen*, die in der Regel als freie Einrichtungen den Krankenanstalten sowie sozialpflegerischen oder sozialpädagogischen Einrichtungen angegliedert sind. Pflegevorschulen sind berufsvorbereitende Einrichtungen, deren Abschluss zum Eintritt in eine Krankenpflegeschule, teilweise auch zum Eintritt in die Fachschule für Sozialarbeit berechtigt (vgl. Statistisches Bundesamt 2012, S. 11 und S. 314 ff.).

Bezüglich der Schülerzahlen an den Schulen des Gesundheitswesens weist das Statistische Bundesamt bei seinen Zahlen darauf hin, dass Mecklenburg-Vorpommern seine Schülerzahlen bei den Berufsfachschulen und Sachsen sowie Thüringen bei den Berufsfach- und Fachschulen ausweist. Für das Jahr 2011 geht das Statistische Bundesamt von 1.651 Schulen des Gesundheitswesens aus, davon sind 1.150 private Schulen (vgl. Statistisches Bundesamt 2012, S. 11 und S. 314 ff.). In der Tabelle 11 des BIBB-Datenreports sind die Zahlen der unterschiedlichen Schulformen, die für das Gesundheitswesen ausbilden, berücksichtigt.

Tab. 11: Ausbildung zu Gesundheits- und Sozialberufen – 10 stärkste Berufe (Bestand)

Berufsklasse	2011	davon weibl.	in %
Gesundheits- und Krankenpfleger/-in	59.857	47.186	78,8
Altenpfleger/-in	55.966	44.270	79,1
Erzieher/-in o.n.A.	51.555	42.908	83,2
Physiotherapeut/-in (Krankengymnast/-in)	22.557	14.854	65,9
Sozialassistent/-in	20.704	17.009	82,2
Heilerziehungspfleger/-in, Heilerzieher/-in	17.842	12.708	71,2
Sozialarbeiter/-in, Sozialpädagoge/-in	17.768	15.463	87,0
Kinderpfleger/-in	16.338	14.640	89,6
Sozialhelfer/-in	10.535	8.248	78,3
Ergotherapeut/-in	10.183	9.029	88,7
Restliche Berufsklassen	67.362	53.801	79,9
Summe	**350.667**	**280.116**	**79,9**

Quelle: Statistisches Bundesamt, Fachserie 11, Reihe 2; Berechnungen des Bundesinstituts für Berufsbildung in: BIBB-Datenreport 2013, S. 240

Wenn die Ausbildung der nichtärztlichen Gesundheitsberufe in Berufsfachschulen oder Fachschulen der Länder erfolgt, gelten neben den bundeseinheitlichen Regelungen auch noch besondere Regelungen der Länder.

Die Arbeits- und Sozialminister haben auf ihrer 89. Konferenz 2012 beschlossen, die Pflegeausbildung in Deutschland weiterzuentwickeln und zu vereinheitlichen. Die Ausbildung in den Ländern soll auf Mindestanforderungen festgelegt werden (vgl. ASMK-Ergebnisprotokoll 2012, S. 181 ff.).

Vorgenannte Gesundheitsberufe leisten *personenorientierte Dienstleistungen*, die in erster Linie durch die Funktionen der *Betreuung*, der *Pflege* und der *Versorgung* erfüllt werden. Neben den Gesundheitsberufen gibt es auch noch weitere Berufe, die personenorientierte Dienstleistungen erbringen, z.B. Hauswirtschafter/Hauswirtschafterin.[41]

---

[41] vgl. hierzu *Fegebank, Barbara; Schanz, Heinrich* (Hrsg.): Arbeit – Beruf – Bildung in Berufsfeldern mit personenorientierten Dienstleistungen. (Berufsbildung konkret Bd. 7) Baltmannsweiler: Schneider 2004

Die Vielfalt beruflicher Schulen

3.2.5 Die Ausbildung im öffentlichen Dienst

Im *öffentlichen Dienst* (Bund, Länder, Gemeinden, Gemeindeverbände, Zweckverbände, Bundesagentur für Arbeit, Deutsche Bundesbank, Sozialversicherungsträger und rechtlich selbständige Einrichtungen in öffentlich-rechtlicher Rechtsform) werden Beamte und Angestellte gemäß BBiG/HwO sowie nach Regelungen der Pflege-(Gesundheits-)berufe ausgebildet.

Am 30.6.2011 befanden sich 207.300 Personen im öffentlichen Dienst in einer Ausbildung. 105.400 Personen wurden in einem Beamtenverhältnis ausgebildet. Im Rahmen eines Hochschulstudiums oder im Anschluss an ein Studium ohne in ein Beamtenverhältnis übernommen zu werden hatten 20.900 Personen einen Ausbildungsvertrag. In Ausbildungen nach dem BBiG sowie in Gesundheitsfachberufen befanden sich 81.000 Auszubildende (vgl. BIBB-Datenreport 2013, S. 128f.).

Für die Ausbildung von Beamten besteht ein besonderer Ausbildungsbereich. Es werden verschiedene Beamtenlaufbahnen unterschieden, die jeweils mit einer Laufbahnprüfung abgeschlossen werden. Für den höheren Dienst kommen Absolventen der Universitäten in Betracht, die in einem meistens zweijährigen Vorbereitungsdienst in ihre Aufgabengebiete eingeführt werden. An Verwaltungsfachhochschulen wird der Nachwuchs für den gehobenen Dienst ausgebildet. Bewerber für den mittleren nichttechnischen Dienst werden in einem zweijährigen Vorbereitungsdienst in Lehrgängen von Verwaltungsschulen der verschiedenen Behörden oder Fachverwaltungen und praktischer Tätigkeit auf verschiedenen Dienstposten ausgebildet.

3.3 Berufliche Schulen, die eine Schullaufbahnberechtigung vermitteln

Berufsaufbauschulen, Fachoberschulen, Berufsoberschulen und Berufliche Gymnasien sind Schulen, die eine *Schullaufbahnberechtigung* vermitteln. Das Wort *Berechtigung* verweist auf juristische Sachverhalte.

Bescheinigungen über den Abschluss formalisierter Bildungsabschnitte und Bildungsgänge, auch als *Zertifikate* bezeichnet, haben *Wert* durch Realisierbarkeit entsprechender Ansprüche, z. B. das Recht auf Einstieg in weiterführende Bildungsgänge. Die zentralen überkommenen Berechtigungen des allgemeinen Schulwesens sind der Volks-(Haupt-)Schulabschluss, mittlere Reife und Abitur. Auf diesen inzwischen weiter differenzierten Schulabschlüssen bauen weitere spezifisch organisierte Schullaufbahnen auf (vgl. *Kell* 1982, S. 291 f. und S. 301). Mit der Bezeichnung *„beruflich"* wird angedeutet, dass diese Schulen zum beruflichen Schulwesen gehören und neben allgemeinen in begrenztem Umfang berufsbezogene Fächer lehren (vgl. *Lipsmeier* 1984, S. 77). Während die bisher aufgeführten beruflichen Schulen berufsvorbereitenden, berufseinführenden, berufsausbildenden, berufsausbildungsbegleitenden oder berufsweiterbildenden Charakter hatten, werden in der Folge berufliche Schulen vorgestellt, die neben einer beruflichen Bildung eine weitergehende allgemeine Bildung vermitteln mit dem Ziel, einen berechtigenden Bildungsabschluss, z.B. Studienberechtigung, zu erwerben (vgl. *Bunk* 1982, S. 121).

3.3.1 Die Berufsaufbauschulen

Die *Berufsaufbauschule* (BAS) ist in berufliche Fachrichtungen gegliedert und vermittelt nach einem Jahr Vollzeitunterricht nach einer abgeschlossenen Berufsausbildung die *Fachschulreife*. Ursprünglich war die Fachschulreife (FSR) die Bezeichnung für die Abschlusszeugnisse der beruflichen Fachschulen (vgl. *Kell* 2006, S. 246). Die BAS kann auch im Teilzeitunterricht besucht werden. Mit der Einführung der Fachhochschulen und Fachhochschulreife hat die BAS an Bedeutung verloren. Die BAS besteht nur noch in Baden-Württemberg und in Bremen. Für das Schuljahr 2011/12 wurden 481 Schüler der BAS angegeben (vgl. Statistisches Bundesamt 2012, S. 194). Die in Nordrhein-Westfalen eingeführte Bezeichnung *Fachoberschulreife* als Bezeichnung für den Abschluss der Sekundarstufe I ist mit Berechtigungen für den Besuch bestimmter weiterführender Bildungsgänge der Sekundarstufe II verbunden (vgl. *Georg* 1983, S. 244). „In Verbindung mit einer abgeschlossenen Berufsausbildung berechtigt die Fachoberschulreife – in anderen Bundesländern heißt diese Kombination Fachschulreife – zum Eintritt in die Klasse 12 der Fachoberschule" (*Georg* 1983, S. 244).

3.3.2 Die Fachoberschulen

Die Einrichtung der *Fachoberschulen* (FOS), die in 17[42] Fachrichtungen geführt werden, erfolgte im Zusammenhang mit der Anhebung der Höheren Fachschulen zu Fachhochschulen in den 70er Jahren des vorigen Jahrhunderts.

---

[42] Die Angaben zu den Fachrichtungen sind der Statistik „Berufliche Schulen" 2011/2012 des Statistischen Bundesamtes entnommen.

Die Vielfalt beruflicher Schulen 99

> Die FOS führt aufbauend auf einem Realschulabschluss oder einem gleichwertigen Abschluss in einem zweijährigen Bildungsgang (entspricht Klasse 11 und 12), der eine wissenschaftlich-theoretische und eine fachpraktische Ausbildung vermittelt, zur *Fachhochschulreife* (FHR). In Klasse 11 erfolgt Teilzeitunterricht in allgemeinen und berufstheoretischen Fächern, während der fachpraktische Unterricht in Form von Praktika durchgeführt wird. Eine einschlägige Berufsausbildung, verbunden mit dem mittleren Schulabschluss, kann den Unterricht in Klasse 11 ersetzen und ermöglicht den Einstieg in Klasse 12 (vgl. *Kell* 2006, S. 245).

In Klasse 12 wird Vollzeitunterricht erteilt. Es gibt aber auch die Organisationsform im Teilzeitunterricht. Im Schuljahr 2011/2012 haben 137.447 Schüler, davon 40.054 in Teilzeitunterricht, die FOS in 16 Fachrichtungen besucht. Die am stärksten besetzten Fachrichtungen der FOS sind Wirtschaft und Verwaltung mit 48.780 Schülern, Sozialwesen und Sozialpädagogik mit 24.396 Schülern, Technik mit 28.246 Schülern (vgl. Statistisches Bundesamt 2012, S. 245).

Fachoberschulen bestehen nicht in allen Bundesländern. Teilweise wird bei der FOS nur die Klasse 12 geführt. In Nordrhein-Westfalen besteht an der FOS eine Klasse 13, in der die *Hochschulreife* erworben werden kann. Bayern hat die FOS und die BOS zur *Beruflichen Oberschule* zusammengeführt. Absolventen der FOS können in der BOS die Hochschulreife erwerben.

In Baden-Württemberg besteht anstelle der FOS das *einjährige Berufskolleg* zum *Erwerb der Fachhochschulreife*. Eintrittsvoraussetzung ist ein mittlerer Schulabschluss und eine abgeschlossene Berufsausbildung.

In Bayern kann an bestimmten Berufsschulen durch einen Zusatzunterricht außerhalb des regulären Berufsschulunterrichts und außerhalb der Arbeitszeit des Ausbildungsbetriebs die Fachhochschulreife erworben werden (vgl. Internetbeitrag bsplus 2012). Auch an verschiedenen Berufsfachschulen und Fachschulen ist der Erwerb der Fachhochschulreife möglich (vgl. KMK 2001).

3.3.3 Die Berufsoberschulen

Berufsoberschulen (BOS)/ *Technische Oberschulen*, die in 10 Fachrichtungen geführt werden, vermitteln in einem zweijährigen Bildungsgang (Klasse 12 und 13) eine allgemeine und fachtheoretische Bildung. Eintrittsvoraussetzung ist ein mittlerer Schulabschluss und eine abgeschlossene Berufsausbildung. Der Bildungsgang schließt nach bestandener Abschlussprüfung mit der *fachgebundenen Hochschul-*

reife ab. Mit einer zweiten Fremdsprache kann auch die *allgemeine Hochschulreife* erworben werden.

Im Schuljahr 2011/12 haben 24.768 Schüler (davon 2.428 im Teilzeitunterricht) die BOS besucht. Die Fachrichtungen der BOS mit den größten Schülerzahlen waren Wirtschaft mit 10.432 Schülern, Technik mit 7.951 Schülern, Hauswirtschaft und Sozialpflege mit 2.633 Schülern (vgl. Statistisches Bundesamt 2012, S. 267). Bayern hat die FOS und die BOS zur Beruflichen Oberschule zusammengeführt. Absolventen der FOS können in der BOS die Hochschulreife erwerben. Die BOS wird nicht in jedem Bundesland geführt. Die Klasse 13 der FOS in Nordrhein-Westfalen entspricht dem zweiten Jahr der BOS (vgl. KMK 2010, S. 2).

3.3.4 Berufliche Gymnasien / Fachgymnasien

Berufliche Gymnasien (BG) oder *Fachgymnasien* bestehen nicht in jedem Bundesland. Das BG ist dreijährig und umfasst die Klassen 11 bis 13. Eine geringe Anzahl beruflicher Gymnasien beginnt bereits mit Klasse 8. Eintrittsvoraussetzung ist ein mittlerer Abschluss. Mit zwei Fremdsprachen kann man mit der vollen Hochschulreife abschließen.

Beim BG sind 16 Fachrichtungen vertreten. Neben den üblichen Unterrichtsfächern des Gymnasiums umfasst das BG Fächer mit *Berufsbezug*. BG mit doppelqualifizierenden Bildungsgängen vermitteln neben einer Hochschulzugangsberechtigung auch einen anerkannten Berufsabschluss (vgl. *Fingerle* 1983, S. 288 ff.). Im Schuljahr 2011/12 haben 168.359 Schüler das BG besucht. Bei den am stärksten besetzten Fachrichtungen handelt es sich um Wirtschaft und Verwaltung mit 77.278 Schülern, Technik und Naturwissenschaften mit 41.495 Schülern, Sozialwirtschaft mit 20.292 Schülern, Gesundheit und Soziales mit 12.507 Schülern (vgl. Statistisches Bundesamt 2012, S. 247 und 254).

In der gymnasialen Oberstufe, und damit im BG, kann auch der schulische Teil der Fachhochschulreife zuerkannt werden. In Bayern und Sachsen ist dies nicht möglich (vgl. KMK 2013, S. 16 ff.)

3.3.5 Organisationsmodelle beruflicher Schulen

Die Vielfalt der beruflichen Schulen ist quantitativ sehr unterschiedlich ausgeprägt. Während z.B. die Berufsfachschulen von etwa 500.000 Schülern besucht werden, sind es in den Berufsoberschulen nur etwa 25.000 Schüler. Organisatorisch gesehen sind daher häufig verschiedene Typen beruflicher Schulen in einer Schuleinheit zusammengefasst und auch die Lehrkräfte jeweils nach ihrer Lehrbefähigung im Rahmen ihres Stundendeputats an verschiedenen beruflichen Schultypen tätig. In den Bundesländern haben sich folgende drei Organisationsmodelle herausgebildet:

Die Vielfalt beruflicher Schulen 101

- das klassische berufliche Schulzentrum mit historisch gewachsenen beruflichen Schulen,
- das Oberstufenzentrum mit der Integration der beruflichen Schulen in allgemeine und berufliche Bildungsgänge umfassende Systeme der Sekundarstufe II und
- das Berufskolleg (*Harney* 2004, S. 330).

Das *Berufskolleg* in Nordrhein-Westfalen umfasst die Bildungsgänge der Berufsschule, der Berufsfachschule, der Fachoberschule und der Fachschule. In einem differenzierten Unterrichtssystem vermittelt das Berufskolleg in einfach- und doppelqualifizierten Bildungsgängen[43] eine berufliche Qualifizierung und ermöglicht den Erwerb der allgemeinbildenden Abschlüsse der Sekundarstufe II. Ferner können die Abschlüsse der Sekundarstufe I nachgeholt werden (Schulgesetz NRW § 22).

3.4 Berufliche Erstausbildung an Hochschulen

> Die *Hochschulen* haben die Aufgabe, der Pflege und Entwicklung der Wissenschaften und der Künste durch Forschung, Lehre und Studium zu dienen. Die Studenten werden an Hochschulen für berufliche Tätigkeiten ausgebildet, die entweder die Auswertung bzw. Anwendung wissenschaftlicher Erkenntnisse oder Methoden erfordern oder die Fähigkeit zur künstlerischen Gestaltung voraussetzen.

Wenn auch die Hochschulen nicht als berufliche Schulen i. e. S. gelten, so stehen sie doch im Zusammenhang mit dem beruflichen Bildungswesen, indem sie eine *berufliche Erstausbildung auf wissenschaftlicher Ebene* vermitteln, wobei verschiedene Studiengänge Praktika von unterschiedlicher Dauer einbeziehen. In diesem Zusammenhang ist auf das Gravier-Urteil des Europäischen Gerichtshofes aus dem Jahr 1985 zu verweisen, wonach der Begriff Berufsausbildung auch ein Hochschulstudium erfasst, wenn Studenten durch ein Studium eine Qualifikation für einen bestimmten Beruf oder eine bestimmte Beschäftigung erwerben (vgl. Rechtsprechungssammlung des Gerichtshofes, S. 615).

Wissenschaftliche Hochschulen sind neben den Universitäten die Technischen Hochschulen, die Pädagogischen Hochschulen und die Theologischen Hochschulen. Den gleichen Status haben die Deutsche Sporthochschule Köln, die Medizini-

---

[43] vgl. hierzu *Bonz, Bernhard*: Bildungsgangdidaktik – Aspekte und Konturen. In: *Bredow, Antje; Dobischat, Rolf; Rottmann, Joachim* (Hrsg.): Berufs- und Wirtschaftspädagogik von A–Z. (Diskussion Berufsbildung Bd. 4) Baltmannsweiler: Schneider 2003, S. 153–166

sche Hochschule Hannover, die Tierärztliche Hochschule Hannover, die Hochschule für Verwaltungswissenschaften Speyer und die Hochschule für Architektur und Bauwesen Weimar sowie die Fernuniversität Hagen. Eine andere Gruppe von Hochschulen sind die Kunst- und Musikhochschulen, die auch Kunst- und Musiklehrer ausbilden. Die *Studienberechtigung* für vorgenannte Hochschulen ist die *Allgemeine bzw. Eingeschränkte Hochschulreife*.

Durch einen Staatsvertrag der Bundesländer wurden 1968 die *Fachhochschulen* eingeführt. Als Studienberechtigung genügt die Fachhochschulreife. Im Unterschied zu den *Wissenschaftlichen Hochschulen* sind sie stärker anwendungsbezogen, haben kürzere Studienzeiten und längere Berufspraktika. An *Verwaltungsfachhochschulen* des Bundes und der Länder wird der Nachwuchs für den *gehobenen Beamtendienst* ausgebildet. Tabelle 12 zeigt die Anzahl der Hochschularten.

Tab. 12: Hochschularten

Hochschularten			
Bereich	2011/2012	2012/2013	2013/2014
Hochschulen insgesamt	421	428	423
Universitäten	108	108	106
Pädagogische Hochschulen	6	6	6
Theologische Hochschulen	16	17	17
Kunsthochschulen	52	52	53
Fachhochschulen (ohne Verwaltungsfachhochschulen)	210	216	212
Verwaltungsfachhochschulen	29	29	29

Quelle: Statistisches Bundesamt, Wiesbaden 2014

In einigen Studiengängen sind neben *Praktika* auch besondere *Eignungsnachweise* vorgeschrieben, z. B. in den Fachrichtungen Kunst, Musik oder Sport. Außerdem können besonders befähigte Berufstätige ohne Studienberechtigung nach Länderregelungen die Zulassung zum Studium erreichen. Die KMK hat am 6.3.2009 einen Beschluss über den *„Hochschulzugang für beruflich qualifizierte Bewerber ohne* *schulische Hochschulzugangsberechtigung"* gefasst. Nach diesem Beschluss sollen z. B. Meister im Handwerk (§§ 45, 51a, 122 HwO) und Inhaber von *Fortbildungsabschlüssen* (nach §§ 53, 54 BBiG, §§ 42, 42a HwO), sofern die Lehrgänge mindestens 400 Unterrichtsstunden umfassen, eine *allgemeine Hochschulzugangsberechtigung* erhalten. Berufliche qualifizierte Bewerber, die nur über eine Berufsausbildung nach BBiG/HwO und mindestens eine dreijährige Berufspraxis verfügen, können über ein Eignungsfeststellungsverfahren oder ein erfolgreiches Probestudium eine *fachgebundene Hochschulzugangsberechtigung* erwerben (vgl. KMK 2009, S. 1 f.).[44] Man geht 2010 von 26.000 Studenten ohne Abitur aus (vgl. *Heitze* 2013, S. 60).

Die Hochschulen bieten neben einer beruflichen Erstausbildung vermehrt Zweit-, Aufbau- und Weiterbildungsstudien an.

Für das Wintersemester 2013/14 wurden in Deutschland über 2,6 Millionen Studierende an 423 Hochschulen ermittelt. Von den Hochschulen waren 116 in privater und 37 in kirchlicher Trägerschaft. Im WS 2013/14 studierten in Deutschland 6,1 % der Studierenden an privaten und 1,1 % an kirchlichen Hochschulen (vgl. WR 2014, S. 1; Stat. Bundesamt 2014, S. 5 f.). Die Studienabbruchquote betrug 2010 für das Bachelor-Studium an Universitäten 35 %, an Fachhochschulen 19 % und beim Staatsexamen (Rechtswissenschaft, Medizin und Lehramt) 11 % (vgl. *Heublein* u. a. 2012, S. 12). Der DIHK will die jährlich mehr als 100.000 Studienabbrecher für eine Ausbildung im dualen Berufsausbildungssystem gewinnen (vgl. *Gillmann* 2013, S. 13). Tabelle 13 zeigt die Verteilung der Studierenden auf die Hochschularten.

---

[44] vgl. hierzu Bundesagentur für Arbeit (Hrsg.): Nachholen schulischer Abschlüsse und Studieren ohne Abitur. (Schriftenreihe Informationen für Arbeitnehmerinnen und Arbeitnehmer Heft 8) Nürnberg: Ausgabe 2007/2008; Bundesagentur für Arbeit Druckansicht: Der zweite Bildungsweg: Nachholen von Schulabschlüssen Stand 28.9.2012; Bundesagentur für Arbeit Druckansicht: Der dritte Bildungsweg: Studieren ohne Abitur Stand 2.7.2013

Tab. 13: Studierende nach Hochschularten in Deutschland Wintersemester 2013/14

Hochschulart	Studierende		
	insgesamt	davon weiblich	davon Ausländer[3]
Universitäten[1]	1.697.634	863.018	206.093
Kunsthochschulen	35.255	20.023	10.344
Fachhochschulen[2]	847.233	344.081	84.373
Verwaltungsfachhochschulen	33.046	16.385	99
insgesamt	2.613.168	1.243.507	300.909

[1] Einschließlich der Pädagogischen und Theologischen Hochschulen.
[2] Ohne Verwaltungsfachhochschulen.
[3] Bezogen auf Studierende insgesamt.

Quelle: Statistisches Bundesamt: Studierende an Hochschulen – Vorbericht – Wintersemester 2013/2014. Wiesbaden 2014, S. 6

Das Hochschulwesen befindet sich in einem tief greifenden Umstrukturierungsprozess. Im Juni 1999 haben 29 europäische Bildungsminister (inzwischen sind 47 Staaten beteiligt) die so genannte *„Bologna-Erklärung"* unterzeichnet mit dem Ziel, einen *europäischen Hochschulraum* zu schaffen, der in einem zweistufigen System von Studienabschlüssen *(Bachelor/Master)* vergleichbare Abschlüsse schafft. Außerdem soll durch ein *Punkte-Akkumulationssystem* die Anrechnung von im In- oder Ausland absolvierten Studienleistungen (Leistungspunkte) ermöglicht und Studien im Ausland erleichtert werden.[45] Ferner wurde inzwischen ergänzend zum zweistufigen System (Bachelor/Master) die *Promotionsphase* in den Bologna-Prozess einbezogen. In den Studiengängen der drei Stufen soll die *Berufsqualifizierung/Beschäftigungsfähigkeit* stärkere Berücksichtigung finden. Von den Hochschulen wird erwartet, dass sie neben der Vermittlung einer breiten Wissensgrundlage auch auf den Arbeitsmarkt vorbereiten.

Im Hinblick auf eine weitere Verbesserung der *Durchlässigkeit* von einer Berufsausbildung zum Studium hat das BMBF 2005 die Initiative *„Anrechnung beruflicher Kompetenzen auf Hochschulstudiengänge"* (ANKOM) gestartet. Durch Äquivalenzfeststellungen sollten Lernergebnisse verschiedener Qualifikationswege ermittelt werden. Die *Äquivalenz*, verstanden als die inhaltliche und niveaubezogene

---
[45] vgl. hierzu BMBF: Der Bologna-Prozess: eine europäische Erfolgsgeschichte, 15.7.2013. http://bmbf.de/de/3336.php.

Die Vielfalt beruflicher Schulen 105

Gleichwertigkeit von Lernergebnissen, soll die Anrechnung beruflicher Kompetenzen auf Hochschulstudiengänge legitimieren. Inzwischen liegen eine „Anrechnungsleitlinie" und „Anrechnungsmodelle" vor (vgl. ANKOM 2010, S. 5 ff. und S. 14 f.; *Stamm-Riemer u. a.* 2011, S. 5 ff.).[46]
Die Studienangebote nach Hochschularten zeigt Tabelle 14. Hervorzuheben ist der hohe Anteil von Bachelor- und Masterstudiengängen.

Tab. 14: Studienangebote Hochschularten im Wintersemester 2012/2013

Hochschulart	Studiengänge insgesamt	davon			
		Bachelor	Master	staatliche und kirchliche Abschlüsse	Übrige[1]
Universitäten	10.592	3.962	4.853	1.657	120
Kunst- u. Musikhochschulen	988	365	384	41	198
Fachhochschulen	5.054	3.150	1.830	0	74
Hochschulen insgesamt	16.634	7.477	7.067	1.698	392

[1] Anteil der Studiengänge mit den Abschlüssen Diplom, Magister, Künstlerischer Abschluss etc.
Quelle: Hochschulrektorenkonferenz (Hrsg.): Statistische Daten zu Studienangeboten an Hochschulen in Deutschland Wintersemester 2013/2014. Bonn 2013, S. 8

Für das *Lehramt* wurden im WS 2013/14 3.653 Studiengänge angeboten. Davon waren 1.176 Bachelorstudiengänge, die über 994 spätere Masterstudiengänge zur Lehramtsbefähigung führen sollen. Mit einem Staatsexamen werden 1.483 Studiengänge abgeschlossen (vgl. HRK 2013, S. 10).
Wachsende Bedeutung haben *duale Studiengänge*. In der AusbildungPlus-Datenbank waren zum Stichtag 30.4.2012 1.384 duale Studiengänge ausgewiesen; davon waren 910 Angebote für die berufliche Erstausbildung und 474 Angebote für die berufliche Weiterbildung. Unter einem dualen Studiengang versteht man ein Studium an einer Hochschule oder Berufsakademie mit integrierter Berufsausbildung bzw. Praxisphasen in einem Unternehmen (vgl. BIBB 2013, S. 19 ff.).

---
[46] vgl. hierzu KMK 2008; *Mucke/Buhr* 2008, S. 39 ff.; BMBF 2011, S. 71 f.; *Ahrens* 2012, S. 1 ff.

Tab. 15: Anbieter von dualen Studiengängen für die Erstausbildung April 2012

	Anbieter Duale Studiengänge	Beteiligte Unternehmen	Auszubildende/ Studierende
Fachhochschulen	537	25.367	26.268
Berufsakademien	137	7.766	11.275
Universitäten	30	493	776
Sonstige Hochschulen	206	12.004	25.774
Insgesamt	910	45.630	64.093

Quelle: Bundesinstitut für Berufsbildung: AusbildungPlus in Zahlen. Bonn 2013, S. 45

An staatlichen oder staatlich anerkannten *Berufsakademien* als Einrichtungen des tertiären Bereichs wird in der Studienakademie eine wissenschaftsbezogene und zugleich in den beteiligten Unternehmen eine praxisorientierte berufliche Bildung vermittelt. Die Kosten der Ausbildung tragen die Betriebe und zahlen den Studierenden eine Ausbildungsvergütung, die auch während der Ausbildungsphase an der Studienakademie bezahlt wird. Je nach Landesrecht ist die Zugangsvoraussetzung für die Berufsakademie die Allgemeine oder Fachgebundene Hochschulreife oder die Fachhochschulreife sowie mit einem geeigneten Ausbildungsbetrieb ein Ausbildungsvertrag.

Nach einem KMK-Beschluss von 2004 kann unter bestimmten Voraussetzungen an der Berufsakademie ein Bachelorabschluss erworben werden, der den Zugang zu Masterstudien eröffnet. In Baden-Württemberg wurden 1974 erstmals die Berufsakademien als Modellversuch eingerichtet (vgl. KMK 2013, S. 144 ff.). Die Berufsakademie in Baden-Württemberg wurde am 1.3.2009 *Duale Hochschule*, die nach erfolgreichem Studium mit dem Bachelor als akademischem Grad abschließt. Die erfolgreichen Absolventen mit Berufserfahrungen haben die Möglichkeit, ein berufsintegriertes Studium zum Master aufzunehmen (vgl. DHBW 2013).

Zusammenfassung zum Kapitel 3

Die Vielfalt beruflicher Schulen bewegt sich im Spannungsfeld von *Berechtigungsorientierung* und beruflicher *Qualifikationsorientierung*, wobei die Berechtigungsorientierung auf Anschlussmöglichkeiten für weiterführende Bildungsgänge der Sekundarstufe II oder des Hochschulbereichs ausgerichtet ist (vgl. *Deißinger* 2006, S. 31).

Die *Berufsschule* als eine Teilzeitschule leistet wesentliche Beiträge zur Berufsausbildung nach dem dualen System. In der ersten Klasse der Berufsschule wird in der Regel eine breite berufliche Grundbildung vermittelt. In den folgenden Fachstufen stehen ein Ausbildungsberuf oder sehr eng verwandte Ausbildungsberufe im Vordergrund. Die Fächerorientierung an der Berufsschule wurde zu Gunsten einer Ausrichtung an Handlungs- bzw. Tätigkeitsfeldern aufgegeben (Lernfeldkonzept). Mit einem in vernetzten Strukturen prozessorientierten Lehren und Lernen wird eine stärkere Ausrichtung auf das reale Berufshandeln angestrebt.

Das *Berufsvorbereitungsjahr* (BVJ) dient der Berufsorientierung und der Berufsvorbereitung zur Heranführung an eine Berufsausbildung bzw. Erwerbstätigkeit. Mittels konkreter beruflicher Anforderungen in bis zu drei Berufsfeldern soll die Eignung und Motivation für eine bestimmte Ausbildung gefördert werden. Anders als beim BGJ handelt es sich beim BVJ noch nicht um Berufsausbildung.

Das *Berufsgrundbildungsjahr* (BGJ) vermittelt auf der Breite eines Berufsfeldes mittels fachtheoretischer und fachpraktischer Inhalte eine berufliche Grundbildung. Ein Berufsfeld umfasst eine Gruppe verwandter Ausbildungsberufe, für die eine gemeinsame Grundbildung möglich ist, z.B. Berufsfeld Elektrotechnik, das 20 Ausbildungsberufe einschließt, Berufsfeld Wirtschaft und Verwaltung, das im Schwerpunkt Absatzwirtschaft und Verwaltung 18 Ausbildungsberufe umfasst. Organisationsformen des BGJ sind das Berufsgrundbildungsschuljahr als ein Vollzeitschuljahr und das kooperative BGJ im Rahmen einer dualen Ausbildung. Das kooperative BGJ erfordert hinsichtlich der betrieblichen Ausbildung besondere von regulären Arbeitsplätzen getrennte Ausbildungsplätze.

Die Qualifizierungsfunktion der *Berufsfachschule* ist weniger eindeutig, abgesehen von der vollschulischen Berufsausbildung, auf die Vorbereitung unterschiedlicher berufsfachlicher Anforderungen des Beschäftigungssystems ausgerichtet (vgl. *Deißinger* 2006, S. 31).

Bei den Berufsfachschulen bestehen zahlreiche Typen mit großen Unterschieden in den Ländern. Es lassen sich ein- und zweijährige Berufsfachschulen unterscheiden, die den Hauptschulabschluss voraussetzen und eine berufliche Grundbildung vermitteln. Die Berufsfachschulen erteilen in unterschiedlichem Umfang auch fachpraktischen Unterricht in Werkstätten, Labors bzw. Lernbüros. Auch allgemeine Bildung wird vermittelt. Außerdem bestehen einjährige Berufsfachschulen, die sich inhaltlich auf die Grundbildung eines Ausbildungsberufes beschränken und damit das erste Ausbildungsjahr einer Berufsausbildung übernehmen.

Neben den Berufsfachschulen, die eine berufliche Grundbildung, d.h. eine berufliche Teilqualifikation vermitteln, bestehen zweijährige Berufsfachschulen, die zusätzlich zu einer beruflichen Grundbildung eine gehobene Allgemeinbildung einschließen und den Absolventen einen dem Realschulabschluss vergleichbaren Abschluss ermöglichen.

Weitere Berufsfachschulen vermitteln eine vollständige Berufsausbildung. Man kann dreijährige Berufsfachschulen unterscheiden, die eine Ausbildung in einem Ausbildungsberuf gemäß BBiG/HwO anbieten, und überwiegend zweijährige Assistentenschulen, die für den Eintritt den Realschulabschluss voraussetzen.

Die *Schulen des Gesundheitswesens* nehmen eine Sonderstellung ein, da die Ausbildung der nichtakademischen bzw. nichtärztlichen Gesundheitsdienstberufe nur in einigen Ländern in Berufsfachschulen oder Fachschulen erfolgt und es sich nicht um berufliche Erstausbildungen i. e. S. auf Grund der Altersbegrenzungen handelt.

Berufliche Schulen, die eine *Schullaufbahnberechtigung* vermitteln, sind die BAS, FOS, BOS und FG. Die BAS hat an Bedeutung verloren, da es viele andere Möglichkeiten gibt, einen dem Realschulabschluss vergleichbaren Abschluss zu erwerben.

Die FOS entsprechen den Klassen 11 und 12 und haben für die Klasse 11 den Realschulabschluss oder einen gleichwertigen Abschluss als Einstiegsvoraussetzung. Klasse 11 bietet Teilzeitunterricht, verbunden mit Betriebspraktika. Klasse 12 führt mit Vollzeitunterricht zur Fachhochschulreifeprüfung. Bewerber mit Realschulabschluss oder vergleichbarem Abschluss und einer abgeschlossenen Berufsausbildung können direkt in Klasse 12 eintreten.

BOS vermitteln in einem zweijährigen Bildungsgang (Klasse 12 und 13) eine allgemeine und fachtheoretische Bildung. Eintrittsvoraussetzung ist der Realschulabschluss oder ein vergleichbarer Abschluss und eine abgeschlossene Berufsausbildung. Die Abschlussprüfung führt zur eingeschränkten Hochschulreife, mit einer zweiten Fremdsprache zur vollen Hochschulreife.

Die meist dreijährigen Fachgymnasien (FG) oder Beruflichen Gymnasien (BG) umfassen die Klassen 11 bis 13. Eintrittsvoraussetzung ist ein mittlerer Abschluss. Neben den üblichen Unterrichtsfächern eines Gymnasiums haben FG/BG Fächer mit Berufsbezug. Mit zwei Fremdsprachen kann das FG/BG mit der vollen Hochschulreife abgeschlossen werden.

Obwohl *Hochschulstudien* herkömmlich nicht mit Berufsausbildung gleichgesetzt werden, hat nicht zuletzt durch das Urteil des Europäischen Gerichtshofes eine andere Auffassung an Bedeutung gewonnen. Ein Hochschulstudium vermittelt eine berufliche Erstausbildung auf wissenschaftlicher Grundlage. In den Studiengängen soll die Beschäftigungsfähigkeit stärker gefördert werden.

Die Vielfalt beruflicher Schulen 109

Zur Diskussion ...

1. Ein großes Problem der Unterrichtung in der Berufsschule ist die heterogene Zusammensetzung der Schüler. Überlegen Sie Möglichkeiten, dieser Problematik zu begegnen.
2. Einige Typen der Berufsfachschulen vermitteln eine vollständige Berufsausbildung. Stellen Sie die Vor- und Nachteile einer schulischen und einer betrieblichen Ausbildung gegenüber.
3. Der frühere Präsident des BDA, *Dieter Hundt*, hat in einem Interview hinsichtlich der Gleichstellung von schulischen und dualen Ausbildungsgängen erklärt: „Eine uneingeschränkte Gleichstellung von schulischen und dualen Ausbildungsgängen würde das duale System aushöhlen, die Tendenz zu Wunschberufen fördern und zu Fehlsteuerungen am Ausbildungs- und Arbeitsmarkt führen" (ZBW 100 (2004), S. 490). Nehmen Sie zu dieser Aussage eines maßgebenden Vertreters der Wirtschaft Stellung.
4. Die beruflichen Schulen, die mit Schullaufbahnberechtigungen abschließen, wie sie im allgemeinen Schulwesen erworben werden, vermitteln nur in begrenztem Umfang berufliche Teilqualifikationen. *Grüner* spricht daher von nur *„scheinbar beruflichen Schulen"*, die unter dem Druck des Berechtigungswesens mehr zum „Allgemeinen" des Gymnasiums orientiert sind (vgl. *Grüner* 1979, S. 357; *Achtenhagen* 1978, S. 564). Überdenken Sie vorgenannte Aussage und stellen Sie die Vor- und Nachteile der *„scheinbar beruflichen Schulen"* gegenüber.
5. Die KMK hat am 6.3.2009 einen Beschluss über den „Hochschulzugang für beruflich qualifizierte Bewerber ohne schulische Hochschulzugangsberechtigung" gefasst. Demnach können Meister im Handwerk und Inhaber von bestimmten Fortbildungsabschlüssen eine Hochschulzugangsberechtigung erhalten. Worin sehen Sie die Bedeutung und Problematik dieses KMK-Beschlusses?

Überblick zu Kapitel 4

Kapitel 4 geht auf die Institutionen der Weiterbildung ein. Berufliche Weiterbildung erfolgt in Betrieben und Schulen sowie im Rahmen von Weiterbildungsmaßnahmen verschiedener Träger. Die Weiterbildungsbeteiligung und offene Fragen der beruflichen Weiterbildung werden angesprochen.

4 Der Weiterbildungsbereich

4.1 Allgemeine Weiterbildung

4.2 Berufliche Fort- und Weiterbildung

4.2.1 Akzentverschiebung der Berufsausbildung

4.2.2 Berufliche Fort- und Weiterbildung im Betrieb

4.3 Schulische berufliche Weiterbildung

4.4 Berufliche Weiterbildungsmaßnahmen verschiedener Träger

4.5 Die Ordnung der beruflichen Weiterbildung

4.6 Lebenslanges Lernen

4.7 Offene Fragen der Weiterbildung

Zusammenfassung zum Kapitel 4

Zur Diskussion ...

4 Der Weiterbildungsbereich

4.1 Allgemeine Weiterbildung

Vom *Strukturplan des Deutschen Bildungsrates* ging 1970 der bildungspolitische Impuls aus, *Weiterbildung* zu einer *vierten Säule des Bildungswesens* neben dem *Schulbereich*, der *Berufsbildung* und dem *Hochschulwesen* zu etablieren. Inzwischen hat sich der *Weiterbildungsbereich* – man spricht auch vom *quartären Bereich* – zum größten Bildungsbereich entwickelt. Im Strukturplan wird Weiterbildung „als Fortsetzung oder Wiederaufnahme organisierten Lernens nach Abschluß einer unterschiedlich ausgedehnten ersten Bildungsphase" bestimmt (*Deutscher Bildungsrat* 1970, S. 197). Anders als die drei anderen Bereiche des Bildungswesens, ist der Weiterbildungsbereich nicht so umfassend institutionalisiert, da die *Anbieterstruktur* sehr heterogen und überwiegend privatwirtschaftlich organisiert ist. Außerdem begrenzen sehr wechselnde inhaltliche Anforderungen an die Weiterbildung langfristig stabilisierende und strukturierende *institutionelle Regelungen* (vgl. *Meyer* 2003, S. 40).

Bei der Weiterbildung kann man *allgemeine Weiterbildung*, die auch *politische* und *kulturelle Weiterbildung* einschließt, und *berufliche Weiterbildung* unterscheiden. Hinzu kommt zunehmend die wissenschaftliche Weiterbildung an Hochschulen.

> Der wissenschaftliche und technische Fortschritt hat dazu geführt, dass nicht nur ständig neues Wissen produziert wird, sondern auch vorhandenes Wissen veraltet bzw. entwertet wird. *Joachim Münch* spricht von *„Wissensmüll"*, verstanden als überholtes Wissen und nicht mehr aktualisierbares Wissen (vgl. *Münch* 1970, S. 110). *Lebenslanges Lernen* wird unerlässlich und bedeutet „nicht nur hinzulernen, sondern auch vernünftig vergessen lernen" (*Münch* 1970, S. 110).

Man kann davon ausgehen, dass die *Veränderungsdynamik* für die *berufliche Weiterbildung* von größter Bedeutung ist. Aber auch die allgemeine Weiterbildung, die neben *Nachholbildung* und *Erweiterungsbildung* auch neues Wissen aus allen Gebieten vermittelt, kann für *berufliche Bezüge* relevant werden, z. B. Fremdsprachen. In Deutschland haben sich 2012 49 % der 18- bis 64-Jährigen an Weiterbildung beteiligt. Hochgerechnet waren dies 25,1 Mio. Menschen. Auf die betriebliche Weiterbildung entfielen 69 % sämtlicher Weiterbildungsaktivitäten, auf die individuell-berufsbezogene Weiterbildung 13 % und auf die nicht-berufsbezogene Weiterbildung 18 % (vgl. BMBF – AES 2013, S. 6f. und S. 17).

Die 924 deutschen Volkshochschulen haben 2012 573.000 Kursveranstaltungen mit 6.280.000 Belegungen und 93 Tsd. Einzelveranstaltungen mit 2,3 Mio. Besuchern durchgeführt[47] (vgl. *Huntemann/Reichart* 2013, S. 3 und S. 58). Tabelle 16 gibt einen Überblick über das Angebot und die Beteiligung an den fünf nicht-berufsbezogenen Programmbereichen und dem Bereich Arbeit – Beruf.

Tab. 16: Veranstaltungen nach Programmbereichen und Fachgebieten an Volkshochschulen 2012

Programmbereiche und Fachgebiete	Kursveranstaltungen insgesamt		
	Anzahl	Unterrichtsstunden	Belegungen
Politik – Gesellschaft – Umwelt	39.671	577.810	574.776
Kultur und Gestalten	92.144	1.596.123	929.139
Gesundheit	188.524	2.917.383	2.280.479
Arbeit – Beruf	55.003	1.211.349	470.210
Grundbildung – Schulabschluss	10.297	1.128.379	107.315
Sprachen	165.727	5.906.973	1.684.657

Quelle: Huntemann, Hella; Reichart, Elisabeth: Volkshochschul-Statistik. 51. Folge, Arbeitsjahr 2012. Bonn 2013, S. 2f. und S. 26ff.

4.2 Berufliche Fort- und Weiterbildung

4.2.1 Akzentverschiebung der Berufsausbildung

In der Arbeitswelt hat der Fortschritt zu einem dynamischen Wandel der Tätigkeits- und Qualifikationsstruktur geführt (siehe Übersicht 9). Insbesondere die neuen Informations- und Kommunikationstechniken verändern die Arbeitsabläufe und stellen an die Arbeitskräfte neue Anforderungen.

---

[47] Mit der Angabe Teilnehmer/Belegungen wird darauf hingewiesen, dass die Teilnehmerzahl jeweils geringer sein kann, wenn Teilnehmer mehrere Kurse belegt haben.

Der Weiterbildungsbereich 113

> Auf Grund der anhaltenden *Veränderungsdynamik* reicht eine einmal absolvierte *Berufsausbildung* für das ganze Arbeitsleben eines Menschen nicht aus. Eine Berufsausbildung wird zu einer *Erst- oder Startausbildung*, an die sich eine kontinuierliche berufliche *Fort- und Weiterbildung* anschließen muss. Die Dringlichkeit der *beruflichen Fort- und Weiterbildung* bedeutet für die Berufsausbildung eine *Aspektverschiebung* hin zur beruflichen *Fort- und Weiterbildung* (vgl. *Lipsmeier* 1977, S. 723 ff.).

Übersicht 9:

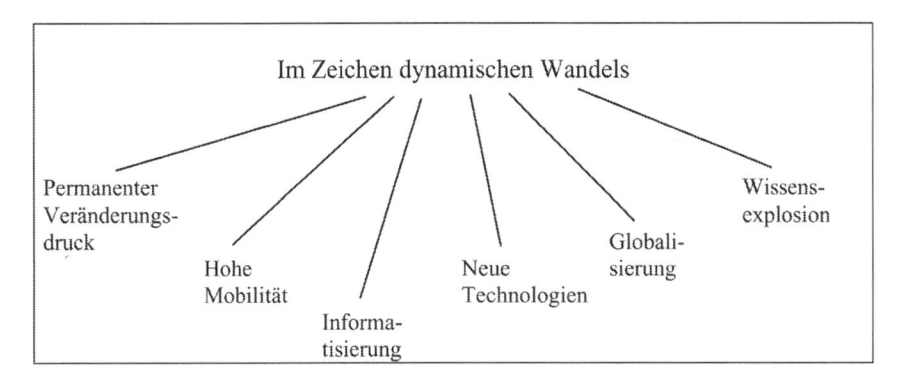

```
              Im Zeichen dynamischen Wandels
           /      /      |      \        \
Permanenter                                  Wissens-
Veränderungs-                                explosion
druck                                Globali-
        Hohe           Neue          sierung
        Mobilität      Technologien
               Informa-
               tisierung
```

Die *Akzentverschiebung* zeigt sich bereits z. B. in der Verknüpfung der *Erstausbildung* mit der *Weiterbildung*. Im Jahr 2007 haben 11 % der 19–64-Jährigen *reguläre Bildungsgänge* besucht, die man als Bestandteil der *Erstausbildung* einordnen könnte. Auch 5 % der 25–64-Jährigen haben 2005 *reguläre Bildungsgänge* absolviert. Hier handelt es sich um *Weiterbildung*, wobei *reguläre Bildungsgänge* im Rahmen späterer Bildungsphasen *Funktionen der Weiterbildung* übernehmen (vgl. *Rosenbladt von/Bilger* 2008, S. 24 f.).

> Das BBiG unterscheidet vier Anlässe bzw. Arten der beruflichen Fortbildung, und zwar: *Anpassungsfortbildung, Erweiterungsfortbildung, Erhaltungsfortbildung* und *Aufstiegsfortbildung* (vgl. § 1 Abs. 4 BBiG).

Berufliche Anpassungsfortbildung soll dazu beitragen, dass ein Berufsträger neue Anforderungen in der Arbeitswelt, auf die er wegen der Neuheit während einer Berufsausbildung noch nicht vorbereitet werden konnte, erfüllen kann. *Berufliche*

Erweiterungsfortbildung führt zu einer *Zu-Bildung* auf der erreichten Qualifikationsstufe, ohne Anpassungs- oder Aufstiegsfortbildung zu sein. Erweiterungsfortbildung kann in unterschiedlichem Umfang in Betracht kommen, z. B. Verkäufer nimmt an einem Lehrgang für Schaufensterdekoration teil oder ein Übersetzer erlernt eine weitere Fremdsprache. *Berufliche Erhaltungsfortbildung* soll dazu beitragen, einmal erworbene Kenntnisse und Fertigkeiten, die in Vergessenheit geraten sind, wieder zu aktivieren. Lernverluste sollen vermindert oder ausgeglichen werden. Erhaltungsfortbildung wird relevant bei berufsfremdem Einsatz oder zeitweisem Ausscheiden aus dem Beschäftigungssystem. *Aufstiegsfortbildung*, besser *Aufstiegsweiterbildung* genannt, baut auf einer absolvierten Berufsausbildung und Berufspraxis auf und vermittelt eine Kombination von Qualifikationen auf einer höheren Qualifikationsstufe, z. B. Facharbeiter zum Meister.

Wenn auch das BBiG nicht von *Weiterbildung* spricht, so hat sich diese Bezeichnung gegenüber der *Fortbildung* durchgesetzt. Vielfach werden *Fortbildung* und *Weiterbildung* synonym verwendet.

4.2.2 Berufliche Fort- und Weiterbildung im Betrieb

Berufliche Weiterbildung wird in unterschiedlichem Umfang und verschiedenen Organisationsformen in Betrieben durchgeführt. Hierbei spielen die Betriebsgröße und die jeweilige Branchenzugehörigkeit eine wichtige Rolle. Zunehmend wird von den Arbeitskräften auch selbstgesteuerte Weiterbildung erwartet bzw. gefordert. Die wichtigsten Formen der betrieblichen Weiterbildung sind in unterschiedlicher Dauer und Organisation das Lernen im Prozess der Arbeit im Zusammenhang mit der betrieblichen Einarbeitung und der Anpassungsfortbildung.[48] Aber auch andere Formen der betrieblichen Weiterbildung wie Job-Rotation, Austauschprogramme, Lern- und Qualitätszirkel werden neben dem Lernen im Prozess der Arbeit eingesetzt (vgl. *Moraal* 2009, S. 4). Im Jahr 2011 haben nach Ergebnissen des BIBB-Qualifizierungspanels 72,3 % der etwa zwei Mio. Betriebe mit sozialversicherungspflichtigen Beschäftigten Weiterbildungsmaßnahmen für ihre Beschäftigten gefördert (vgl. BIBB-Datenreport 2013, S. 313).

Da die Beschäftigten sich sowohl an betrieblicher als auch außerbetrieblicher beruflicher Weiterbildung beteiligen können, ist die Ermittlung der Beteiligung an betrieblicher Weiterbildung nicht immer eindeutig möglich. Im Jahr 2012 betrug die Teilnahmequote an betrieblicher Weiterbildung 35 %, an individuell-berufsbezogener Weiterbildung 9 % und an nicht-berufsbezogener Weiterbildung 13 % (vgl. BMBF – AES 2013, S. 20).

---

[48] vgl. hierzu *Moraal, Dick* u.a.: Ein Blick hinter die Kulissen der betrieblichen Weiterbildung in Deutschland. BIBB-Report 7/09

Der Weiterbildungsbereich 115

Werden bei der Weiterbildungsbeteiligung die Teilnahmequoten aufgeschlüsselt, so fällt auf, dass qualifizierte Angestellte die besten Zugangschancen haben, während die Teilnahmequoten für einfache Angestellte, Facharbeiter und angelernte Arbeiter wesentlich geringer sind. Bei der Benachteiligung von Niedrigqualifizierten bei der betrieblichen Weiterbildung wird auch von einer geringen Neigung dieser Personengruppe zur Weiterbildung berichtet (*Selbstselektion*) (vgl. hierzu *Bellmann/Leber* 2003, S. 15f.).

Im Zusammenhang mit der betrieblichen Weiterbildung stehen in der Regel betriebswirtschaftliche Aspekte der Personal- und Organisationsentwicklung im Vordergrund.

4.3 Schulische berufliche Weiterbildung

Die Berufsschulen bieten in unterschiedlichem Umfang Lehrgänge und Kurse der beruflichen Weiterbildung als *Zusatzqualifikationen* an, z. B. internationale Qualifikationen, Computerlehrgänge. Zunehmend vermitteln berufliche Schulen auch die Fachhochschul- und Hochschulreife als *Zusatzqualifikationen*. Im Jahr 2012 haben die Berufsschulen 1.098 Zusatzqualifikationen angeboten, die von 45.975 Jugendlichen genutzt wurden (vgl. BIBB 2013, S. 11f.). Die *Datenbank AusbildungPlus* definiert Ausbildungsangebote mit Zusatzqualifikationen wie folgt:

1. Ergänzung bzw. Erweiterung einer Berufsausbildung durch nicht in der Ausbildungsordnung festgelegte, prüfungsrelevante Qualifikationen.
2. Erwerb während oder Beginn unmittelbar nach Abschluss (maximal $1/2$ Jahr) der Ausbildung.
3. Zertifizierbarkeit (Möglichkeit zur Bescheinigung der Qualifikation).
4. Gewisser zeitlicher Mindestumfang (z. B. keine Tagesseminare) (vgl. *Waldhausen/ Werner* 2005, S. 9).

Während die Berufsschulen in erster Linie zur dualen Ausbildung auf der *unteren Qualifikationsebene* beitragen, handelt es sich bei den Fachschulen um Schulen der beruflichen Weiterbildung.

Fachschulen setzen eine abgeschlossene Berufsausbildung und Berufspraxis voraus und vermitteln eine auf der absolvierten Berufsausbildung aufbauende weitergehende Qualifizierung auf der *mittleren Ebene*, z. B. zum Betriebswirt oder Techniker.

Die Dauer des Schulbesuchs der Fachschulen liegt bei Vollzeitunterricht zwischen sechs Monaten und drei Jahren, bei Teilzeitunterricht, der eine Berufstätigkeit begleitend erfolgen kann, bis zu vier Jahren.

Unter den zweijährigen Fachschulen sind die Fachschulen für Technik am bekanntesten. Die Absolventen dieser Schulen sollen dazu befähigt werden, Positionen in der *mittleren Führungsebene* eines Betriebes einzunehmen.

Die Ausbildung von Meistern erfolgt an Meisterschulen und dauert im Vollzeitunterricht ein Jahr, im Teilzeitunterricht entsprechend länger. Während die Fachschulen mit staatlichen Prüfungen abschließen, werden die Meisterprüfungen von den zuständigen Meisterprüfungsausschüssen, z. B. den Handwerkskammern oder Industrie- und Handelskammern abgenommen.

Im Schuljahr 2012/13 haben 185.202 Schüler, davon 63.268 in Teilzeitunterricht, Fachschulen besucht. In Bayern bestehen neben den Fachschulen auch Fachakademien (vgl. Stat. Bundesamt 2014, S. 290 und S. 336).

4.4 Berufliche Weiterbildungsmaßnahmen verschiedener Träger

Berufliche Weiterbildung in Form von Kursen, Lehrgängen und Seminaren sowie das Fernlernen wird von vielen Weiterbildungsinstitutionen und außer- sowie überbetrieblichen Berufsbildungseinrichtungen angeboten. Das *Deutsche Institut für Erwachsenenbildung* und das BIBB haben 2008 rund 28.000 Weiterbildungsinstitute ermittelt. Als die vier größten Anbietergruppen wurden kommerzielle Anbieter (44%), Volkshochschulen (24%), gemeinnützige Einrichtungen (8%) und die Kammern (5%) ausgewiesen (vgl. Stiftung Warentest 2013, S. 1).

Die Datenbank *KURSNET* der *Bundesagentur für Arbeit* nennt am 5.9.2013 558.707 Bildungsangebote und 17.804 Studienangebote. 420 Veranstalter haben Fernlehrgänge angeboten. Von den 2012 2.982 zugelassenen Fernlehrgängen behandelten 2.732 beruflich verwertbare Themen. Die Fernstudienstatistik gibt für 2012 132.960 Fernstudierende an, von denen 119.966 an einer Fern- und 17.994 an einer Präsenzhochschule studierten. Allein an der Fernuniversität Hagen ging man von 80.000 Studierenden aus (vgl. ZFU 2013, S. 151 ff.; BIBB-Datenreport 2013, S. 340 ff.).

4.5 Die Ordnung der beruflichen Weiterbildung

Während die *berufliche Erstausbildung* nach dem dualen System der Berufsausbildung nach dem BBiG bzw. der HwO staatlich geregelt ist, bestehen für die berufliche Weiterbildung entsprechende Regelungen nur für die *Fortbildungsberufe* im

Rahmen der *Aufstiegsfortbildung*, z. B. Meister, Fachwirt, und für *besondere Berufe*, die auf einer Erstausbildung aufbauen, z. B. Geprüfter Taucher.

> „Fortbildungsregelungen dienen dazu, Prüfungen von Fortbildungsleistungen anzuerkennen, die auf einer beruflichen Erstausbildung und beruflicher Praxis aufbauen, um auf diese Weise einen Mindeststandard an Qualifikationen zu garantieren und einen Leistungsnachweis zu erteilen, wie er für die Konkurrenz auf dem Arbeitsmarkt, für Anrechnungen im Bildungssystem, für die Weiterbildungsförderung, für den Status des Absolventen in der Öffentlichkeit etc. gebraucht wird" (*Letzner/Tillmann* 1998, S. 3).

Fortbildungsregelungen für den regionalen Bereich erlassen die *zuständigen Stellen* (§ 54 BBiG / § 42a HwO), und der *Bund* regelt bundeseinheitlich durch Rechtsverordnungen so genannte *Fortbildungsordnungen* (§ 53 BBiG / § 42 HwO). Im Jahr 2012 bestanden 223 Verordnungen des Bundes für Fortbildung und Umschulung (§ 58 BBiG / § 42e HwO), davon 148 vor allem für Meisterprüfungen. Außerdem haben die zuständigen Stellen 2.850 Rechtsvorschriften für Fortbildungsberufe und Umschulungen erlassen (vgl. BIBB-Datenreport 2013, S. 368 ff.). Für die Weiterbildung der Berufe im Gesundheits- und Sozialwesen bestehen landesrechtliche Regelungen (vgl. BIBB-Datenreport 2010, S. 339 f.). Die *schulische berufliche Weiterbildung* in *Fachschulen* wird durch die Länder geregelt, z. B. Techniker, Betriebswirte. Bezüglich der vorgeschriebenen Inhalte und Prüfungen bestehen feste Vorgaben durch die jeweiligen *Fortbildungsordnungen* bzw. *Lehrpläne*.

Der *geregelten* und damit *formal geordneten beruflichen Weiterbildung* steht die große Zahl *ungeregelter Weiterbildungsmaßnahmen* der verschiedensten Weiterbildungsträger gegenüber. Die Institutionenlandschaft der Weiterbildung ist durch starken Träger- oder Anbieterpluralismus gekennzeichnet, was zwar zu Wettbewerb / Marktprinzip führt, sich aber hinsichtlich Zahl, Angebot, Qualität und Interessenausrichtung der Träger (z. B. Interessensorganisationen, Kammern, Privatunternehmen) sowie der Bedarfs- und Nutzenorientierung der Weiterbildungsnachfrager nicht mehr überschauen lässt (vgl. *Wittwer* 2001, S. 235; *Döring* 2006, S. 66 ff.). Diese Vielfalt von Weiterbildungsanbietern in einem begrenzten Raum ist für Weiterbildungsinteressenten wenig transparent, nicht zuletzt auch in Bezug auf die Kosten und eventuelle finanzielle Fördermöglichkeiten.

Die starke *Differenzierung* der Weiterbildungsinstitutionen und die damit verbundene Intransparenz kann mit Hilfe von *Netzwerken* vermindert werden und ermöglicht, die Angebote aufeinander abzustimmen sowie zur Regionalentwicklung der Weiterbildung beizutragen (vgl. *Wilbers* 2003, S. 63).

Nach der Verabschiedung des *Arbeitsförderungsgesetzes* (AFG) 1969 hat sich in der Bundesrepublik Deutschland außerhalb der Unternehmen ein breiter beruflicher Weiterbildungsbereich entwickelt. Mit der Finanzierung beruflicher Weiterbildung durch das AFG – ab 1.1.1998 abgelöst durch das SGB III – ist eine große Zahl von Weiterbildungsinstitutionen entstanden und auch von dieser Finanzierung abhängig (vgl. *Faulstich* 2008, S. 652). Die öffentlich geförderten Maßnahmen zur beruflichen Weiterbildung nach SGB III – *Arbeitsförderung* – und seit 2005 auch nach SGB II – *Grundsicherung* für *Arbeitssuchende* – sollen die individuellen Chancen der zu Fördernden am Arbeitsmarkt verbessern und gleichzeitig zur besseren Wettbewerbsfähigkeit der Unternehmen beitragen. Im Jahr 2011 sind 166.792 Personen in Maßnahmen der beruflichen Weiterbildung auf Rechtsgrundlage SGB III und 166.612 auf Rechtsgrundlage SGB II eingetreten (vgl. BIBB-Datenreport 2013, S. 343 f.). Die Förderung nach dem SGB III umfasst u.a. Maßnahmen zur Feststellung, Erhaltung, Erweiterung oder Anpassung der beruflichen Kenntnisse und Fertigkeiten für Erwachsene, die über eine abgeschlossene Berufsausbildung oder Berufserfahrungen verfügen. Ferner werden Umschulungen mit Abschluss in einem anerkannten Ausbildungsberuf gefördert.

> „Maßnahmen der beruflichen Umschulung sollen gemäß § 1 Abs. 5 BBiG bereits berufstätige Erwachsene befähigen, sich beruflich neu zu orientieren, und ihnen den Übergang oder Aufstieg in eine andere Berufstätigkeit ermöglichen" (BIBB-Datenreport 2013, S. 379 f.).

Im Jahr 2011 haben 31.182 Personen an *Umschulungsprüfungen* nach § 58 BBiG bzw. § 42e HwO teilgenommen. Die Erfolgsquote betrug 84,6 % (vgl. BIBB-Datenreport 2013, S. 381).

Das vom Bund und von den Ländern gemeinsam finanzierte *Aufstiegsfortbildungsförderungsgesetz* (AFBG)[49], das so genannte „Meister-BAföG", fördert berufliche Aufstiegsfortbildungen, d.h. Meisterkurse oder andere auf einen vergleichbaren Fortbildungsstatus vorbereitende Lehrgänge. Geförderte können nach Beendigung ihrer Fortbildung, wenn sie unter bestimmten Voraussetzungen ein Unternehmen gründen, übernehmen oder eine freiberufliche Existenz beginnen, eine weitere Förderung erhalten. Im Jahr 2012 sind mehr als 168.000 Personen mit rund 546 Mio. €

---

[49] Informationen zur Förderung nach dem AFBG sind im Internet abrufbar unter www.meister-bafoeg.info

gefördert worden, wobei 41 % der Geförderten an einer Vollzeitmaßnahme und 59 % an einer Teilzeitmaßnahme teilgenommen haben (BMBF-Pressemitteilung 081/ 2013).

Im Jahr 2011 haben 118.325 Personen, davon waren 35 % Frauen, an Fortbildungs- bzw. Meisterprüfungen teilgenommen. Die Erfolgsquote betrug 86,3 % (vgl. BIBB-Datenreport 2013, S. 376 ff.).

Die berufliche Weiterbildung von begabten jungen Berufstätigen, die eine anerkannte Berufsausbildung gemäß BBiG / HwO absolviert haben, wird durch das Programm *„Begabtenförderung beruflicher Bildung"*[50] des Bundesministeriums für Bildung und Forschung unterstützt. Die Begabtenförderung beruflicher Bildung erreichte im Jahr 2012 6.500 Stipendiaten und Stipendiatinnen. Das Förderprogramm wurde mit 20 Mio. € finanziert (vgl. BIBB-Datenreport 2013, S. 352).

Während es sich im Hinblick auf einen Berufsabschluss um eine *geregelte berufliche Weiterbildung* handelt, spielt doch die *ungeregelte Weiterbildung* eine viel größere Rolle.

In quantitativer Sicht kommt der ungeregelten beruflichen Weiterbildung insgesamt gesehen eine viel größere Bedeutung zu als der geregelten Weiterbildung. In diesem Zusammenhang muss an die große *Reichweite des Selbstlernens* gedacht werden, wobei allerdings die Trennlinie zwischen formalem bzw. organisiertem Lernen und informellem Lernen nicht immer eindeutig zu ziehen ist.[51] Der Begriff des *informellen Lernens* „wird auf alles Selbstlernen bezogen, das sich in unmittelbaren Lebens- und Erfahrungszusammenhängen außerhalb des formalen Bildungswesens entwickelt" (*Dohmen* 2001, S. 25). Beim informellen Lernen handelt es sich um ein Lernen in und über Erfahrungen, wobei die Erfahrungen in Reflexion und bewusste Lernergebnisse einmünden oder als sinnliche Wahrnehmungen implizit und unbewusst zu Lernprozessen führen können (vgl. *Dehnbostel* 2002, S. 3).

Im Hinblick auf 1,5 Mio. junge Menschen im Alter von 25 bis 34 Jahren, die über keine Berufsausbildung verfügen, hat die Bundesagentur für Arbeit im Februar 2012 die „Initiative zur Erstausbildung junger Erwachsener" gestartet. In den nächsten drei Jahren sollen 100.000 junge Erwachsene eine Weiterbildung beginnen mit dem Ziel eines Berufsabschlusses (vgl. BMBF-Berufsbildungsbericht 2013, S. 66).

---

[50] Informationen können im Internet abgerufen werden unter www.begabtenfoerderung.de
[51] Vgl. hierzu BMBF (Hrsg.): Weiterbildungsinstitutionen, Medien, Lernumwelten. Rahmenbedingungen und Entwicklungshilfen für das selbstgesteuerte Lernen. Bonn 1999

4.6 Lebenslanges Lernen

Der *Europäische Rat von Lissabon* hat im März 2000 in seinen Schlussfolgerungen für die künftige Politik und Aktionen der EU bekräftigt, „dass der erfolgreiche Übergang zur wissensbasierten Wirtschaft und Gesellschaft mit einer Orientierung zum lebenslangen Lernen einhergehen muss" (Kommission 2000, S. 3). Nach dem *Memorandum über Lebenslanges Lernen* „sind drei grundlegende Kategorien 'zweckmäßiger Lerntätigkeiten' zu unterscheiden:

- Formales Lernen findet in Bildungs- und Ausbildungseinrichtungen statt und führt zu anerkannten Abschlüssen und Qualifikationen.
- Nicht-formales Lernen findet außerhalb der Hauptsysteme der allgemeinen und beruflichen Bildung statt und führt nicht unbedingt zum Erwerb eines formalen Abschlusses.
- Informelles Lernen ist eine natürliche Begleiterscheinung des täglichen Lebens. Anders als beim formalen und nicht-formalen Lernen handelt es sich beim informellen Lernen nicht notwendigerweise um ein intentionales Lernen, weshalb es auch von den Lernenden selbst unter Umständen gar nicht als Erweiterung ihres Wissens und ihrer Fähigkeiten wahrgenommen wird" (Kommission 2000, S. 9 f.).

Im Hinblick auf eine zunehmende Nachfrage nach *zertifiziertem Lernen* beim Wettbewerb um Arbeitsplätze wird im Memorandum gefordert, die Bewertung von Lernbeteiligung und Lernerfolg, insbesondere im Bereich des nicht-formalen und informellen Lernens, deutlich zu verbessern (vgl. Kommission 2000, S. 18). Das Lernen außerhalb von Institutionen erhält auf Grund permanenter Veränderungen in den verschiedensten Lebensbereichen immer größere Bedeutung. Hinzu kommt, dass die modernen *Informations- und Kommunikationstechniken* für das *selbstorganisierte* und *selbstgesteuerte* Lernen nicht nur günstige Voraussetzungen eröffnen, sondern auch den weltweiten Zugang zu Informationen und Wissen lernortunabhängig ermöglichen. Selbstorganisiertes Lernen schließt selbstgesteuertes Lernen ein (vgl. *Sembill/Seifried* 2006, S. 96 f.).

In diesem Zusammenhang ist auch das *E-Learning* oder *„Digitales Lernen"* zu nennen. „E-Learning ist ein Sammelbegriff für Lehr-/Lernprozesse, die mit netzbasierten elektrotechnischen oder elektronischen Medien unterstützt werden" (*Jagenlauf/ Psaralidis* 2003, S. 108). Der Einsatz von *E-Learning* in der Aus- und Weiterbildung kann zu aktiverem, selbstgesteuertem und kommunikationsorientiertem Lernen beitragen und die Wissensbasis schnell und flexibel erweitern (vgl. *Maaßen* 2007, S. 66). In der ELDOC-E-Learning-Datenbank des BIBB waren am 18.9.2013 von 168 Anbietern 1.909 Angebote abrufbar.[52]

---

[52] vgl. hierzu *Euler, Dieter*: Gestaltung von E-Learning als didaktische Herausforderung. In: *Bonz, Bernhard* (Hrsg.): Didaktik und Methodik der Berufsbildung. (Berufsbildung konkret Bd. 10) Baltmannsweiler: Schneider 2009, S. 152–170)

„Im Begriff des 'lebenslangen Lernens' schwingt die Vorstellung mit, dass Lernprozesse prinzipiell gelingen können" (*Achtenhagen* 2000, S. 125). Das erfolgreiche Lernen von Erwachsenen hängt aber wesentlich von der Qualität und den Erfahrungen vorausgegangener Lehr-Lernprozesse ab (vgl. *Achtenhagen* 2000, S. 125). Es bleibt daher offen, in welchem Umfang die Erwachsenen beim lebenslangen Lernen erreicht werden bzw. das Lernen der Erreichten im Einzelfall erfolgreich sein wird.

Obwohl der *Weiterbildungsbereich* nicht einheitlich strukturiert und sehr unübersichtlich ist, wurde versucht, im Zusammenhang mit den IT-Berufen neue Wege zu gehen. Erstmals wurde im Bereich der *IT-Berufe* versucht, *berufliche Weiterbildung* zu institutionalisieren und ein System mit größter Offenheit und Flexibilität für weitere Entwicklungen zu schaffen. Rechtsgrundlage ist die „Verordnung über die berufliche Fortbildung im Bereich der Informations- und Kommunikationstechnik" (IT-Fortbildungsverordnung), die von der Bundesregierung im Frühjahr 2002 erlassen wurde. Das Weiterbildungssystem baut auf der Ausbildung der IT-Berufe auf, wobei für Seiten- und Wiedereinsteiger der Zugang offen bleibt. Das Weiterbildungssystem wird von drei *Qualifikationsebenen* mit jeweils mehreren *Weiterbildungsberufen* gebildet. Die Anerkennung der 29 *IT-Spezialistenberufe* auf der *ersten Ebene* wird *privatrechtlich zertifiziert*. Die Weiterbildungsabschlüsse der *operativen Professionals* auf der *zweiten Ebene* (vier Fortbildungsberufe mit IHK-Abschluss) und der zwei *strategischen Professionals* auf der *dritten Ebene* (zwei Fortbildungsberufe mit IHK-Abschluss) werden durch Prüfungen der Kammern *staatlich geregelt*. Sowohl die zweite als auch die dritte Ebene sollen *Hochschuläquivalenzen* erfüllen. Die gestufte *IT-Weiterbildung* mit unterschiedlichen Weiterbildungsberufen soll im *Prozess der Arbeit* weitgehend von den Lernern selbst organisiert werden. Durch den Bezug auf *Referenzprojekte* soll die *berufliche Handlungskompetenz* mit *formellem Lernen* erweitert werden (vgl. *Dehnbostel* 2002, S. 4 f.; *Meyer* 2003, S. 40 ff.).

4.7 Offene Fragen der Weiterbildung

Schäffter weist auf das Zusammentreffen von sehr unterschiedlichen Prozessen des *Strukturwandels* hin und unterscheidet sechs *Strukturbrüche*, die sich ineinander verschränken (vgl. *Schäffter* 2001, S. 9): „eine politische Restrukturierung Europas, ein krisenhafter Höhepunkt betriebswirtschaftlicher Rationalisierung von Wirtschaft und Verwaltung, Strukturwandel aufgrund des Herausbildens eines integrierten Weltwirtschaftssystems, Folgen eines demographischen Strukturwandels, Strukturwandel der Arbeitsgesellschaft und die Legitimationskrise gesellschaftlicher Funktionssysteme" (*Schäffter* 2001, S. 9). Hinzu kommt die aktuelle *weltwirtschaftliche Finanz- und Wirtschaftskrise* mit noch nicht absehbaren gesellschaftlichen Verwerfungen. Bezüglich der Krise der *gesellschaftlichen Institutionen* besteht ein doppelter *Veränderungsdruck*: „Von außen wird ihre Funktionsfähigkeit in Frage gestellt und anhand ökonomischer Leistungskriterien einer externen Evaluation unterworfen. Gleichzeitig erfahren die Institutionalformen von innen her einen auffälligen Legitimationsverlust, in dessen Verlauf man z. T. implosionsartige Einbrüche des bisher festgestellten Selbstverständnisses beobachten kann" (*Schäffter* 2001, S. 15). Dieser *Veränderungsdruck* wird auch im Bildungswesen und damit auch im Weiterbildungsbereich wirksam und verlangt von den Menschen *lebenslanges Lernen*, für das *selbstorganisiertes* und *selbstgesteuertes Lernen* Voraussetzung ist (vgl. *Sembill* 2000, S. 60 ff.). Für das Weiterbildungssystem, insbesondere die berufliche Weiterbildung, stellen sich folgende offene Fragen: Eine generelle *Systemschwäche* für die berufliche Weiterbildung wird in der geringen *öffentlichen Verantwortung* für diesen Bildungsbereich gesehen. Die berufliche Weiterbildung ist durch ihre ordnungspolitische Verankerung durch die Prinzipien *Subsidiarität*, *Pluralität* und *Marktorientierung* charakterisiert (vgl. *Dobischat/Düsseldorf/Dikau* 2006, S. 534 und 542). *Marktorientierung* der Anbieter beruflicher Weiterbildung richtet sich am jeweiligen *Weiterbildungsbedarf* aus und ist daher im Angebot flexibel, sowie der Wettbewerb der Anbieter wird gefördert. Bei der *Marktorientierung* bzw. *Marktsteuerung* der beruflichen Weiterbildung erfolgt die Bereitstellung von Qualifizierungsleistungen über den Mechanismus von Angebot und Nachfrage, während die *staatliche Steuerung* mittels Zwang, Anordnung und Finanzierung wirksam wird (vgl. *Wegge* 1999, S. 138 f.). Bei der *Marktsteuerung* könnte z. B. der Weiterbildungsbedarf ohne kaufkräftige Nachfrage nicht befriedigt werden. Es besteht aber Nachfrage nach beruflicher Weiterbildung, die nicht kaufkräftig ist, da letztlich sämtliche *Erwerbstätige* sich an der Weiterbildung beteiligen sollten. Auch ein umfassendes regionales berufliches Weiterbildungsangebot kann an kaufkräftiger Nachfrage scheitern. Hier spielt mit, dass in den letzten Jahren private Weiterbildungsinstitute mit kommerzieller Ausrichtung entstanden sind, die keiner *öffentlichen Verpflichtung* nachkommen und daher meist keine öffentlichen Mittel beantragen können (vgl. *Meister* 2003, S. 280). Es entstehen *Teilnahmeschwellen* nicht nur auf Grund der Trägerschaft der Weiterbildungsinstitutionen, sondern auch hinsichtlich der angebotenen Programme, Finanzierungsmöglichkeiten bzw. Kosten und Zugangsbarrieren (vgl. *Faulstich* 2008, S. 671). Die Notwendigkeit des lebenslangen Lernens verlangt aber *umfassende Beteiligung* und weitgehend *offenen Zugang* zu Weiterbildungsveranstaltungen.

Die Bundesregierung hat am 1.9.2008 mit der *Bildungsprämie* und ihren Komponenten *Prämiengutschein*, *Weiterbildungssparen* und *Weiterbildungsdarlehen* ein neues Instrument zur individuellen Weiterbildung eingeführt (zunächst befristet bis

31.12.2011, inzwischen bis Juni 2014 verlängert), um die Menschen für das lebenslange Lernen zu motivieren und zu mobilisieren. Weiterbildungskosten als *Teilnahmeschwelle* sollen vermindert werden. Die Nutzung der *Bildungsprämie* und ihrer Komponenten ist jeweils mit *Beratungen* verbunden. Die Nachfrage nach Prämiengutscheinen belief sich bis 31.12.2012 auf über 200.000 (vgl. BMBF-Berufsbildungsbericht 2013, S. 65).

Weitere *offene Fragen* der beruflichen Weiterbildung sind neben der Beteiligung an beruflicher Weiterbildung die Qualitätssicherung, Vergabe von Zertifikaten, Dozentenqualifikation, Finanzierungsmöglichkeiten, Sicherung regionaler Angebote, Verzahnung mit der Erstausbildung und Weiterbildungsberatung. Im Hinblick auf die große Bedeutung des *lebenslangen Lernens* ist es erforderlich, die *öffentliche Verantwortung* und *Finanzierung* für die Weiterbildung, insbesondere die berufliche Weiterbildung, zu verstärken. Die Weiterbildung muss hinsichtlich ihrer Systematisierung, Institutionalisierung und Professionalisierung zunehmend zu einem integralen Bestandteil des Bildungssystems entwickelt werden (vgl. *Faulstich* 2008, S. 679). Dabei sind *Marktsteuerung* und *staatliche Steuerung* in ein ausgewogenes Verhältnis zu bringen.

Ein Schritt zur staatlichen Regulierung der Weiterbildung kann in der Anerkennung von Trägern, Einrichtungen oder einzelnen Maßnahmen gesehen werden. Bei der Bereitstellung öffentlicher Finanzmittel werden ebenfalls staatliche Vorgaben wirksam (vgl. *Bank* 2000, S. 414).

Zusammenfassung zum Kapitel 4

„Durch die enge Verknüpfung des Berufs mit dem Lebensschicksal fällt der primär beruflich orientierten Weiterbildung eine Schlüsselrolle bei der Verteilung von sozialen Chancen und Lebenserwartungen zu" (*Deutscher Bildungsrat* 1970, S. 55).

Im Zeichen des dynamischen Wandels in der Arbeitswelt reicht eine einmal absolvierte Berufsausbildung für das ganze Arbeitsleben nicht mehr aus. An die berufliche Erstausbildung muss sich berufliche Fort- und Weiterbildung anschließen.

Bei der betrieblichen beruflichen Weiterbildung stehen die Einarbeitung und Anpassungsfortbildung im Vordergrund. Neben organisierter Weiterbildung spielt im Betrieb das informelle Lernen eine große Rolle. Von den Beschäftigten wird zunehmend selbstorganisiertes Lernen während und außerhalb der Arbeitszeit erwartet. Die Weiterbildungsbeteiligung der Beschäftigten wird von der formalen Qualifikation beeinflusst.

Schulische berufliche Weiterbildung ist in unterschiedlichem Umfang geregelt. Neben Zusatzqualifikationen werden, aufbauend auf einer Berufsausbildung, weitergehende Qualifikationen auf der mittleren Ebene vermittelt.

Bei den Anbietern von beruflicher Weiterbildung dominieren mit 44 % kommerzielle Anbieter. Auf die Volkshochschulen entfallen 24 %, auf gemeinnützige Einrichtungen 8 % und auf die Kammern 5 %.

Für Fortbildungsberufe im Rahmen der Aufstiegsfortbildung bestehen bundeseinheitliche Fortbildungsordnungen und Regelungen der Kammern.

Die Bundesagentur für Arbeit fördert nach dem SGB III die berufliche Weiterbildung. Die Arbeitsförderung nach SGB III soll zu einem hohen Beschäftigungsstand und zur Verbesserung der Beschäftigungsstruktur beitragen. Arbeitslosigkeit soll vermieden oder die Dauer der Arbeitslosigkeit verkürzt werden. Auch Umschulungen werden gefördert.

Lernen im Betrieb erfolgt als organisiertes und informelles Lernen. Organisiertes bzw. formelles Lernen ist auf die Vermittlung bestimmter Lerninhalte und Lernziele ausgerichtet. Beim informellen Lernen wird gelernt, ohne dass dies pädagogisch beabsichtigt war.

Bei der beruflichen Weiterbildung kommt dem selbstgesteuerten Lernen während oder nach der Arbeitszeit wachsende Bedeutung zu. Der ständige Veränderungsdruck verlangt nach „lebenslangem Lernen". Die Entwertung von Wissen und das laufende Entstehen von neuem Wissen zwingt zum „Selbst-Lernen", da das berufsbegleitende Lernen von den Betrieben und dem Staat organisierte Lernen an Grenzen stößt.

Im Hinblick auf die Entwicklung der Weiterbildung ergeben sich eine Reihe offener Fragen. Vordringlich ist die weitere stärkere Beteiligung der Menschen auf den unteren Qualifikationsebenen an der Weiterbildung, der offene Zugang zu Weiterbildungseinrichtungen und Weiterbildungsveranstaltungen sowie die Finanzierungsfrage. In diesem Zusammenhang ist darauf hinzuweisen, dass in einigen Bundesländern Bildungsurlaubs- oder Freistellungsgesetze bestehen, die einen Anspruch auf einige bezahlte Arbeitstage zur Teilnahme an Weiterbildungsveranstaltungen ermöglichen (vgl. *Faulstich* 2008, S. 668).

Zur Diskussion ...

1. Bereits während einer Berufsausbildung sollte auf die Notwendigkeit der beruflichen Weiterbildung im Anschluss an die Ausbildung hingewiesen werden. Überlegen Sie, wie man während einer Berufsausbildung den Auszubildenden bzw. den Berufsschülern die Dringlichkeit der beruflichen Weiterbildung nahe bringen kann.
2. Qualifizierte Angestellte sind an beruflicher Weiterbildung viel stärker beteiligt als einfache Angestellte, Facharbeiter und angelernte Arbeiter. Worin sehen Sie die Gründe für die unterschiedliche Weiterbildungsbeteiligung? Diskutieren Sie Möglichkeiten, die Weiterbildungsbeteiligung des vorgenannten Personenkreises zu erhöhen.
3. Die Berufsschule vermittelt u. a. Zusatzqualifikationen, während die Fachschulen vollständige Bildungsgänge im Sinne von Aufstiegsweiterbildung anbieten. Stellen Sie die Unterschiede hinsichtlich Zielen, Aufgaben und Problemen zwischen Berufsschule und Fachschulen gegenüber.
4. Bei den Anbietern von beruflicher Weiterbildung dominieren privatwirtschaftliche Institute. Was spricht für oder gegen eine starke privatwirtschaftliche Trägerschaft von Weiterbildungsinstituten einerseits und die schwächere staatliche Trägerschaft andererseits?
5. Man kann geregelte und ungeregelte Weiterbildung unterscheiden. Ungeregelte Weiterbildung ist mit dem informellen Lernen verbunden. Was spricht für bzw. gegen eine Zertifizierung von ungeregelter Weiterbildung?

Überblick zu Kapitel 5

Im abschließenden Kapitel wird auf die bildungspolitische Dimension der Gestaltung der beruflichen Aus- und Weiterbildung eingegangen. Ausgehend von den verschiedenen bildungspolitischen Akteuren werden Länderspezifika des Bildungswesens, die Gleichwertigkeit allgemeiner und beruflicher Bildung und die europäische Dimension des Bildungswesens erläutert. Es folgen Ausführungen zur Leistungsfähigkeit, den Problemen und der Bedeutung des beruflichen Bildungswesens. Mit dem institutionellen Wandel sowie der Chancengleichheit und Chancengerechtigkeit schließt der Band.

5	Die bildungspolitische Dimension der Gestaltung von beruflicher Aus- und Weiterbildung
5.1	Verschiedene bildungspolitische Akteure
5.2	Landes-/Länderspezifika des Bildungswesens
5.3	Gleichwertigkeit von allgemeiner und beruflicher Bildung
5.4	Europäische Berufsbildungspolitik
5.4.1	Von der EWG zur EU
5.4.2	Programmatische Initiativen der EU zur Berufsbildung
5.4.3	Europäische und deutsche Bildungspolitik
5.5	Die Leistungsfähigkeit des Bildungswesens
5.5.1	Ausbildungsfähigkeit der Jugendlichen
5.5.2	Ausbildungsfähigkeit der Betriebe
5.5.3	Effektivität und Effizienz des Bildungswesens
5.5.4	Bedeutung und Probleme des beruflichen Bildungswesens
5.6	Institutioneller Wandel
5.6.1	Institutionen und Institutionenwandel
5.6.2	Strukturveränderungen im allgemeinbildenden Schulwesen
5.6.3	Strukturentwicklungen im Gesamtsystem der Berufsbildung
5.7	Chancengleichheit und Chancengerechtigkeit

Zusammenfassung zum Kapitel 5
Zur Diskussion ...

5 Die bildungspolitische Dimension der Gestaltung von beruflicher Aus- und Weiterbildung

5.1 Verschiedene bildungspolitische Akteure

Die Bedeutung der *Bildungspolitik* wurde gerade in jüngster Zeit durch die PISA-Studien und die Wahlkämpfe offensichtlich. Für die berufliche Bildung werden in der wissenschaftlichen Diskussion und in politisch geführten Debatten drei Ziele in den Vordergrund gestellt:

(1) „Die Entwicklung der individuellen beruflichen Regulationsfähigkeit – unter einer individuellen Nutzerperspektive und dem zentralen Aspekt der personalen Autonomie;
(2) die Sicherung der Humanressourcen einer Gesellschaft;
(3) die Gewährleistung gesellschaftlicher Teilhabe und Chancengleichheit" (*Weber* 2005, S. 9).

Die individuelle berufliche Regulationsfähigkeit betrifft die gesamte Persönlichkeit eines Individuums und schließt Selbst-, Sach-, Methoden- und soziale Kompetenz ein. Unter Entwicklung und Sicherung der Humanressourcen werden die Aspekte des Berufsbildungssystems berührt, welche die individuelle Handlungsfähigkeit in der Erwerbsarbeit und auf dem Arbeitsmarkt fördern sowie dazu beitragen, den quantitativen und qualitativen Arbeitskräftebedarf zu sichern.

Die Gewährleistung von *gesellschaftlicher Teilhabe* und *Chancengleichheit* bezieht sich auf das Verhältnis von beruflicher Bildung und sozialer Strukturierung (vgl. *Achtenhagen/Baethge* 2005, S. 26 f.).

„Bildungspolitisches Handeln zielt auf Bedingungen und Maßnahmen, die – auf Handlungsmacht gestützt – darauf ausgerichtet sind, spezifischen Formen und Strukturen der Aneignung von Wissen und Können einen gesellschaftlichen Raum und eine gesellschaftliche Funktion zu vermitteln" (*Deißinger* 1998, S. 54).

Bei der Bildungspolitik, insbesondere der *Berufsbildungspolitik*, handelt es sich um ein Politikfeld, auf das die verschiedensten Verbände und Gruppierungen versuchen Einfluss auszuüben. Für die berufliche Erstausbildung im dualen System bestehen mit dem BBiG bzw. der HwO rechtliche Festlegungen für die ausbildenden Betriebe, während es den Betrieben überlassen bleibt, inwieweit sie Auszubildende einstellen. Es besteht eine Staats- und Marktsteuerung der Ausbildung, wobei die Marktsteuerung im Zeichen fehlender Ausbildungsplätze und neuerdings fehlender Bewerber um Ausbildungsplätze besonders deutlich wird. Entsprechend dem *Subsidiaritätsprinzip* führen die Betriebe die Ausbildung zwar nach staatlichen Vorgaben durch, haben aber bei der Ausbildungsdurchführung Spielräume. Die Überwachung der betrieblichen Ausbildung obliegt den Kammern als den zuständigen Stellen, die von ihren Mitgliedern, den Firmen mit ihren Vertretern, dominiert werden. Bei der Neufassung oder Neueinführung von Ausbildungsordnungen sind die Sozialpartner beteiligt, wobei bei der Festlegung der Eckwerte für die Gestaltung einer Ausbildungsordnung das *Konsensprinzip* gilt. Überhaupt besteht bezüglich der Gremien für Fragen der Berufsbildung ein *Korporatismus*, indem verschiedene Interessengruppen Einfluss nehmen können.

In der beruflichen Weiterbildung ist die staatliche Regelung noch geringer als bei der Ausbildung. Staatliche Regelungen bestehen für Weiterbildungsberufe, die Aufstiegsweiterbildung, die Fördervorschriften für die berufliche Weiterbildung und die Weiterbildungsgesetze der Länder.

5.2 Landes-/Länderspezifika des Bildungswesens

Zahlreiche Programme des Bundes und der Länder zur Förderung der Berufsausbildung gewähren finanzielle Zuschüsse „zur Verwirklichung volkswirtschaftlich erwünschter Vorhaben, die ohne finanzielle Unterstützung nicht bzw. nicht im gewünschten Umfang oder zum gewünschten Zeitpunkt durchgeführt würden" (BIBB-Datenreport 2010, S. 372). Die Förderprogramme für Berufsbildung der Länder befassen sich in unterschiedlichem Umfang und teilweise zeitlich befristet überwiegend mit der Gewinnung von weiteren Ausbildungsplätzen, auch mittels der Verbundausbildung, und der Förderung der überbetrieblichen Ausbildung (vgl. hierzu BIBB-Datenreport 2013, S. 419 ff.).

Sehr weitgehende staatliche Regelungen bestehen für die allgemeinen und beruflichen Schulen. Auf Grund der *Kulturhoheit* der Länder sind für die Schulen in Deutschland jeweils Ländergesetze bestimmend, wobei in die Schulgesetze der Länder unterschiedliche bildungspolitische Auffassungen und Initiativen entsprechend der jeweiligen politischen Zusammensetzung der Parlamente und Regierungen einfließen können. So bestehen bereits hinsichtlich der *Schulpflicht* erhebliche Unterschiede. Während in den meisten Bundesländern eine neunjährige *Vollzeitschulpflicht* gesetzlich vorgeschrieben ist, besteht in den Ländern Berlin, Brandenburg, Bremen sowie Nordrhein-Westfalen eine zehnjährige Vollzeitschulpflicht. Hinsichtlich der *Berufsschulpflicht* bestehen in den Ländern sehr unterschiedliche Regelungen (siehe 2.1.3).

Große Unterschiede bestehen auch bei den Schularten der Sekundarstufe I, die Funktionen der Haupt- und Realschule vereinen, z. B. *Erweiterte Realschule* im Saarland, *Mittelschule* in Sachsen, *Regelschule* in Thüringen, *Oberschule* in Brandenburg, *Sekundarschule* in Bremen und Sachsen-Anhalt, *Regionale Schule* in Mecklenburg-Vorpommern und *Realschule plus* in Rheinland-Pfalz (vgl. KMK

2013, S. 113 f.). Die *Gesamtschule* und die *Gemeinschaftsschule* in Baden-Württemberg wären ebenfalls noch anzuführen. Bezüglich der Schulabschlüsse auf Sekundarstufe I bestehen auch Unterschiede. So wird z. B. der Hauptschulabschluss nach der 9. Klasse in Mecklenburg-Vorpommern und Rheinland-Pfalz als *Berufsreife* bezeichnet, obwohl es sich eigentlich nur um eine *Ausbildungsreife* handeln kann. Der *Erweiterte Hauptschulabschluss* kann nach erfolgreichem Besuch einer 10. Klasse der Hauptschule erlangt werden. Der *Realschulabschluss* wird auch als *Qualifizierter Sekundarabschluss* oder als *Mittlerer Abschluss* bezeichnet. Bezüglich des *Gymnasiums* bestehen Unterschiede bei der Schuldauer. Der Abschluss des Gymnasiums mit dem *Abitur* wird teilweise in 13 oder 12 Jahren erreicht. Für den Zugang zu gestuften Studiengängen an Universitäten ist in Hessen nur die Fachhochschulreife erforderlich. Damit ist Hessen das einzige Bundesland, in dem die beiden höchsten Schulabschlüsse gleich gewertet werden (vgl. www.einstieg.com).

Die Vielfalt der beruflichen Schulen wird noch verstärkt durch unterschiedliche Bezeichnungen und Ausprägungen der Schultypen. *Luchtenberg* hat bereits 1952 im Zusammenhang mit der Uneinheitlichkeit des deutschen Berufsschulwesens von einem *organisierten Chaos* gesprochen (vgl. *Luchtenberg* 1952, S. 317). „Kein anderer hoch entwickelter Industriestaat leistet sich zum Beginn des 21. Jahrhunderts eine siebzehnfache Bildungsgesetzgebung, die noch dazu oft genug durch Gerichte konterkariert bzw. zusätzlich bürokratisiert wird" (*Albers* 2008, S. 46). Dieses *Chaos* kann auch heute durchaus für das allgemeinbildende Schulwesen konstatiert werden.

Seit einigen Jahren zeigt sich, dass die Länderspezifität im Schulwesen bei Wechseln der Regierungszusammensetzung immer wieder zu gravierenden institutionellen bzw. organisatorischen Veränderungen führt. Die teilweise „*Kurzlebigkeit*" von bildungspolitischen Leitsätzen und Schulstrukturen lässt es nicht sinnvoll erscheinen – nicht zuletzt im Hinblick auf den Umfang dieser Schrift – die Schulbesonderheiten der 16 Bundesländer darzustellen. Es werden daher nur gravierende institutionelle bzw. organisatorische Besonderheiten des Schulwesens im Zusammenhang mit der beruflichen Bildung einiger Bundesländer vorgestellt, wobei bereits angeführte Länderspezifika nicht nochmals berücksichtigt werden:

Baden-Württemberg (vgl. hierzu MKJS 2013, S. 6 ff.): Mit einem erfolgreichen Abschluss der Berufsschule und dem erfolgreichen Abschluss der betrieblichen Ausbildung (Gesellen-, Gehilfen- oder Facharbeiterbrief) erwerben die Jugendlichen ohne Hauptschulabschluss einen dem Hauptschulabschluss gleichwertigen Bildungsstand. Die Auszubildenden mit entsprechenden Noten können sich nach Abschluss der Berufsausbildung auch einen dem mittleren Bildungsabschluss gleichwertigen Bildungsstand anerkennen lassen.

Berufsvorbereitungsjahr (BVJ), *Vorqualifizierungsjahr Arbeit/Beruf* (VAB) und *Berufseinstiegsjahr* (BEJ) bieten eine Berufsvorbereitung. *BVJ* und *VAB* bleiben Schülern ohne Hauptschulabschluss vorbehalten, während berufsschulpflichtige Jugendliche mit Hauptschulabschluss in das *BEJ* eingeschult werden. *BVJ* und *VAB* vermitteln eine berufliche Orientierung und berufliche Fähigkeiten und Fertigkeiten in bis zu drei Berufsfeldern. Das *BEJ* vermittelt in einem bestimmten beruflichen Bereich berufsbezogene Inhalte. In den berufsvorbereitenden Bildungsgängen wird eine „Kompetenzprofilanalyse" durchgeführt als Grundlage für individuelle Förderung der Schüler.

In Kapitel 3.3.2 wurde bereits darauf hingewiesen, dass in Baden-Württemberg keine FOS bestehen und dafür das *einjährige Berufskolleg zum Erwerb der Fachhochschulreife* eingeführt wurde. Es bestehen weitere Berufskollegs von zwei- und dreijähriger Dauer mit der Eintrittsvoraussetzung mittlerer Schulabschluss. Ein zweijähriges Berufskolleg führt zum *Staatlich geprüften Assistenten* und über Zusatzunterricht und Zusatzprüfung zur Fachhochschulreife. Weitere Organisationsformen des Berufskollegs sind mit dualen Ausbildungsberufen verzahnt oder mit Praktika verbunden.

Bayern: In Bayern bestehen zwei Organisationsformen der Verbindung einer dualen Berufsausbildung mit dem Erwerb der Fachhochschulreife. In dem doppeltqualifizierenden Bildungsgang *„Duale Berufsausbildung und Fachhochschulreife"* wird zunächst in zweieinhalb Jahren parallel auf die Fachhochschulreife vorbereitet und eine duale Berufsausbildung vermittelt. In einem anschließenden halben Jahr Vollzeitunterricht an einer Fachoberschule wird auf die Fachhochschulreife vorbereitet. Im Rahmen eines Schulversuchs *„Berufsschule Plus –BS+"* kann zu einer dreijährigen Berufsausbildung nach dem dualen Ausbildungssystem durch einen freiwillig besuchten Unterricht außerhalb der Arbeitszeit die Fachhochschulreife erworben werden. Im Schuljahr 2012/13 standen 19 Schulstandorte für *„Berufsschule Plus"* bereit (vgl. bsplus – Sept. 2012).

Die *„Virtuelle Berufsoberschule Bayern"* führt ihre Kursteilnehmer mit mittlerem Abschluss nach der Berufsausbildung oder entsprechender Berufserfahrung in vier Schuljahren zur Fachhochschulreife und zur fachgebundenen Hochschulreife. Mit einem Nachweis von hinreichenden Kenntnissen in einer zweiten Fremdsprache kann auch die allgemeine Hochschulreife erworben werden. Die Vermittlung der Lerninhalte erfolgt mit Hilfe moderner Medien über das Internet. Die *„Virtuelle Berufsoberschule Bayern"* kooperiert mit dem Telekolleg MultiMedia (vgl. MUK Bayern 2009, S. 4ff.). Das *„Telekolleg MultiMedia"* ermöglicht Personen mit mittlerem Schulabschluss und einer abgeschlossenen Berufsausbildung sowie Berufspraxis, über Lern- und Medienverbund in 16 Monaten die Fachhochschulreife zu

Die bildungspolitische Dimension 131

erwerben. In Lehrgängen des *Telekollegs* kann in acht Monaten auch die Mittlere Reife erlangt werden. Das *Telekolleg* wird von den Ländern Bayern, Brandenburg und Rheinland-Pfalz sowie vom Bayerischen Rundfunk veranstaltet (vgl. br.de/ telekolleg 2013, S. 1f.).

In Bayern bestehen neben den Fachschulen *Fachakademien* mit 15 Fachrichtungen, die auf den Eintritt in eine gehobene Berufslaufbahn vorbereiten. Die Ausbildungsgänge dauern bei Vollzeitunterricht mindestens zwei Jahre und enden mit einer staatlichen Abschlussprüfung und der Verleihung einer festgelegten Berufsbezeichnung (vgl. BayEUG 2013, Art. 18).

Eine Besonderheit des bayerischen Schulwesens ist die *Wirtschaftsschule*, die neben einer allgemeinen Bildung eine berufliche Grundbildung im Berufsfeld *"Wirtschaft und Verwaltung"* vermittelt. Die Wirtschaftsschule ist nach Art. 14 des Bayerischen Gesetzes über das Erziehungs- und Unterrichtswesen eine Berufsfachschule. Es werden die Organisationsformen unterschieden:

- *vierstufige Wirtschaftsschule* im Anschluss an die Jahrgangsstufe 6 der Hauptschule, der Realschule oder des Gymnasiums; sie umfasst die Jahrgangsstufen 7–10;
- *dreistufige Wirtschaftsschule* im Anschluss an die Jahrgangsstufe 7 der Hauptschule, der Realschule oder des Gymnasiums; sie umfasst die Jahrgangsstufen 8–10;
- *zweistufige Wirtschaftsschule* im Anschluss nach Jahrgangsstufe 9 der Hauptschule (mit qualifiziertem Hauptschulabschluss), der Realschule oder des Gymnasiums; sie umfasst die Jahrgangsstufen 10–11.

Mit dem Bestehen der Abschlussprüfung an der Wirtschaftsschule wird ein mittlerer Schulabschluss erreicht.

Die *"Berufliche Oberschule Bayern"* fasst die Schularten *FOS* und *BOS* zusammen. Entsprechend der individuellen Vorbildung kann nach einem oder zwei Jahren die Fachhochschulreife oder nach drei Jahren die fachgebundene oder allgemeine Hochschulreife erlangt werden (vgl. BayEUG 2013, Art. 17; MUK Bayern 2013, S. 6ff.).

Brandenburg: Im Land Brandenburg kann in einigen Ausbildungsberufen im Rahmen eines integrierten Bildungsgangs gleichzeitig mit der Berufsausbildung die *Fachhochschulreife* erworben werden (*Doppelqualifizierung*). Eine andere Möglichkeit besteht für Auszubildende in einer Berufsausbildung durch Belegen von Zusatzunterricht die Fachhochschulreife zu erwerben. Hochschulzugangsberechtigte können bei Abschluss eines Ausbildungsvertrags mit einem Ausbildungsbetrieb vereinbaren, dass ab dem zweiten oder dritten Ausbildungsjahr eine Einschreibung an einer *Fachhochschule* in einem dem Ausbildungsberuf verwandten Studiengang erfolgt. Die Berufsschule ruht und die Auszubildenden können die Lehrveranstaltungen der Fachhochschule besuchen. Die fachpraktische Ausbildung im Ausbildungsbetrieb wird in der vorlesungsfreien Zeit fortgesetzt (vgl. MBJS 2013, S. 6f. und S. 11).

Hamburg[53]: Im Zusammenhang mit den *Gesundheitsberufen* bestehen neben dreijährigen Berufsfachschulen für *„Technische Assistenten in der Medizin"* (MTLA; MTRA) *Berufsfachschulen für Rettungssanitäter* (ein Jahr Schule und ein Jahr Praktikum) und eine *„Berufsfachschule für Masseure und medizinische Bademeister"* (zwei Jahre Schule und ein halbes Jahr in medizinischen Einrichtungen).

An einem Gymnasium in Hamburg wird in Zusammenarbeit mit einer Gewerbeschule in viereinhalb Jahren neben der allgemeinen Hochschulreife auch die Berufsqualifikation *Chemisch-technische Assistentin* oder *Chemisch-technischer Assistent* vermittelt (*Doppelqualifikation*).

In Hamburg werden *Produktionsschulen* durch freie Träger als ausbildungs- und berufsvorbereitende Bildung-, Beratungs- und Betreuungsangebote eingerichtet. In einer Produktionsschule wird für den Verkauf produziert oder Dienstleistungen erbracht, die auf dem Markt angeboten werden können. Zielgruppen sind Jugendliche mit Förderbedarf, welche die allgemeinbildende Schule ohne oder mit einem ersten allgemeinbildenden Schulabschluss und ohne ausreichende Betriebs- und Ausbildungsreife verlassen haben. Durch das Lernen in Produktionsprozessen soll den Lernern der Übergang in eine duale Ausbildung ermöglicht oder die Grundlage für eine Beschäftigung im Arbeitsmarkt geschaffen werden.[54]

Hessen: In der *Berufsschule* können der Hauptschulabschluss, der mittlere Abschluss und die Fachhochschulreife (Zusatzunterricht) erworben werden. Der *Zusatzunterricht* umfasst 240 Stunden im sprachlichen Bereich, 240 Stunden im mathematisch-naturwissenschaftlich-technischen Bereich und 80 Stunden im gesellschaftswissenschaftlichen Bereich, wenn dieser Unterricht nicht zeitlich und inhaltlich im Rahmen des Berufsschulunterrichts erteilt wurde (vgl. HKM 2006, S. 8f.).

Die einjährigen und zweijährigen Berufsfachschulen, die einen mittleren Schulabschluss voraussetzen, führen die Bezeichnung *Höhere Berufsfachschule*.

In Hessen berechtigt die Fachhochschulreife nicht nur zum Studium an der Fachhochschule, sondern auch zu einem gestuften Studiengang an der Universität. An der Goethe-Universität Frankfurt am Main – eine Stiftungsuniversität – ist laut Senatsbeschluss vom 23.1.2008 eine Zulassung zum Studium mit Fachhochschulreife nicht möglich (vgl. MWK 2009, S. 11 ff.).

---

[53] vgl. hierzu Hamburger Institut für Berufliche Bildung (Hrsg.): Berufliche Bildungswege 2013. Hamburg 2013

[54] vgl. hierzu Behörde für Schule und Berufsbildung: Grundzüge für Produktionsschulen in Hamburg. Stand: 1.8.2013

Nordrhein-Westfalen[55]: Die beruflichen Schulen des Landes Nordrhein-Westfalen bilden das *Berufskolleg*. Berufskollegs sind Schulen der Sekundarstufe II und umfassen die Schulformen Berufsschule, Berufsfachschule, Höhere Berufsfachschule, Berufliches Gymnasium, Fachoberschule und Fachschule.

Neues Übergangssystem Schule – Beruf NRW. Die Landesregierung von Nordrhein-Westfalen hat 2012 ein neues Übergangssystem von der allgemeinbildenden Schule bis in die duale Ausbildung bzw. ein Studium eingeführt. An allen allgemeinbildenden Schulen soll ab der achten Jahrgangsstufe ein verbindlicher Prozess der Berufs- und Studienorientierung eingeführt werden, um nach dem Schulabschluss einen Anschluss in eine Berufsausbildung oder ein Studium sicherzustellen. In einem Ausbildungskonsens wirken Sozialpartner, Kammern, Kommunen, Bundesagentur für Arbeit und verschiedene Landesressorts zusammen, um das Übergangssystem zu realisieren. Um die Umsetzung eines effizienten Übergangssystems zu unterstützen, ist der Umbau des Bildungsangebots des Berufskollegs zum 1.8.2014 geplant. Berufsorientierungsjahr, Berufsgrundschuljahr, einjährige Berufsfachschule mit Einstiegsvoraussetzung mittlerer Schulabschluss sollen eingestellt und Plätze in nicht (berufs-)abschlussbezogenen vollzeitschulischen Bildungsgängen abgebaut werden (vgl. MAIS 2013, S. 4ff.).

Rheinland-Pfalz: In Rheinland-Pfalz besteht eine zweijährige Höhere Berufsfachschule *„Polizeidienst und Verwaltung"* für Bewerber mit mittlerer Reife, die eine berufliche Grundlagenqualifikation zum Eintritt in den Vorbereitungsdienst für den gehobenen Polizeidienst (Polizeikommissaranwärter/in) und die Fachhochschulreife vermittelt (vgl. Informationsblätter der Berufsbildenden Schule Wirtschaft II Ludwigshafen am Rhein 2009).

Schleswig-Holstein: In Schleswig-Holstein sind 23 berufsbildende Schulen in 18 regionalen Berufsbildungszentren (RBZ) integriert. Die RBZ sind mit Rechtsfähigkeit ausgestattet, haben ein eigenes Budget und sollen neben einem effizienten Ressourceneinsatz auch zu einer Verbesserung der Unterrichtsqualität beitragen (vgl. Internetinformation RBZ).

Thüringen: An beruflichen Gymnasien können doppelt qualifizierende Bildungsgänge zum Erwerb der allgemeinen Hochschulreife und zum Erwerb eines Berufsabschlusses (Assistent/Assistentin) in sechs verschiedenen Fachrichtungen eingerichtet werden. Die *doppelt qualifizierenden Bildungsgänge* dauern dreieinhalb Jahre, z.B. Fachrichtung Wirtschaft, bzw. vier Jahre, z.B. Fachrichtung Technik, Schwerpunkt Gestaltungs- und Medientechnik (vgl. TMBWK 2009, § 3).

---

[55] vgl. hierzu Ministerium für Schule und Weiterbildung des Landes Nordrhein-Westfalen (Hrsg.): Das Berufskolleg in Nordrhein-Westfalen. Bildungsgänge und Abschlüsse. Düsseldorf 2008

5.3 Gleichwertigkeit von allgemeiner und beruflicher Bildung

Mit der Unterscheidung von allgemeiner Bildung, verstanden als *zweckfreie Bildung*, und beruflicher Bildung als *nutzen- und zweckbezogene Bildung* war bis in die jüngste Zeit eine Höherbewertung der allgemeinen Bildung verbunden, obwohl Teile der allgemeinen Bildung „*Berufs"-bedeutsam* werden können. Kiehn hat daher die Auffassung vertreten, dass die gesamte menschliche Bildung unter den Aspekten des „*Allgemein"-Bedeutsamen* und des „*Berufs"-Bedeutsamen* gesehen werden sollte (vgl. Kiehn 1959, S. 914). Historisch ist die Entwicklung zur *Gleichwertigkeit und Eigenständigkeit* der beruflichen Bildung geprägt durch den beruflichen Bildungsweg (vgl. Dehnbostel 2003, S. 447). (Siehe hierzu Kp. 1.2.2.) Der berufliche Bildungsweg ist didaktisch, anders als der erste Bildungsweg, an beruflichen Kenntnissen und Fertigkeiten, Berufskönnen sowie Berufserfahrung orientiert. Vom Beruflichen aus sollen auch Zugänge zur allgemeinen Bildung eröffnet werden.

Inzwischen hat sich bildungspolitisch und pädagogisch die Forderung nach *Gleichwertigkeit allgemeiner und beruflicher Bildung* durchgesetzt. Die formale Realisierung von Gleichwertigkeit allgemeiner und beruflicher Bildung wird an folgenden Beispielen aufgezeigt: Nach Regelungen des jeweiligen Landes kann Berufsschülern ohne Hauptschulabschluss der *Hauptschulabschluss* zuerkannt werden, wenn sie die Abschlussprüfung der Berufsschule bestanden und eine duale Ausbildung erfolgreich absolviert haben. Berufsschülern mit Hauptschulabschluss kann ein dem *Realschulabschluss gleichwertiger Abschluss* zuerkannt werden, wenn sie im Berufsschulzeugnis in den maßgebenden Fächern einen Durchschnitt von mindestens 3,0 erreichen, eine Abschlussprüfung einer dualen Ausbildung bestanden und einen mindestens fünfjährigen Fremdsprachenunterricht in aufeinander folgenden Klassenstufen mit der Note „ausreichend" abgeschlossen haben (vgl. KMK 1997, S. 2f.).

Ein weiteres Beispiel für die Gleichwertigkeit von allgemeiner und beruflicher Bildung kann im Studium ohne formale Hochschulzugangsberechtigung[56] für beruflich qualifizierte Bewerber gesehen werden. In den Ländern bestehen unterschiedliche Regelungen wie z. B. Zugangsprüfungen, Probestudium und Direktzugang mit oder ohne Beratungs- bzw. Eignungsgespräch.

---

[56] vgl. hierzu *Schröter, Diana*: „Studierfähigkeit" als unbekannte Größe in doppelqualifizierenden Ausbildungsgängen. In ZBW – 17. Beiheft 2003, S. 90–104. Bundesagentur für Arbeit (Hrsg.): BBZ 8: Nachholen schulischer Abschlüsse und Studieren ohne Abitur. Nürnberg, Ausgabe 2007/2008

> Inzwischen hat die KMK am 6.3.2009 einen richtungweisenden Beschluss zum *„Hochschulzugang für beruflich qualifizierte Bewerber ohne schulische Hochschulzugangsberechtigung"* gefasst.[57] Demnach erhalten eine *allgemeine Hochschulzugangsberechtigung* Meister im Handwerk und Inhaber von Fortbildungsabschlüssen nach BBiG und HwO, sofern die Lehrgänge mindestens 400 Unterrichtsstunden umfassen, sowie Inhaber von Abschlüssen der Fachschulen.

Eine *fachgebundene Hochschulzugangsberechtigung* erhalten beruflich qualifizierte Bewerber mit Abschluss einer nach Bundes- oder Landesrecht geregelten mindestens zweijährigen Berufsausbildung in einem zum angestrebten Studiengang affinen Bereich und mindestens dreijähriger Berufspraxis in einem zum Studiengang affinen Bereich. Für Stipendiaten des Aufstiegsstipendienprogramms reichen zwei Jahre Berufspraxis. Vorgenannter Personenkreis muss sich außerdem erfolgreich einem Eignungsfeststellungsverfahren unterziehen, das auch durch ein nachweislich erfolgreiches Probestudium von einem Jahr ersetzt werden kann. Einzelne Regelungen für den Hochschulzugang legen die Länder fest.[58]

Der KMK-Beschluss zum Hochschulzugang für beruflich qualifizierte Bewerber schafft in gewissem Sinne eine Alternative zur allgemeinen Schule, die zur Studierfähigkeit führt (vgl. *Höfler* 2009, S. 6), und ist abzugrenzen von der so genannten *Begabtenprüfung*, die ausschließlich an gymnasialen Inhalten orientiert ist (vgl. *Mucke* 2006, S. 278). Wenn man davon ausgeht, dass allgemeine und berufliche Bildung nicht *gleichartig* sind und mit dem KMK-Beschluss zum Hochschulzugang *Gleichwertigkeit* nicht am Wissensstand von Abiturienten gemessen wird (vgl. *Stender* 2006, S. 233), sondern die *Gleichrangigkeit* beruflicher Bildung mit allgemeiner Bildung, insbesondere im Fall der *allgemeinen Hochschulzugangsberechtigung*, durch eine abgeschlossene berufliche Bildung hergestellt wird, dann ist dies bildungspolitisch und gesellschaftlich von größter Bedeutung.

---

[57] vgl. hierzu *Höfler, Arnold*: Hochschulzugangsberechtigung. impulse, September 2009, S. 5–6
[58] vgl. hierzu KMK: Hochschulzugang für beruflich qualifizierte Bewerber ohne schulische Hochschulzugangsberechtigung. Beschluss vom 6.3.2009 (Abruf 16.8.2013)

> Neben den Forderungen nach Gleichwertigkeit von allgemeiner und beruflicher Bildung wird seit einigen Jahren auch eine *Gleichwertigkeit von beruflicher und akademischer Bildung* und damit auch eine Anerkennung und Anrechnung von Kompetenzen der Berufsausbildung auf das Studium gefordert (vgl. *Wanken/Schleiff/Kreutz* 2010, S. 2).

Für die *„Anerkennung beruflicher Kompetenzen auf Hochschulstudiengänge"* (ANKOM) wurden Grundlagen einer Anrechnungsleitlinie und Anrechnungsmodelle erarbeitet (vgl. *Stamm/Loroff/Hartmann* 2011, S. 5 ff.). Nach einem KMK-Beschluss von 2002 können höchstens 50 % außerhalb des Hochschulstudiums erworbene Kenntnisse und Fähigkeiten ein Hochschulstudium ersetzen (vgl. KMK 2002, S. 2).

„Mit der Frage der Anrechnung erfolgt eine Perspektivverlagerung. Es geht nicht mehr um die Berechtigung für ein Studium, sondern um die Frage der Vergleichbarkeit und Zuordnung beruflicher Kompetenzen und Studienanforderungen. Es geht um die Überwindung eines ausschließlich auf schulischen Leistungen basierenden Berechtigungssystems" (*Ahrens* 2012, S. 3).

5.4 Europäische Berufsbildungspolitik

5.4.1 Von der EWG zur EU[59]

Bereits der *EWG-Vertrag* vom 25.3.1957 enthielt u.a. Bestimmungen über den Arbeitsmarkt und die Berufsbildung. Der Vertrag führte in Artikel 118 *„Zusammenarbeit in sozialen Fragen"* sieben Positionen, darunter die berufliche Aus- und Fortbildung an, die durch die Kommission bezüglich der Zusammenarbeit gefördert werden sollten. Artikel 128 *„Allgemeine Grundsätze"* konkretisierte wie folgt: „Auf Vorschlag der Kommission und nach Anhörung des Wirtschafts- und Sozialausschusses stellt der Rat in Bezug auf die Berufsausbildung allgemeine Grundsätze zur Durchführung einer gemeinsamen Politik auf, die zu einer harmonischen Entwicklung sowohl der einzelnen Volkswirtschaften als auch des Gemeinsamen Marktes beitragen kann." Gestützt auf diesen Artikel hat der Rat der EWG am 2.4.1963 zehn „Allgemeine Grundsätze für die Durchführung einer gemeinsamen Politik der Berufsausbildung" beschlossen, wonach unter gemeinsamer Politik der Berufsausbildung ein gemeinsames, zusammenhängendes und schrittweises Vor-

---

[59] vgl. hierzu *Schwartmann, Rolf* (Hrsg.): Der Vertrag von Lissabon. EU-Vertrag, Vertrag über die Arbeitsweise der EU – Konsolidierte Fassungen –. 3. Aufl., Heidelberg: C. F. Müller 2010

gehen zu verstehen war, das bedingt, dass jeder Mitgliedsstaat Programme aufstellt und Vorhaben verwirklicht, die mit diesen Grundsätzen in Einklang stehen (vgl. DIHT-Schriftenreihe 1964, S. 77 ff.). Mit dem *Vertrag von Maastricht* 1992 wurde die *Europäische Union* auf den Weg gebracht und der EWG-Vertrag durch den *„Vertrag zur Gründung der Europäischen Gemeinschaft"* (EG-Vertrag) abgelöst. Mit dem Inkrafttreten des *„Vertrages von Lissabon"* am 1.12.2009 wurde der EG-Vertrag in *„Vertrag über die Arbeitsweise der Europäischen Union"* umbenannt. Dabei wurde auch die Nummerierung der Artikel verändert. Bereits in der *Präambel* des neu gefassten EG-Vertrages wird herausgestellt, dass durch umfassenden Zugang zur Bildung und durch ständige Weiterbildung auf einen möglichst hohen Wissensstand der Bevölkerung der Mitgliedsländer hingewirkt werden soll. Die beiden für das Bildungswesen speziellen Artikel im Titel XII „Allgemeine und Berufliche Bildung, Jugend und Sport" lauten:

Artikel 165

(1) Die Union trägt zur Entwicklung einer qualitativ hoch stehenden Bildung dadurch bei, dass sie die Zusammenarbeit zwischen den Mitgliedstaaten fördert und die Tätigkeit der Mitgliedstaaten unter strikter Beachtung der Verantwortung der Mitgliedstaaten für die Lehrinhalte und die Gestaltung des Bildungssystems sowie der Vielfalt ihrer Kulturen und Sprachen erforderlichenfalls unterstützt und ergänzt.

Die Union trägt zur Förderung der europäischen Dimension des Sports bei und berücksichtigt dabei dessen besondere Merkmale, dessen auf freiwilligem Engagement basierende Strukturen sowie dessen soziale und pädagogische Funktion.

(2) Die Tätigkeit der Union hat folgende Ziele:
- Entwicklung der europäischen Dimension im Bildungswesen, insbesondere durch Erlernen und Verbreitung der Sprachen der Mitgliedstaaten;
- Förderung der Mobilität von Lernenden und Lehrenden, auch durch die Förderung der akademischen Anerkennung der Diplome und Studienzeiten;
- Förderung der Zusammenarbeit zwischen den Bildungseinrichtungen;
- Ausbau des Informations- und Erfahrungsaustauschs über gemeinsame Probleme im Rahmen der Bildungssysteme der Mitgliedstaaten;
- Förderung des Ausbaus des Jugendaustauschs und des Austauschs sozialpädagogischer Betreuer und verstärkte Beteiligung der Jugendlichen am demokratischen Leben in Europa;
- Förderung der Entwicklung der Fernlehre;
- Entwicklung der europäischen Dimension des Sports durch Förderung der Fairness und der Offenheit von Sportwettkämpfen und der Zusammenarbeit zwischen den für den Sport verantwortlichen Organisationen sowie durch den Schutz der körperlichen und seelischen Unversehrtheit der Sportler, insbesondere der jüngeren Sportler.

(3) Die Union und die Mitgliedstaaten fördern die Zusammenarbeit mit dritten Ländern und den für den Bildungsbereich und den Sport zuständigen internationalen Organisationen, insbesondere dem Europarat.

(4) Als Beitrag zur Verwirklichung der Ziele dieses Artikels
 – erlassen das Europäische Parlament und der Rat gemäß dem ordentlichen Gesetzgebungsverfahren und nach Anhörung des Wirtschafts- und Sozialausschusses und des Ausschusses der Regionen Fördermaßnahmen unter Ausschluss jeglicher Harmonisierung der Rechts- und Verwaltungsvorschriften der Mitgliedstaaten;
 – erlässt der Rat auf Vorschlag der Kommission Empfehlungen.

Artikel 166

(1) Die Union führt eine Politik der beruflichen Bildung, welche die Maßnahmen der Mitgliedstaaten unter strikter Beachtung der Verantwortung der Mitgliedstaaten für Inhalt und Gestaltung der beruflichen Bildung unterstützt und ergänzt.

(2) Die Tätigkeit der Union hat folgende Ziele:
 – Erleichterung der Anpassung an die industriellen Wandlungsprozesse, insbesondere durch berufliche Bildung und Umschulung;
 – Verbesserung der beruflichen Erstausbildung und Weiterbildung zur Erleichterung der beruflichen Eingliederung und Wiedereingliederung in den Arbeitsmarkt;
 – Erleichterung der Aufnahme einer beruflichen Bildung sowie Förderung der Mobilität der Ausbilder und der in beruflicher Bildung befindlichen Personen, insbesondere der Jugendlichen;
 – Förderung der Zusammenarbeit in Fragen der beruflichen Bildung zwischen Unterrichtsanstalten und Unternehmen;
 – Ausbau des Informations- und Erfahrungsaustauschs über gemeinsame Probleme im Rahmen der Berufsbildungssysteme der Mitgliedstaaten.

(3) Die Union und die Mitgliedstaaten fördern die Zusammenarbeit mit dritten Ländern und den für die berufliche Bildung zuständigen internationalen Organisationen.

(4) Das Europäische Parlament und der Rat erlassen gemäß dem ordentlichen Gesetzgebungsverfahren und nach Anhörung des Wirtschafts- und Sozialausschusses sowie des Ausschusses der Regionen Maßnahmen, die zur Verwirklichung der Ziele dieses Artikels beitragen, unter Ausschluss jeglicher Harmonisierung der Rechts- und Verwaltungsvorschriften der Mitgliedstaaten, und der Rat erlässt auf Vorschlag der Kommission Empfehlungen.

Interessant ist der Hinweis auf den Ausschluss der Harmonisierung, obwohl die eingetretene Entwicklung andere Tendenzen zeigt (vgl. *Läufer* 1996, S. 8 ff. und S. 204 f.).

Im Zusammenhang mit der europäischen Berufsbildung wurde 1975 das „*Europäische Zentrum für die Förderung der Berufsbildung*" (CEDEFOP) gegründet. Das Institut mit seinem Sitz in Thessaloniki soll zur Förderung des Informations- und Erfahrungsaustauschs, zur Dokumentation des Stands und der Entwicklung der Berufsbildungssysteme, zur Weiterentwicklung und Koordinierung der Berufsbildungsforschung sowie zur Lösung des Problems der gegenseitigen Anerkennung beruflicher Abschlüsse beitragen (vgl. *Deißinger* 2006, S. 205 ff.).

5.4.2 Programmatische Initiativen der EU zur Berufsbildung[60]

Vom *Europäischen Rat*, der *Europäischen Kommission* und den *EU-Bildungsministern* gehen vielfältige Initiativen aus, welche die Berufsbildung in unterschiedlichem Umfang betreffen. In der Folge werden einige dieser Initiativen angeführt.

In *Bologna* wurde 1999 für den Hochschulbereich ein Weiterentwicklungs- und Vereinheitlichungskonzept beschlossen, das die deutsche Hochschullandschaft mit der Einführung der Bachelor- und Masterstudiengänge nachhaltig verändert hat.

Der Europäische Rat hat im Jahr 2000 in *Lissabon* für das kommende Jahrzehnt für die Union das Ziel gesetzt, sich zur *wettbewerbsfähigsten Wirtschaftsregion in der Welt* zu entwickeln. Bildung und Ausbildung sollen sich auf den Bedarf der *Wissensgesellschaft* einstellen und müssen einhergehen mit einer Orientierung zum *lebenslangen Lernen*.

Seit 2000 wird der EUROPASS als europaweites Dokument propagiert, um die im Auslandsaufenthalt erworbenen Qualifikationen zu bescheinigen.

In *Barcelona* hat der Europäische Rat 2002 als Ziel für die allgemeine und berufliche Bildung bis 2010 eine weltweite Qualitätsreferenz gefordert. Dabei sollen folgende drei Grundprinzipien gelten: *Verbesserung der Qualität, Erleichterung des Zugangs für alle, Öffnung gegenüber der Welt*.

Die *EU-Bildungsminister* haben 2002 in *Kopenhagen* eine Reihe von Bildungszielen beschlossen, die bis 2010 angestrebt werden. Die Qualität und Attraktivität beruflicher Bildung soll erhöht, Transparenz von Diplomen und Qualifikationen hergestellt und Hindernisse beruflicher und geografischer Mobilität beseitigt werden.

Die Kooperation der Akteure der Berufsbildung in der EU wird als „*Kopenhagen Prozess*" bezeichnet und war der Ausgangspunkt für eine verstärkte europäische Zusammenarbeit in der beruflichen Aus- und Weiterbildung (vgl. ZDH 2013, S. 3). In der Folge des „*Kopenhagen Prozesses*" sind gemeinsame europäische Instrumente, Grundsätze und Richtlinien entwickelt worden, die Qualifikationen transpa-

---

[60] vgl. hierzu Zentralverband des Deutschen Handwerks: Glossar – Was ist was in der Europäischen Bildungspolitik? Stand August 2013. Berlin 2013

renter, vergleichbarer und übertragbar machen sowie die Flexibilität und Qualität des Lernens verbessern. Bei den *Instrumenten* handelt es sich um den Europass. den Europäischen Qualifikationsrahmen (EQR), das Europäische Leistungspunktesystem für die Berufsbildung (ECEVET) und den Europäischen Bezugsrahmen für die Qualitätssicherung in der Berufsbildung (EQUAVET) (vgl. BMBF 2010, S. 40 ff.).

Der Europäische Rat hat sich 2003 auf folgende fünf europäische Durchschnittsbezugswerte für das Programm *„Allgemeine und berufliche Bildung 2010"* geeinigt, die bis 2010 erreicht werden sollten:

- Der Durchschnitt der Schulabbrecher soll bei höchstens 10% liegen.
- Die Zahl der Hochschulabsolventen in Mathematik und Naturwissenschaften soll um mindestens 15% steigen und vom Geschlechterverhältnis besser ausbalanciert sein.
- Mindestens 85% der 22-Jährigen sollen über einen Sekundarstufe II-Abschluss verfügen.
- Der Anteil der 15-Jährigen mit schwacher Lesekompetenz soll um mindestens 20% sinken.
- Die Beteiligung der erwerbstätigen Bevölkerung am lebenslangen Lernen soll mindestens 15% betragen (BMBF Berufsbildungsbericht 2004, S. 205).

Diese Vorgaben sollten zu verstärkten Investitionen in das menschliche Potenzial der Gemeinschaft führen. Angesichts einer noch überwiegend national[61] geprägten beruflichen Bildung hat der EU-Ministerrat für Bildung im Oktober 2004 gefordert, „die Entwicklung gemeinsamer europäischer Bezugspunkte und Grundsätze vorrangig zu verfolgen und ihre Umsetzung auf nationaler Ebene zu fördern. Dabei sind die einzelstaatlichen Gegebenheiten zu berücksichtigen und Zuständigkeiten der Mitgliedsstaaten zu beachten" (EU-Gipfel 2005, S. 1). Es soll eine *Bildungskonvergenz* gelingen, die mit jahrelangen Diskussionen um Lehrpläne und Berufsbilder nicht hergestellt werden konnte (vgl. EU-Gipfel 2005, S. 1).

Inzwischen hat sich gezeigt, dass mit Ablauf des *Arbeitsprogramms 2010* die Fortschritte bei den zentralen bildungspolitischen Zielen wie Verbesserung der Lesekompetenz und Verringerung der Schulabbrecherquote *nicht* in dem erhofften Umfang erreicht wurden. Ende 2008 hat daher die Kommission neben den bestehenden, sechs neue Benchmarks für die Fortschrittsbeobachtung in Europa für den Zeitraum bis 2020 vorgeschlagen. Der Rat der EU-Bildungsminister hat am 12. Mai 2009 in Brüssel für die europäische Zusammenarbeit auf dem Gebiet der allgemeinen und beruflichen Bildung bis 2020 folgende *strategische Ziele* formuliert:

1. Verwirklichung von lebenslangem Lernen und Mobilität;
2. Verbesserung der Qualität und Effizienz der allgemeinen und beruflichen Bildung;

---

[61] vgl. hierzu *Döbert, Hans* u. a. (Hrsg.): Die Schulsysteme Europas. Baltmannsweiler: Schneider 2000

3. Förderung der Gerechtigkeit, des sozialen Zusammenhalts und des aktiven Bürgersinns;
4. Förderung von Innovation und Kreativität – einschließlich unternehmerischen Denkens – auf allen Ebenen der allgemeinen und beruflichen Bildung.[62]

Zur Rolle der Entwicklung von Fähigkeiten und Kompetenzen im Hinblick auf die Verwirklichung der Ziele von Lissabon haben der Rat und die in ihm vereinigten Vertreter der Regierungen der Mitgliedstaaten 2005 die nachstehenden Schlussfolgerungen gezogen: Unter dem Begriff *„Fähigkeiten und Kompetenzen"* ist die gesamte Bandbreite der Ergebnisse aller Bildungswege und –niveaus unter Einschluss der Ergebnisse des formalen, nicht formalen und informellen Lernens[63] zu verstehen (Handbuch IA 58/49.71, S. 1 ff.).

Vorgenannte Lerntätigkeiten wurden im Jahr 2000 im *„Memorandum über Lebenslanges Lernen"*, das die Kommission vorgelegt hatte, wie folgt erläutert:

- Formales Lernen, das in Bildungseinrichtungen stattfindet und zu anerkannten Qualifikationen und Abschlüssen führt.
- Nicht-formales Lernen, das außerhalb der Hauptsysteme der allgemeinen und beruflichen Bildung erfolgt, z. B. am Arbeitsplatz, und nicht unbedingt zu einem formalen Abschluss führt.
- Informelles Lernen als eine natürliche Begleiterscheinung des Alltags, wobei, anders als beim formalen und nicht-formalen Lernen, es sich beim informellen Lernen nicht notwendigerweise um intentionales Lernen handeln muss.

Da nicht-formales und informelles Lernen nicht als „richtiges Lernen" empfunden und deren Lernergebnisse auf dem Arbeitsmarkt zu wenig gewürdigt werden, wird eine deutliche Verbesserung der Methoden zur Bewertung von Lernbeteiligung und Lernerfolg vor allem von nicht-formalem und informellem Lernen angestrebt (vgl. *Memorandum* 2000, S. 9 f. und S. 18).

Im *Kommuniqué von Brügge* 2010 haben die für die berufliche Aus- und Weiterbildung zuständigen Minister einer verstärkten europäischen Zusammenarbeit in der beruflichen Bildung für den Zeitraum 2011 – 2020 zugestimmt. Die Strategie *„Europa 2020 für den Bildungsbereich"* und der *„Kopenhagen Prozess"* von 2002 sollen neue Impulse erhalten. Eine Liste mit Zielen und ein Aktionsplan sollen konkrete Maßnahmen für das Erreichen der strategischen Ziele aufzeigen. Folgende Zielliste wurde angenommen:

- „eine globale Vision für die berufliche Bildung im Jahr 2020;
- 11 strategische Ziele für den Zeitraum 2011 – 2020, die auf dieser Vision aufbauen;

---

[62] vgl. hierzu neues aus europa – Informationsdienst des BIBB: Ausgabe 17/Mai 2009
[63] vgl. hierzu *Dohmen, Günther*: Das informelle Lernen. Bonn 2001

- 22 kurzfristige Ziele auf nationaler Ebene für die ersten vier Jahre (2011 – 2014) unter Angabe der Unterstützung der EU-Ebene;
- allgemeine Grundsätze für Gestaltung und Eigenverantwortung im Rahmen des Kopenhagen-Prozesses" (Amt für Veröffentlichungen der EU 2012, S. 14).

Am 2.7.2013 erfolgte in Leipzig im Rahmen des Berufsbildungswettbewerbs *„Worldskills"* der Startschuss für die *„Europäische Ausbildungsallianz"*. Die Allianz soll in der gesamten EU zur Bekämpfung der Jugendarbeitslosigkeit beitragen durch die Verbesserung der Qualität der Berufsbildung und die Erhöhung der Anzahl der Ausbildungsplätze. Die Allianz soll auch einen Einstellungswandel gegenüber Berufsausbildungen bewirken, indem die zentralen Akteure der Arbeitswelt und des Bildungswesens partnerschaftlich zusammenwirken (vgl. *Europäische Kommission* 2013, S. 1 ff.).

5.4.3 Europäische und deutsche Bildungspolitik

Der Europäische Rat hat im März 2005 in *Brüssel* gefordert, einen *Europäischen Qualifikationsrahmen* für lebenslanges Lernen und ein *Europäisches Kreditpunktesystem* für die berufliche Bildung zu entwickeln.[64] Am 23.4.2008 haben das Europäische Parlament und der Rat die *„Empfehlung über die Einrichtung eines Europäischen Qualifikationsrahmens für lebenslanges Lernen"* (EQR) unterzeichnet. Der EQR ist ein Meta-Rahmen, durch den die nationalen Qualifikationsrahmen der Mitgliedsländer in Beziehung gesetzt werden sollen (vgl. *Gocke* 2006, S. 107). Dieses Übersetzungssystem soll die Mobilität auf dem europäischen Arbeitsmarkt und innerhalb der Bildungssysteme erhöhen. Außerdem soll es die Transparenz verbessern und den Arbeitgebern sowie Bildungseinrichtungen die Beurteilung der von Bürgern erworbenen Kompetenzen erleichtern (vgl. *Schopf* 2005, S. 3 ff.). Kern des EQR sind acht Referenzniveaus, die durch Lernergebnisse von Kenntnissen, Fähigkeiten und Kompetenzen (persönliche und berufsbezogene Lernergebnisse) beschrieben werden und an denen sich die nationalen Qualifikationsrahmen orientieren sollen (vgl. *Sellin* 2005, S. 7).

Der EQR ist im Zusammenhang mit der europäischen Bildungspolitik von zentraler Bedeutung. „Der EQR ist ... zwar kein konkretes Steuerungsinstrument, jedoch sind die für ihn typischen Vorstellungen von Transparenz und Durchlässigkeit traditionelle Ziele der EU mit sich wiederholenden Schlüsselbegriffen, hinter denen mehr oder weniger versteckt Harmonisierungsinitiativen vermutet werden dürfen" (*Deißinger* 2009, S. 231).

---

[64] vgl. hierzu: Auf dem Weg zu einem Europäischen Qualifikationsrahmen für lebenslanges Lernen. Arbeitsunterlage der Kommissionsdienststellen. Brüssel 2005; *Sloane, Peter F. E.*: Zu den Grundlagen eines Deutschen Qualifikationsrahmens (DQR). Bielefeld: Bertelsmann 2008

Die bildungspolitische Dimension 143

Inzwischen wurde von der KMK, dem BMBF und der Wirtschaftsministerkonferenz ein „Deutscher Qualifikationsrahmen für lebenslanges Lernen (DQR)" verabschiedet. Im DQR erfolgt eine Zuordnung[65] der Qualifikationen der Allgemeinbildung, der Hochschulbildung und der beruflichen Bildung – jeweils einschließlich der Weiterbildung – zu den Niveaustufen des EQR auf der Grundlage von Lernergebnissen (vgl. KMK-Beschluss 15.11.2012, S. 2). Tabelle 17 zeigt die Zuordnungen im DQR. Die *Lernergebnisorientierung* bedeutet, dass Fähigkeitsnachweise zertifiziert werden können, wenn typische Lernergebnisse nachgewiesen werden, obwohl sie *nicht* im Standardweg der Bildung erreicht wurden (vgl. Drexel 2006, S. 16 f.).

Tab. 17: Zuordnungen im Deutschen Qualifikationsrahmen für lebenslanges Lernen

Niveau	Qualifikationen
1	■ Berufsausbildungsvorbereitung • Maßnahmen der Arbeitsagentur (BvB) • Berufsvorbereitungsjahr (BVJ)
2	■ Berufsausbildungsvorbereitung • Maßnahmen der Arbeitsagentur (BvB) • Berufsvorbereitungsjahr (BVJ) • Einstiegsqualifizierung (EQ) ■ Berufsfachschule (Berufliche Grundbildung)
3	■ Duale Berufsausbildung (2-jährige Ausbildungen) ■ Berufsfachschule (Mittlerer Schulabschluss)
4	■ Duale Berufsausbildung (3- und 3½-jährige Ausbildungen) ■ Berufsfachschule (Assistentenberufe) ■ Berufsfachschule (vollqualifizierende Berufsausbildung nach BBiG/HwO)
5	■ IT-Spezialist (Zertifizierter)* ■ Servicetechniker (Geprüfter)*
6	■ Bachelor ■ Fachkaufmann (Geprüfter)* ■ Fachschule (Staatlich Geprüfter ...) ■ Fachwirt (Geprüfter)* ■ Meister (Geprüfter)* ■ Operativer Professional (IT) (Geprüfter)*
7	■ Master ■ Strategischer Professional (IT) (Geprüfter)*
8	■ Promotion

* Weitere Qualifikationen der beruflichen Aufstiegsfortbildung werden nach dem im „Gemeinsamen Beschluss" beschriebenen Verfahren konsensual zugeordnet.
Quelle: Übersicht der Zuordnungen. Anlage zum KMK-Beschluss DQR vom 15.11.2012 – Stand 1.5.2013, S. 2

---

[65] vgl. hierzu Übersicht der Zuordnungen. Anlage zum KMK-Beschluss DQR vom 15.11.2012 – Stand 1.5.2013

Im Juni 2013 haben sich die EU-Mitgliedsstaaten mit dem EU-Parlament über die Eckwerte des neuen EU-Programms für Bildung, Jugend und Sport „Erasmus+" verständigt. „*Erasmus+*" hat eine Laufzeit von 2014 – 2020 und vereinigt die derzeitigen EU- und internationalen Initiativen für allgemeine und berufliche Bildung und Jugend. Folgende Leitaktionen sind dem Programm vorgegeben:

Leitaktion 1: Lernmobilität für Einzelpersonen.
Leitaktion 2: Strategische Partnerschaften.
Leitaktion 3: Unterstützung politischer Reformen.

Ausgehend von einer Mittelausstattung des Programms in Höhe von 13 Mrd. Euro rechnet man mit vier Millionen Menschen, die in der Zeit von 2014 – 2020 von den EU-Beihilfen für allgemeine und berufliche Bildung profitieren können (vgl. NA beim BIBB 2013, S. 1 ff.).

Angesichts der sehr hohen Jugendarbeitslosigkeit in der EU (derzeit 23,5 % im Durchschnitt) haben 24 Staats- und Regierungschefs bei einem Sondergipfel zur Jugendarbeitslosigkeit im November 2013 in Paris eine *„Jugendgarantie"* gegen Arbeitslosigkeit beschlossen. Die Jugendgarantie sieht vor, dass jeder arbeitslose Jugendliche unter 25 Jahren binnen vier Monaten ein Angebot für einen Job, eine Ausbildung oder zumindest einen Praktikumsplatz erhalten soll. Für die Realisierung der Jugendgarantie sollen für die Mitgliedsstaaten in der Zeit 2014 – 2020 sechs Milliarden Euro zur Verfügung stehen (vgl. *Europäische Kommission* 12.11.2013).

In den Verlautbarungen der EWG bzw. der EU wird u. a. von „harmonischer" Entwicklung gesprochen. Unter *Harmonisierung* ist eine gegenseitige Anpassung bzw. Abstimmung zu verstehen, die aber im Hinblick auf die unterschiedlichen Strukturen der Bildungswesen der Mitgliedsstaaten problematisch ist.[66] Wenn auch inzwischen z. B. in Artikel 165 des neu gefassten EG-Vertrages jegliche Harmonisierung ausgeschlossen wurde, so steht dem das *Gravier-Urteil des Europäischen Gerichtshofs* gegenüber. Außerdem hat der Europäische Gerichtshof 1989 bereits die *Lenkungsfunktion* der Kommission bezüglich des Bildungswesens bestätigt. Das Beispiel des *Bologna-Prozesses*, in dessen Folge ein *europäischer Hochschulraum* entsteht mit einem zweistufigen System von Hochschulabschlüssen (Bachelor/ Master) und einem *Punkte-Akkumulationssystem* für die Anrechnung von im In- oder Ausland absolvierten Studienleistungen, läuft auf eine Harmonisierung hinaus.

---

[66] vgl. *Rothe, Georg*: Die Systeme beruflicher Qualifizierung Deutschlands, Österreichs und der Schweiz im Vergleich. Villingen-Schwenningen: Neckar-Verlag 2001

Die *Instrumente der EU-Bildungspolitik* bestanden vor dem EG-Vertrag in den Finanzen, Programmen[67], Rechtsakten, Organen und der Methode der offenen Koordinierung. Mit finanziellen Mitteln werden Bildungsprojekte gefördert, die EU-Kriterien entsprechen und bildungspolitische Vorstellungen der EU umsetzen. Aktionsprogramme fördern z. B. allgemeine und berufliche Bildung. Hinsichtlich der Organe sind das *Europäische Zentrum für die Förderung der Berufsbildung* (CEDEFOP) und *„Eurydice"*, das Informationsnetz für das Bildungswesen in Europa, zu nennen. Mit der Methode der offenen Koordinierung haben die Bildungsminister die Möglichkeit, sich mit den Zielen und Empfehlungen der EU, die diese allein nicht durchsetzen kann oder nicht durchsetzen will, auseinanderzusetzen und eine gemeinsame Auffassung herbeizuführen (vgl. BMBF 2010, S. 15f.).

Mit dem EG-Vertrag haben Rat, Europäisches Parlament und Kommission stärkere Rechtsinstrumente. Nach Art. 288 des konsolidierten EG-Vertrages können drei verbindliche und zwei weniger verbindliche Formen gewählt werden:

- „Die Verordnung hat allgemeine Geltung. Sie ist in allen ihren Teilen verbindlich und gilt unmittelbar in jedem Mitgliedstaat.
- Die Richtlinie ist für jeden Mitgliedstaat, an den sie gerichtet wird, hinsichtlich des zu erreichenden Ziels verbindlich, überlässt jedoch den innerstaatlichen Stellen die Wahl der Form und der Mittel.
- Beschlüsse sind in allen ihren Teilen verbindlich. Sind sie an bestimmte Adressaten gerichtet, so sind sie nur für diese verbindlich.
- Die Empfehlungen und Stellungnahmen sind nicht verbindlich" (*Schwartmann* 2010, S. 126).

Durch die faktische, d. h. nicht nur formale Einbettung in den europäischen Ordnungsrahmen bewirkt die europäische Perspektive einen beschleunigten Transformationsprozess für die nationalen Berufsbildungssysteme, dem sich Deutschland nicht entziehen kann (vgl. *Buer van/Zlatkin-Troitschanskaia* 2005, S. 12).

Im *Kommuniqué von Maastricht* zu den künftigen Prioritäten der verstärkten Europäischen Zusammenarbeit in der Berufsbildung vom 14.12.2004 haben die für die Berufsbildung zuständigen Minister aus 32 europäischen Staaten, die europäischen Sozialpartner und die Europäische Kommission vereinbart, ihre Zusammenarbeit zu verstärken, um insbesondere die Berufsbildungssysteme zu modernisieren und für alle europäischen Bürger, seien sie Jugendliche, ältere Arbeitnehmer, Beschäftigungssuchende oder Benachteiligte, die Qualifikationen und Kompetenzen anbieten zu können, die sie zur Eingliederung in die sich entwickelnde *Wissensgesell-*

---

[67] Bildungsprogramme der EU, z. B. SOKRATES-Aktionsprogramm zur Förderung der allgemeinen Bildung, LEONARDO DA VINCI-Aktionsprogramm zur Förderung der beruflichen Bildung

schaft benötigen und damit zu mehr und besseren Beschäftigungsangeboten beizutragen.

Nachdem die Berufsbildungspolitik der EU zu einem zentralen Politikfeld im Integrationsprozess geworden ist, sind Anpassungen der nationalen Bildungspolitiken unerlässlich, wenn eine *Europäisierung des Bildungswesens* erreicht werden soll (vgl. *Münk* 2005, S. 3 ff.). Für Deutschland ergeben sich bei diesem Anpassungsprozess u. a. Probleme, da dem *Prinzip der Beruflichkeit* bei der deutschen Berufsausbildung das *Prinzip Modularisierung* einiger EU-Mitgliedsstaaten gegenübersteht.[68] Der EQR und das ECVET-System sind an der Erreichung *definierter Lernergebnisse* (Outcomes) orientiert, d. h. nicht der Input der Bildungsprozesse steht im Vordergrund (vgl. *Drexel* 2006, S. 15 f.). Der Umsetzung der europäischen bildungspolitischen Initiativen steht in Deutschland der traditionell eher input- und institutionenorientierte Ansatz der Berufsbildung entgegen (vgl. *Meyer* 2006, S. 4).

Die *berufsbildungspolitischen Prioritäten* der schwarz-gelben Bundesregierung zielten unter Beachtung der demografischen Entwicklung vor allem auf die Sicherung ausreichender Ausbildungsplätze, die Verbesserung des Übergangs von der Schule in die Ausbildung, u. a. mit Hilfe einer Intensivierung der Berufsorientierung, die Qualitätssicherung und Modernisierung der beruflichen Bildung, eine Bildungs- und Ausbildungsoffensive für Jugendliche mit Migrationshintergrund sowie die Steigerung der Beteiligung an der beruflichen Weiterbildung (vgl. BMBF 2010, S. 3 ff.).

Um den Fachkräftenachwuchs zu sichern und jedem ausbildungswilligen und -fähigen Jugendlichen ein Ausbildungsplatzangebot zu machen, haben die Bundesregierung und Spitzenverbände der Wirtschaft 2004 den *Nationalen Pakt für Ausbildung und Fachkräftenachwuchs* beschlossen. Der Ausbildungspakt wurde 2007 um drei Jahre verlängert und 2010 nochmals bis 2014 mit neuen Schwerpunkten verlängert. Die Paktpartner haben sich folgende Ziele gesetzt und leiten dazu entsprechende Beiträge:

1. Ausbildungsreife sicherstellen
2. Berufsorientierung ausbauen und weiterentwickeln
3. Jugendliche und Betriebe besser zusammenbringen
4. Alle Potentiale erschließen
5. Neue Ausbildungsplätze und neue Ausbildungsbetriebe gewinnen
6. Übergangssystem neu strukturieren und effizienter gestalten
7. Datenlage verbessern (vgl. BWT 2010).

---

[68] vgl. hierzu *Deißiger, Thomas*: Beruflichkeit als Zusammenhang. Ein Vergleich mit England. ZfP – 40. Beiheft 1999, S. 189–207; *Herz, Gerhard; Jäger, Angelika*: Module in der Berufsbildung oder des Kaisers neue Kleider? BWP 27 (1998), Heft 1, S. 14–20

Die bildungspolitische Dimension 147

Auf dem *Bildungsgipfel* am 22.10.2008 in Dresden hatten Bund und Länder die Qualifizierungsinitiative für Deutschland „Aufstieg durch Bildung" beschlossen. Bund und Länder haben folgende Leitsätze vereinbart:

1. Aufstieg durch Bildung
2. Bessere Bildung von Anfang an
3. Sprache als Schlüssel zur Bildung
4. Mint-Fächer stärken
5. Mehr Ausbildungschancen für Schülerinnen und Schüler
6. Berufliche Bildung und Qualifizierung stärken
7. Akademische Bildung für die Innovationskraft Deutschlands sichern
8. Lebenslanges Lernen
9. Unternehmerische Verantwortung für die Ausbildung und Weiterqualifizierung der Fachkräfte
10. Bildung, Ausbildung und Qualifizierung in der bundesstaatlichen Ordnung (vgl. hierzu Die Bundesregierung/Die Regierungschefs der Länder 2008, S. 4 ff.).[69]

Ausbildungsbeteiligung und Sicherung des Fachkräftenachwuchses stehen im Zusammenhang mit den großen Herausforderungen für das Bildungswesen aufgrund des demografischen Wandels und dem sich abzeichnenden Fachkräftebedarf in den kommenden Jahren (vgl. KMK – Das Bildungswesen 2013, S. 292).

5.5 Die Leistungsfähigkeit des Bildungswesens

5.5.1 Ausbildungsfähigkeit der Jugendlichen

Die große Bedeutung des beruflichen Bildungswesens für die *Leistungsfähigkeit der Arbeitskräfte* und für das gesamte Wirtschaftsgeschehen ist unübersehbar. Es muss aber darauf hingewiesen werden, dass das berufliche Bildungswesen auf dem allgemeinen Bildungswesen aufbaut und daher bereits die Leistungsfähigkeit des allgemeinen Bildungswesens für das berufliche Bildungswesen relevant ist (siehe Übersicht 10).

---

[69] vgl. hierzu KMK/GWK: Aufstieg durch Bildung, Die Qualifizierungsinitiative für Deutschland. (Bericht zur Umsetzung 2012) Berlin/Bonn 2012

Übersicht 10:

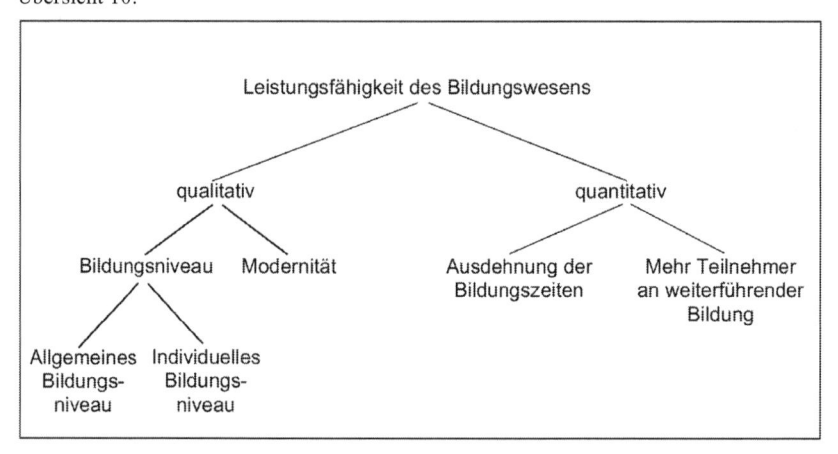

```
                    Leistungsfähigkeit des Bildungswesens
                    /                                    \
              qualitativ                              quantitativ
              /      \                                /          \
     Bildungsniveau  Modernität              Ausdehnung der    Mehr Teilnehmer
         /    \                               Bildungszeiten   an weiterführender
                                                                    Bildung
  Allgemeines  Individuelles
  Bildungs-    Bildungs-
  niveau       niveau
```

Die Leistungsfähigkeit des Bildungswesens wird durch die PISA-Studien, andere Studien, Politiker und Vertreter der Wirtschaft kritisiert. Institutionell wird hinsichtlich des allgemeinen Schulwesens seine *Dreigliedrigkeit* und die frühe Differenzierung nach der Grundschule in das weiterführende Schulsystem kritisiert. Insbesondere wird die große Zahl von Abgängern ohne Hauptschulabschluss in den Blick genommen. Im Jahr 2012 waren 47.648 Abgänger der allgemeinbildenden Schulen ohne Hauptschulabschluss; davon entfielen 11.031 Abgänger auf Hauptschulen und 26.933 auf Förderschulen (vgl. Stat. Bundesamt 2013, S. 323). In einer Online-Umfrage *„Ausbildung 2013"* des DIHK, an der 15.002 Unternehmen beteiligt waren, wurde eine bessere schulische Vorbildung gefordert und Defizite in elementaren Rechenfertigkeiten und bezüglich des mündlichen und schriftlichen Ausdrucksvermögens bei Bewerbern um Ausbildungsstellen festgestellt. Als Ausbildungshemmnis Nr. 1 haben 75% der befragten Unternehmen die mangelnde *Ausbildungsreife* herausgestellt. Auch die häufig unklaren Berufsvorstellungen von Ausbildungsbewerbern wurden beklagt und daher die Berufsorientierung von 53% der befragten Unternehmen als mangelhaft eingestuft! Von 23% der Befragten wurde die lange Dauer des Berufsschulbesuchs als Ausbildungshemmnis angesehen (vgl. DIHK 2013, S 26 ff.).

Das BIBB hat Fachleute der beruflichen Bildung im Rahmen eines Expertenmonitors mit der Ausbildungsreife befasst, wobei mit *Ausbildungsreife, verstanden als Ausbildungsfähigkeit*, nur solche Aspekte in Betracht kommen, die bereits vor Antritt einer Ausbildung vorhanden sein müssen.[70] Auch bei dieser Befragung

---

[70] vgl. hierzu *Dobischat, Rolf; Kühnlein, Gertrud; Schurgatz, Robert*: Ausbildungsreife – Ein umstrittener Begriff beim Übergang Jugendlicher in eine Berufsausbildung. (Arbeitspapier 189 Hans-Böckler-Stiftung) Düsseldorf 2012

Die bildungspolitische Dimension   149

wurden die elementaren Kulturtechniken hervorgehoben und für die Ausbildungsreife als unerlässlich angesehen. Ferner werden allgemeine Arbeits-, Leistungs- und Sozialtugenden für die Ausbildungsreife als wichtig erachtet (vgl. *Euler/ Reemtsma-Theis* 1999, S. 168–198). Allerdings sind sich die Berufsausbildungsexperten nicht einig, inwieweit das Problem der mangelnden Ausbildungsreife übertrieben wird bzw. von der schwierigen Ausbildungsstellensituation mit Klagen über die fehlende Ausbildungsreife abgelenkt werden soll.[71] Schließlich muss auch noch bedacht werden, dass in den letzten Jahren in der Arbeitswelt die Verhältnisse komplexer geworden sind und die Qualifikationsanforderungen sich nicht nur stark verändert, sondern auch erhöht haben (vgl. *Ehrenthal/Eberhard/Ulrich* 2005). Probleme bei der Rekrutierung von Auszubildenden ergeben sich nicht nur bezüglich der mangelhaften Ausbildungsreife, sondern auch hinsichtlich nur wenig nachgefragter Ausbildungsberufe. So hatten 2012 z. B. folgende Berufe einen hohen Anteil von unbesetzten Ausbildungsplätzen: Restaurantfachmann 29,8 %, Fleischer 24,9 %, Fachverkäufer im Lebensmittelhandwerk 22,2 % und Fachmann für Systemgastronomie 21,0 % (vgl. BMBF Berufsbildungsbericht 2013, S. 34). Offensichtlich spielt beim Berufswahlverhalten ein vermeintlich oder wirklich schlechtes Image eine große Rolle (vgl. *Eberhard/Scholz/Ulrich* 2009, S. 9 f.). Angesichts der demografischen Entwicklung wird man den Ausbildungsberufen mit einem hohen Überhang an unbesetzten Ausbildungsstellen besondere Aufmerksamkeit widmen müssen.[72]

Im Zusammenhang mit dem *„Nationalen Pakt für Ausbildung und Fachkräftenachwuchs in Deutschland"* wurde ein Expertenkreis gegründet, der einen *„Kriterienkatalog für die Ausbildungsreife"* erarbeiten sollte. Der vorgelegte Kriterienkatalog unterscheidet Definitionen und Abgrenzungen von *„Ausbildungsreife"*, *„Berufseignung"* und *„Vermittelbarkeit"*. Die Ausbildungsreife wurde wie folgt definiert:

---

[71] vgl. hierzu *Schanz, Heinrich*: Die Problematik der Berufsreife bzw. Ausbildungsreife. In: *Bonz, Bernhard; Gidion, Gerd* (Hrsg.): Institutionen der beruflichen Bildung. (Diskussion Berufsbildung Bd. 7) Baltmannsweiler: Schneider 2008, S. 71–86

[72] vgl. hierzu *Troltsch, Klaus; Gerhards, Christian; Mohr, Sabine*: Vom Regen in die Traufe? Unbesetzte Ausbildungsstellen als künftige Herausforderung des Ausbildungsmarktes. BIBB-Report 19/12

> „Eine Person kann als ausbildungsreif bezeichnet werden, wenn sie die allgemeinen Merkmale der Bildungs- und Arbeitsfähigkeit erfüllt und die Mindestvoraussetzungen für den Einstieg in die berufliche Ausbildung mitbringt. Dabei wird von den spezifischen Anforderungen einzelner Berufe abgesehen, die zur Beurteilung der Eignung für den jeweiligen Beruf herangezogen werden (Berufseignung). Fehlende Ausbildungsreife zu einem gegebenen Zeitpunkt schließt nicht aus, dass diese zu einem späteren Zeitpunkt erreicht werden kann" (BA 2009, S. 13).

Der Kriterienkatalog wurde aus der Sicht der Experten auf unverzichtbare Kriterien (*Mindeststandards*) ausgerichtet und folgende Merkmale unterschieden:

„Schulische Basiskenntnisse
Psychologische Leistungsmerkmale
Physische Merkmale
Psychologische Merkmale des Arbeitsverhaltens und der Persönlichkeit
Berufswahlreife" (BA 2009, S. 17).

Für jeden Merkmalsbereich wurden unverzichtbare Basismerkmale festgelegt und mittels Kategorien erläutert (vgl. BA 2009, S. 17f.).

5.5.2 Ausbildungsfähigkeit der Betriebe

Der Ausbildungsreife der Bewerber um betriebliche Ausbildungsstellen muss auch die Frage der *Ausbildungsfähigkeit* der Unternehmen bzw. der Betriebe gegenübergestellt werden.

Eine *Beurteilung der Ausbildungsfähigkeit der Unternehmen* bzw. der Betriebe bietet der von der DGB-Jugend herausgegebene *„Ausbildungsreport 2012"*. An einer schriftlichen Befragung beteiligten sich 12.039 Auszubildende aus den 25 am stärksten besetzten Ausbildungsberufen (vgl. DGB 2012, S. 4). Wenn die Auszubildenden mit ihrer Ausbildung zufrieden sind und keine Probleme anführen, dann ist dies sehr erfreulich, sollte aber eigentlich selbstverständlich sein. Es ist aber leider nicht zu übersehen, dass es eine Reihe von ernstzunehmenden gravierenden Beschwerden bezüglich Missständen und Problemen bei der Ausbildung in bestimmten Betrieben gibt. Hierzu sind zunächst die vorzeitigen Ausbildungsvertragslösungen zu sehen, die zwar nur zu Ausbildungsabbrüchen führen, wenn die Betroffenen keine neue Ausbildung anschließen und ungelernt bleiben.

Im Jahr 2011 wurden bundesweit 149.760 Ausbildungsverträge vorzeitig gelöst (Lösungsquote 24,4%). Sehr hohe Vertragslösungsquoten mit bis zu 51% zeigen

Die bildungspolitische Dimension 151

die Ausbildungsberufe des Hotel- und Gaststättengewerbes. Die Ausbildungsberufe Verwaltungsfachangestellter (3,7 %), Fachangestellter für Medien- und Informationsdienste (4,1 %) sowie Elektroniker (4,8 %) weisen sehr niedrige Lösungsquoten aus (vgl. BMBF-Berufsbildungsbericht 2013, S. 35 f.). Während 2011 in der Probezeit 33,7 % vorzeitige Vertragslösungen erfolgten, müssen die 66,7 % Vertragslösungen nach der Probezeit problematisch eingestuft werden (vgl. BIBB-Datenreport 2013, S. 182).

Von den befragten Auszubildenden des DGB-Ausbildungsreports 2012 gaben 13 % an, bereits einen *Ausbildungsabbruch* hinter sich zu haben, wobei neben persönlichen Gründen Konflikte mit Ausbildern oder Betriebsinhabern im Umfang von 44,3 % und andere Vorstellungen vom Ausbildungsberuf zu 28,9 % auslösend waren (vgl. DGB 2012, S. 44). Nachstehend einige Ergebnisse der 18.649 befragten Auszubildenden aus den 25 am stärksten besetzten Ausbildungsberufen des DGB-*Ausbildungsreports 2013*. Hinsichtlich der fachlichen Anleitung geben 6,9 % der befragten Auszubildenden an, keinen Ausbilder an ihrer Arbeitsstelle zu haben, und bei 10 % der Auszubildenden ist der Ausbilder selten bis nie präsent. Die fachliche Qualität der Ausbildung im Betrieb beurteilen 6,7 % der Auszubildenden noch ausreichend und 3,4 % für mangelhaft. In Kleinbetrieben mit 1–20 Mitarbeitern sind 8,9 % der Auszubildenden *„unzufrieden"* oder *„sehr unzufrieden"*. Der Berufsschulunterricht wird nicht generell auf die Arbeitszeit angerechnet. *Manchmal/selten* müssen 11,3 % und *immer/häufig* 5,0 % der Befragten die Zeiten des Berufsschulunterrichts nacharbeiten, während 5,4 % der Befragten die Berufsschulzeit *„immer"* oder *„häufig"* nacharbeiten müssen (vgl. DGB 2013, S. 9. ff.). Die Ergebnisse des Ausbildungsreports werden durch 16 Fälle des DGB *„Online-Beratungsforum Dr. Azubi"* ergänzt. Das Beratungsangebot für Auszubildende ist kostenlos und nicht an eine DGB-Mitgliedschaft gebunden. Die Fälle, die in den Ausbildungsreporten und im Archiv[73] des Dr. Azubi vorgestellt werden, sind teilweise erschütternd (vgl. DGB 2013, S. 57 ff.).

Wenn man von der großen Bedeutung einer qualifizierten Ausbildung für das Beschäftigungssystem, die Gesellschaft und die Perspektiven der Auszubildenden ausgeht, dann sind gravierende Probleme und Missstände in einzelnen Ausbildungsbetrieben sehr ernst zu nehmen. Die Kammern als die zuständigen Stellen sind gefordert, ihre *Überwachungs- und Beratungsfunktion* gemäß § 76 BBiG bzw. § 41 HwO verstärkt wahrzunehmen, um die Ausbildungsfähigkeit der ausbildenden Betriebe zu steigern, Missstände und berechtigte Beschwerden bezüglich der betrieblichen Ausbildung zu verfolgen und zu begrenzen.

---

[73] siehe hierzu http://www2.dgb-jugend.de/ausbildung/online-beratung/archiv

5.5.3 Effektivität und Effizienz des Bildungswesens

Kritik am Bildungswesen betrifft letztlich auch die Qualität der Leistungsfähigkeit von Bildungseinrichtungen. Es können *Inputqualität, Prozessqualität* und *Output-Outcomequalität* unterschieden werden (vgl. *Euler* 2005, S. 24f.). Da Qualität sich verändern kann, muss die Qualitätsentwicklung in der Schule in regelmäßigen Abständen durch Evaluationen ihre Wirklichkeit mit dem angestrebten Soll-Zustand vergleichen und aus den Ergebnissen Veränderungs- und Entwicklungsprozesse ableiten (vgl. *Döbber* 2006, S. 11). Fragen der Qualität des Bildungswesens betreffen auch seine *Effektivität* und *Effizienz*. Effektivität und Effizienz institutioneller Bildungsangebote sind mit den jeweiligen Funktionsaufträgen verknüpft (vgl. *Zlatkin-Troitschanskaia* 2006, S. 237f.). „Während ... die Effektivität Ziele und Ergebnisse (Outcome) vergleicht, setzt Effizienz Inputs und Ergebnisse ins Verhältnis" (*Zlatkin-Troitschanskaia* 2006, S. 189).

> Beim Wirkungsgrad der deutschen Schulen fällt neben Leistungsdefiziten der Schüler auf, dass eine große Zahl von Schülern ihre Schullaufbahn nicht erfolgreich abschließt, sich soziale Unterschiede im Bildungsverlauf reproduzieren und Kinder mit Migrationshintergrund überproportional an Hauptschulen vertreten sind.

Im Jahr 2012 waren nach dem Ende der Vollzeitschulpflicht 47.648 Schüler ohne Hauptschulabschluss. Zwar sind in den letzten 40 Jahren viele Bildungsreformen durchgeführt worden, die aber nicht oder zu wenig an ihrer *Effektivität* gemessen wurden. Im Hinblick auf die Leistungsfähigkeit der Institution Schule bzw. des Bildungswesens muss auch der *bildungsökonomische Aspekt* beachtet werden.[74] Es stellt sich die Frage, inwieweit die aufgewandten finanziellen Mittel effizient sind. Die *„Neue Institutionenökonomie"* unterzieht Institutionen arbeits-ökonomischen Analysen und versucht Struktur, Verhaltenswirkungen, Effizienz und Wandel der Institutionen zu erklären (vgl. *Ebers/Gotsch* 2002, S. 199). Die Schule als legalisierte Institution des Staates, die bürokratisch strukturiert ist, und die Lehrer mit dem Beamtenstatus, deren Gehorsam die Erwartbarkeit ihrer Leistungen sicherstellt, entspricht nicht den Anforderungen an eine moderne Schule. Zwar sind Bürokratien nach *Max Weber* doppelt rational, und zwar auf Grund der Struktur als das

---

[74] Beicht, Ursula; Walden, Günter: Kosten-Nutzen-Relation in der betrieblichen Berufsausbildung. In: Krekel, Elisabeth M.; Walden, Günter (Hrsg.): Zukunft der Berufsausbildung in Deutschland: Empirische Untersuchungen und Schlussfolgerungen. (Berichte zur beruflichen Bildung Heft 273) Bonn: Bertelsmann 2004, S. 34–48

Die bildungspolitische Dimension 153

zweckmäßigste Instrument für eine kollektive Leistungserstellung und zur Ausübung von Herrschaft als Chance für Befehle, bei einer Gruppe von Menschen Gehorsam zu fordern (vgl. *Niederberger* 1984, S. 2f.; *Weber, M.* 1972, S. 122). Die Zweckrationalität der Bürokratie reicht aber für die Institution der Schule im Zeichen eines dynamischen Wandels nicht aus. Die in der Schule zu erfüllenden Aufgaben sind als *Sollleistung* zu verstehen. Aus pädagogischen Gründen sind Aufgabendifferenzierungen im Blick auf die Individualität der Schüler nicht auszuschließen, aber hinsichtlich der Lernergebnisse *Mindeststandards* einzuhalten (vgl. *Bessoth* 1987, S. 23ff.). Reformen[75] des Schulwesens müssen auf mehreren Ebenen ansetzen, wobei eine größere *Autonomie der Schulen* und eine stärkere *Beteiligung der Lehrkräfte* erforderlich sind. Folgende Ebenen lassen sich unterscheiden:

- *Ebene der Lehrplanentwicklung und -gestaltung* (Makroebene): Hier geht es um die von der Leitung einer Bildungsinstitution festzulegenden Leitideen und curricularen Vorgaben sowie organisatorische Rahmenbedingungen.
- *Ebene der Schulorganisation* (Mesoebene): Unter Beteiligung der Lehrkräfte ist die gestaltende Planung der Lehr-Lernprozesse unter Berücksichtigung organisatorischer Fragen vorzunehmen.
- *Ebene der Durchführung von Lehr-Lernprozessen* (Mikroebene): Auf der Mikroebene geht es um Auslösung und Realisierung von Lernprozessen durch die Lehrkräfte (vgl. *Sloane* 2001, S. 191f.; *Dubs* 2001, S. 50ff.).

Die Schulen bzw. Bildungseinrichtungen müssen sich stärker am *Output* orientieren. Die *Evaluierung* von Bildungseinrichtungen kann sich nicht nur auf die Erreichung der Lernziele beschränken, sondern auch die Effektivität der Lehrmethoden und der organisatorischen Abläufe müssen erfasst werden, um die „*Bildungserträge*" zu steigern und zu sichern. Es wäre aber verfehlt, durchschnittliche Schülerleistungen zum zentralen Effektivitätsindikator für eine einzelne Schule zu machen, denn eine *Output-Orientierung* verlangt nach einer klaren kausalen Zuschreibung von Output-Erfolg oder –Misserfolg (vgl. *Leschinsky/Cortina* 2003, S. 46ff.). Bundesweit geltende *Bildungsstandards*[76] können dazu beitragen, die Vergleichbarkeit und die Einheitlichkeit der Bildungserträge zu sichern.

Bezüglich der *Bildungserträge* bzw. Bildungsrendite stellt sich auch die Frage nach der Effizienz der eingesetzten finanziellen Mittel. „Die Bildungsrendite der Hochqualifizierten wurde 2007 für Akademiker mit 7,5% und für Meister und Techniker

---

[75] vgl. hierzu *Dubs, Rolf*: Schulinnovationen, Schulentwicklung und Leadership. In: *Bredow, Antje; Dobischat, Rolf; Rottmann, Joachim* (Hrsg.): Berufs- und Wirtschaftspädagogik von A – Z. (Diskussion Berufsbildung Bd. 4) Baltmannsweiler: Schneider 2003, S. 335 – 352

[76] vgl. hierzu BMBF (Hrsg.): Zur Entwicklung nationaler Bildungsstandards. Eine Expertise. Berlin 2003

mit 8,3 % angegeben" (iwd 38 / 2010, S. 6 f.).⁷⁷ Da eine Gesamtstatistik für Berufsausbildungsausgaben nicht besteht, muss auf verschiedene finanzstatistische Datenquellen zurückgegriffen werden. Im Jahr 2012 wurden für die Finanzierung der beruflichen Schulen ohne die Fachschulen 8 Mio. € aufgewandt. Das BMBF setzte für die berufliche Bildung 274 Mio. € ein. Die berufsbildungsbezogenen Ausgaben der Bundesagentur für Arbeit betrugen 3,339 Mrd. €. Die Betriebe hatten für die Ausbildung im dualen System Nettokosten in Höhe von rund 5,6 Mrd. € (vgl. BIBB-Datenreport 2013, S. 278 ff.).

5.5.4 Bedeutung und Probleme des beruflichen Bildungswesens

Das berufliche Bildungswesen berührt viele Bereiche. Im Rahmen der Wirtschaftsprozesse spielen die Produktionsfaktoren eine wichtige Rolle, wobei dem *Faktor Arbeit* zentrale Bedeutung zukommt. Für die Gestaltung der Wirtschaftsprozesse auf Dauer gesehen ist nicht nur die Leistungsfähigkeit der beruflichen Nachwuchskräfte, sondern auch die Erhaltung und Steigerung der Leistungsfähigkeit der bereits ausgebildeten Mitarbeiter relevant. Im gesamtwirtschaftlichen Leistungsprozess nimmt die menschliche Arbeitsleistung nicht nur eine gegenwartsbezogene, sondern auch eine zukunftsgerichtete Stellung ein. Eine Berufsausbildung kann sich daher nicht nur auf aktuelle Qualifikationsanforderungen beschränken, sie muss sich auch auf künftige, noch nicht übersehbare Anforderungen einstellen. Künftige Anforderungen können durch die Vermittlung so genannter *Schlüsselqualifikationen* bzw. überfachlicher Qualifikationen und durch berufliche Weiterbildung bewältigt werden. Darüber hinaus ist zu beachten, dass die Qualifikationsanforderungen sich nicht mehr nur auf die Fähigkeit zum Ausführen definierter Aufträge beschränken, sondern die *Fähigkeiten zum selbständigen Planen, Durchführen und Kontrollieren der Arbeit* verlangen, wobei auch der *Kommunikationsfähigkeit* und der *Selbstlernfähigkeit* wachsende Bedeutung zukommt. Dies bedeutet, vollständige Handlungsvollzüge zu bewältigen und Tätigkeitsstrukturen mitzugestalten (vgl. *Nickolaus* 2000, S. 191). Übersicht 11 zeigt die Bedeutung des Berufsbildungssystems für den Faktor Arbeit und damit für den Menschen, die Betriebe und die Gesellschaft.

---

[77] vgl. hierzu „Die Bildungsrendite gibt an, mit welchem Prozentsatz sich das während der Ausbildung entgangene Einkommen verzinst" (iwd 38 / 2010, S. 6)

Die bildungspolitische Dimension 155

Übersicht 11:

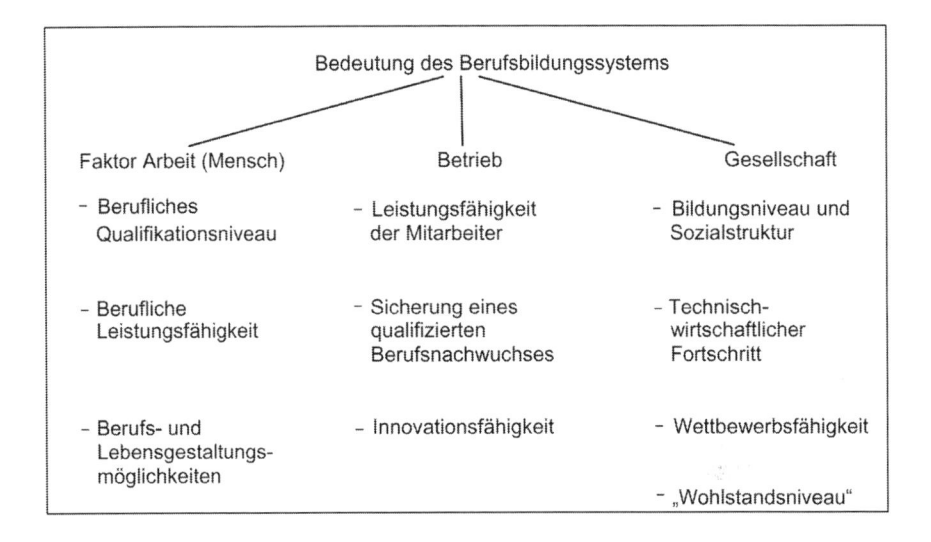

Bedeutung des Berufsbildungssystems		
Faktor Arbeit (Mensch)	Betrieb	Gesellschaft
– Berufliches Qualifikationsniveau	– Leistungsfähigkeit der Mitarbeiter	– Bildungsniveau und Sozialstruktur
– Berufliche Leistungsfähigkeit	– Sicherung eines qualifizierten Berufsnachwuchses	– Technisch-wirtschaftlicher Fortschritt
– Berufs- und Lebensgestaltungsmöglichkeiten	– Innovationsfähigkeit	– Wettbewerbsfähigkeit
		– „Wohlstandsniveau"

Die Bedeutung des beruflichen Bildungswesens, insbesondere der beruflichen Schulen, muss neben dem Erwerb von beruflichen Abschlüssen auch im Erwerb bzw. der Zuerkennung von *allgemeinbildenden Abschlüssen* gesehen werden. Tabelle 18 zeigt die Größenordnungen der erworbenen allgemeinbildenden Abschlüsse an *berufsqualifizierenden Schulen* auf. Es wird ersichtlich, dass die berufsbildenden Schulen gegenüber den allgemeinbildenden Schulen eine gewisse *Nachholfunktion* wahrnehmen. *Manfred Horlebein* wies darauf hin, dass eines von zwei Hauptmotiven für die Gründung eigenständiger kaufmännischer Lehrlingsschulen in der ersten Hälfte des 19. Jahrhunderts die Unzulänglichkeit schulischer Vorbildung kaufmännischer Lehrlinge war (vgl. Horlebein 1991, S. 130 f.). Hervorzuheben sind auch die *studienqualifizierenden beruflichen Schulen*, die im Schuljahr 2012/13 über 114.000 Absolventen mit Studienberechtigung vorweisen konnten (siehe Tabelle 19).

Tab. 18: Absolventen des Schuljahres 2012/13 mit bestandener Abschlussprüfung und zusätzlich erworbenem allgemeinbildenden Abschluss

Schulart	Hauptschulabschluss	Mittlerer Abschluss	Fachhochschulreife	Hochschulreife[1]
Berufsschule	11.832	29.660	1.684	65
Berufsvorbereitungsjahr	14.789	65	–	–
Berufsgrundbildungsjahr	2.263	3.924	–	–
Berufsfachschule	2.488	45.025	44.880	41
Fachschule	–	5.074	18.031	88
Insgesamt	31.372	83.748	64.595	194

[1] Zwischen allgemeiner und fachgebundener Hochschulreife wird nicht unterschieden.
Quelle: Statistisches Bundesamt: Berufliche Schulen. (Fachserie 11 Reihe 2 2012/13) Wiesbaden 2014, S. 500 ff.

Tab. 19: Absolventen der studienqualifizierenden beruflichen Schulen im Schuljahr 2012/13

Schulart	Abschluss Fachhochschulreife	Abschluss Hochschulreife[1]
Fachoberschule	54.050	3.787
Berufsoberschule	7.329	5.364
Fachgymnasien	2.953	42.567
Insgesamt	64.332	51.718

[1] Zwischen allgemeiner und fachgebundener Hochschulreife wird nicht unterschieden.
Quelle: Statistisches Bundesamt: Berufliche Schulen. (Fachserie 11 Reihe 2 2012/13) Wiesbaden 2014, S. 585

Im *Ausbildungsreport 2013* wird die fachliche Qualität in der Berufsschule von 56,9% der befragten 18.649 Auszubildenden mit „gut" oder „sehr gut" eingeschätzt. Dagegen beurteilten 4,8% der befragten Auszubildenden die fachliche Qualität in der Berufsschule mit „mangelhaft". Neben materiellen Mängeln werden die häufigen Unterrichtsausfälle kritisiert (vgl. *DGB-Ausbildungsreport* 2013, S. 29 f.).

Die bildungspolitische Dimension 157

Nicht nur hinsichtlich der Schulen zeigen sich Probleme, die zu lösen sind, sondern auch bei der dualen Berufsausbildung. So ist die unterschiedliche Qualität der betrieblichen und schulischen Ausbildung eine Schwäche des dualen Systems.[78] Auf Grund des Marktcharakters und der einzelbetrieblichen Finanzierung der Ausbildung sind *Fehlsteuerungen* der Ausbildung unübersehbar, da in Zeiten der Ausbildungsstellenknappheit Klein- und Mittelbetriebe teilweise in Berufen ohne Zukunftschancen ausbilden.

Bei den *Erfolgsquoten* der dualen Berufsausbildung sind ebenfalls Defizite erkennbar. Von 531.501 Auszubildenden, die im Jahr 2011 an der Ausbildungsabschlussprüfung teilnahmen, haben insgesamt 89,7 % bestanden, darunter 7,2 % Wiederholer. Im Bereich des Handwerks betrug die Erfolgsquote nur 85,3 %, darunter 9,9 % Wiederholer (vgl. BIBB-Datenreport 2013, S. 196 f.).

Ein weiteres Problem sind die großen Zahlen der *Abbrüche von Berufsausbildungsverhältnissen*. Während die Lösung der Ausbildungsverhältnisse in der *Probezeit* entsprechend dem Sinne der Probezeit akzeptabel erscheint, gilt dies für das 2. und 3. Ausbildungsjahr nicht mehr. Betrachtet man die Gründe für die Ausbildungsabbrüche, wobei im Einzelfall auch mehrere Gründe relevant sein können, so fallen die hohen Anteile der *Konflikte* mit Ausbildern, Meistern und Chefs sowie mit Facharbeitern und Gesellen auf. Auch die mangelnde Vermittlung von Ausbildungsinhalten ist ein häufig genannter Lösungsgrund. Wenn man davon ausgehen muss, dass der *Übergang* von der Schule in die duale Ausbildung und damit in die *Arbeits- und Erwachsenenwelt* im Leben eines jungen Menschen ein zentrales und tief greifendes Ereignis ist, dann dürften größeres Einfühlungsvermögen und verstärkte pädagogische Betreuung zumindest am Anfang der Ausbildung zu weniger Konflikten und zu weniger Ausbildungsabbrüchen führen (vgl. *Jungmann* 2004, S. 171 ff.). Ausbildungsabbrüche müssen differenziert gesehen werden, da nicht jede vorzeitige Lösung endgültig ist. Es ergeben sich Fortsetzungen der Ausbildung durch Berufs- und Betriebswechsel sowie Wechsel in andere Ausbildungswege (vgl. BMBF 2003, S. 96 f.).

In der betrieblichen Ausbildung spielt die Betreuung der Auszubildenden nicht zuletzt zur Vermeidung von Ausbildungsabbrüchen eine wichtige Rolle. Zwei Drittel der befragten Auszubildenden im Ausbildungsreport 2013 geben an, *„immer"* oder *„häufig"* eine gute Betreuung zu erhalten. Dagegen erhalten 17,4 % *„nur manchmal"*, 8,6 % *„nur selten"* und 4,4 % *„nie"* eine Betreuung (vgl. DGB-Ausbildungsreport 2013, S. 27). Vorgenannte ungenügende *Ausbildungsbetreuung* deutet bei den betreffenden Betrieben darauf hin, dass sie ihre Ausbildungspflichten nicht einhalten und für die Ausbildung nicht geeignet sind.

---

[78] vgl. hierzu *Euler, Dieter*: Qualitätsentwicklung in der Berufsausbildung. (Materialien zur Bildungsplanung und zur Forschungsförderung Heft 127) Bonn 2005

Das duale Berufsausbildungssystem bzw. das berufliche Bildungswesen ist immer wieder auf seine Probleme und seine Effizienz[79] hin zu überprüfen sowie auf neue Anforderungen auszurichten. Über eine Dauerbeobachtung der Qualifikationsentwicklung ist eine Früherkennung von Qualifikationserfordernissen möglich, um sich abzeichnende Veränderungen der Berufe und der ihnen zu Grunde liegenden Tätigkeiten zu erfassen (vgl. *Gidion* 2000, S. 9).

5.6 Institutioneller Wandel

5.6.1 Institutionen und Institutionenwandel

Institutionen sind als soziale Einrichtungen zu verstehen, die soziales Handeln in Bereichen mit gesellschaftlicher Relevanz dauerhaft strukturieren, normativ regeln und über Sinn- und Wertbezüge legitimieren (*Pieper* 2000, S. 295). Das *„Institutionelle"* betrifft die Stabilität, da auf Dauer gestellte Strukturierungen stabilisierende Wirkung für menschliches Zusammenleben über die Situationsbedingtheit hinaus haben (vgl. *Göhler* 1977, S. 28). In pädagogischer Sicht lässt sich die *Institutionalisierung des öffentlichen Bildungswesens* durch eine idealtypische Analyse von sechs Strukturmerkmalen institutionalisierten Lernens präzisieren:

(1) raumzeitliche Verselbständigung (spezieller Lernort; Lernen für späteres Leben);
(2) symbolische Vermittlung (Wirklichkeitsersetzung durch Sprache und Schrift);
(3) Zeitbindung (Lernen erfolgt zeitlich strukturiert; Lernen auf Fernziele hin);
(4) professionelle Arbeitsteilung (professionelle Lehrer orientiert an Klienten und am Träger der Bildungseinrichtung);
(5) Organisation (arbeitsteilig und hierarchisch gegliedert; Lehrpläne; Lerngruppen nach Alter, Vorbildung, Zielsetzung);
(6) rechtliche Verpflichtung des Lernens (staatlicher Schulzwang) (vgl. *Herrlitz / Hopf / Titze* 1984, S. 55 ff.).

Institutionen stellen grundsätzliche Regelsysteme dar, in deren Rahmen Aufgaben organisiert werden (vgl. *Fend* 2006, S. 31). Institutionen sind daher Organisationen übergeordnet. Im Zeichen dynamischen sozialen Wandels verändern sich auch Institutionen, obwohl sie eigentlich ein Hort der Stabilität in der Vielfalt sozialer Aktionen und Beziehungen sind, der Kontinuität sichern will. *Phänomene des Institutionenwandels* lassen sich systematisch unter drei Aspekten verorten (vgl. *Göhler* 1977, S. 21 ff.):

---

[79] vgl. hierzu *Lipsmeier, Antonius*: Das System der beruflichen Bildung in der Bundesrepublik Deutschland – seine Vor- und Nachteile im EG-Binnenmarkt. In: *Arnold, Rolf; Lipsmeier, Antonius* (Hrsg.): Betriebspädagogik in nationaler und internationaler Perspektive. Baden-Baden: Nomos 1989, S. 355–373

Die bildungspolitische Dimension

„ – Institutionenwandel als Vorgang: Niedergang und Neugründung von Institutionen;
 – Veränderung des Charakters bestehender Institutionen;
 – Institutionenwandel in der Wahrnehmung: Veränderung sichtbar – Veränderung mehr im Hintergrund;
 – Wirkung des Institutionenwandels: tiefgreifende Umgestaltung der Lebensbedingungen – Änderungen nur an der Oberfläche ('eigentlich hat sich doch nichts verändert')" (*Göhler* 1977, S. 23).

In Bildungsinstitutionen werden Inhalte und Methoden des Lehrens und Lernens im Auftrag externer Instanzen gestaltet und arrangiert, die sich im Zeitablauf in veränderten Organisationsformen niederschlagen können. Erst dann, wenn sich institutionelle Rahmenbedingungen verändern und über den prozessualen Ausführungscharakter der Organisation hinaus gehen, kann man von *Institutionenwandel* sprechen (vgl. *Fend* 2006, S. 31).

Seit Ende des 20. Jahrhunderts und vermehrt in den ersten Jahren des 21. Jahrhunderts kann man gewichtige Veränderungen des institutionellen Charakters des deutschen Bildungs- bzw. Schulwesens – sowohl allgemeine als auch berufliche Schulen – feststellen. Neben bereits erfolgtem Institutionenwandel bestehen auch Reformvorschläge für weitere institutionelle Veränderungen des Schulwesens.

Gerhard Göhler formuliert folgende These: „Institutionenwandel liegt vor, wenn sich die institutionelle Konfiguration in maßgebenden Faktoren verändert. Wandel vollzieht sich in der Zeit, er wird innerhalb eines bestimmten Zeitraums untersucht" (*Göhler* 1977, S. 26).

5.6.2 Strukturveränderungen im allgemeinbildenden Schulwesen

„Das deutsche Schulwesen befindet sich gegenwärtig in einer Phase tief greifender Modernisierung. Veränderte Lernbedürfnisse und -voraussetzungen der Schülerinnen und Schüler einerseits sowie sich ständig wandelnde gesellschaftliche Anforderungen andererseits verlangen neue Konzepte des Lernens – z. B. selbstständiges, individualisiertes oder kooperatives Lernen, jeweils problemorientiert in lebenslangen Lernsituationen" (*Killus/Horstkemper* 2009, S. 371). Folgende institutionalisierte Veränderungen können angeführt werden: Verlängerung der Grundschulzeit, zwölfjähriges, zwölfeinhalbjähriges und dreizehnjähriges Gymnasium, teilweiser Übergang vom dreigliedrigen zum zweigliedrigen Schulwesen, Schulen mit mehreren Bildungsgängen, verlängerte Verweildauer im Schulsystem durch Ganztagsschule, voranschreitende pädagogische Institutionalisierung von Kindheit und

Jugend, Schule übernimmt vormals außerschulische Aufgaben (vgl. *Idel* 2013, S. 152). Darüber hinaus wurde den Schulen eine erweiterte Gestaltungs- und Entwicklungsfreiheit eingeräumt und die *Qualität von Schulen* ergebnisorientiert erfasst und Vergleichen unterzogen (vgl. *Killus/Horstkemper* 2009, S. 371). Mit der erweiterten einzelschulischen Selbstverantwortung ändern sich die Rolle und Funktion der Schulleiter (vgl. *Wagner* 2011, S.84 ff.). Dubs weist darauf hin, dass Schulleiter sowohl Führungskräfte als auch Moderatoren sein müssen (vgl. *Dubs* 1992, S. 455). Mit der Einführung von *nationalen Bildungsstandards*[80] *und der Einrichtung des Instituts zur Qualitätsentwicklung* (IQB) zu deren Überprüfung und Entwicklung wurde ein Paradigmenwechsel im Sinne einer *Ergebnisorientierung des Bildungssystems* eingeleitet (vgl. KMK 2010/11, S. 3). Die Einführung länderübergreifender Bildungsstandards legte die Grundlagen für die Qualitätsentwicklung im Bildungsbereich und für die Entwicklung eines an Kompetenzen orientierten Unterrichts (vgl. KMK Bildungsstandards 2010, S. 7). Im Jahr 2010 wurde in München das *Zentrum für internationale Bildungsvergleichsstudien* (ZIB) gegründet, das im internationalen Vergleich das *Bildungsmonitoring*[81] *sichern soll (vgl. KMK 2010/ 11, S. 3).*

Neben diesen bereits erfolgten institutionellen Veränderungen sind Konzepte wirksam, die zu weiteren institutionellen Veränderungen führen. So werden *Selbstevaluationen* ergänzt durch *externe Evaluationen*, die den Leistungsstand und damit die Leistungsfähigkeit einer Bildungseinrichtung ermitteln. Nicht bloße Bestandsaufnahmen sollen erfolgen, sondern den Beteiligten sollen Ansatzpunkte für Verbesserungsmöglichkeiten aufgezeigt und gegebenenfalls Zielvereinbarungen für Prozesse der Weiterentwicklung aufgezeigt werden (vgl. *Füssel/Leschinsky* 2008, S. 173 ff.).

Tiefgreifende institutionelle und organisatorische Veränderungen im Schulwesen sind mit der *inklusiven Bildung* von Kindern und Jugendlichen mit Behinderungen verbunden. Die erforderlichen Veränderungen orientieren sich an den Vorgaben der *Kinderrechtskonvention der Vereinten Nationen*. Demnach besteht der Anspruch für Kinder und Jugendliche mit sonderpädagogischem Förderbedarf, an allgemeinbildenden und berufsbildenden Schulen und nicht an Sonder- oder Förderschulen beschult zu werden (vgl. KMK 2013, S. 289). Mit der Inklusion soll Menschen mit Behinderung im gleichen Umfang wie Menschen ohne Behinderung die volle und *gleichberechtigte Teilhabe* an der Gesellschaft gesichert werden (vgl. *Biermann/*

---

[80] vgl. hierzu *Wernstedt, Rolf; John-Ohnesorg, Marei* (Hrsg.): Bildungsstandards als Instrument schulischer Qualitätsentwicklung. Berlin 2009

[81] vgl. hierzu KMK (Hrsg.): Gesamtstrategie der Kultusministerkonferenz zum Bildungsmonitoring. (Beschluss der Kultusministerkonferenz vom 2.6.2006) Berlin 2006

Bonz 2012, S. 5). Die Konsequenz von inklusivem Unterricht bedeutet *heterogene Schulklassen* und damit eine weitgehende *Individualisierung des Unterrichts*.

5.6.3 Strukturentwicklungen im Gesamtsystem der Berufsbildung

Institutionelle und organisatorische Veränderungen für die Berufsbildung sind mit der *Inklusion*, der *Kompetenzorientierung* und der *Modularisierung* verbunden. *Inklusive Berufsbildung* als verbindliche Zielvorgabe fragt nicht mehr, inwieweit sie für behinderte Menschen förderlicher ist, die berufliche Kompetenzentwicklung effizienter wird und ob nicht-behinderte Menschen benachteiligt werden (vgl. *Bonz* 2011, S. 140). „Die Neuausrichtung der Berufsbildung muss in Kauf nehmen, dass Heterogenität nicht im Einklang steht mit der bildungspolitischen Forderung nach besonderer Förderung Begabter, weil heterogene Lerngruppen den Lernbeeinträchtigten mehr Unterstützung bieten als nicht beeinträchtigten Lernenden" (*Biermann/ Bonz* 2012, S. 224 f.). Das Thema *Kompetenz* ist verbunden mit dem Begriff Handlungsfähigkeit. Czycholl beschreibt berufliche *Handlungskompetenz* als Zielkategorie beruflichen Lernens und Arbeitens mit den Dimensionen der beruflichen Sach-, Sozial- und Selbstkompetenz (vgl. *Czycholl* 2009, S. 188). Die Kompetenzdiskussion im Zusammenhang mit der Berufsbildung geht über die im allgemeinbildenden Bereich meist fachspezifisch ausdifferenzierte Kompetenzdiskussion hinaus (vgl. *Minnameier* 2013, S. 12).

Die Europäische Kommission tritt für eine verstärkte Implementierung modularer Strukturen ein, was dem in der deutschen Berufsausbildung verankerten Prinzip der beruflich verfassten Arbeit widerspricht (vgl. *Münk* 2006, S. 374). Nach Rützel sind *Module* „in sich abgeschlossene, auf ein Handlungs- bzw. Tätigkeitsfeld bezogene Einheiten, die einzeln zertifizierbar sind" (*Rützel* 2001, S. 211).

> Die Schwierigkeiten beim Übergang von der allgemeinbildenden Schule in eine Berufsausbildung haben in den letzten 20 Jahren im deutschen Berufsbildungssystem stark zugenommen (vgl. *Beicht* 2009, S. 1).

Das Ausbildungsangebot im dualen System der Berufsausbildung ist von 721.825 *Ausbildungsplätzen* im Jahr 1992 auf 584.547 im Jahr 2012 zurückgegangen, während die Zahl der nicht-studienberechtigten Schulentlassenen von 578.054 im Jahr 1992 auf 534.600 im Jahr 2012 zurückgegangen ist. Aufgrund der demografischen Entwicklung wird die Zahl der nicht-studienberechtigten Schulentlassenen weiter abnehmen.

Die wachsende Differenz zwischen Angebot und Nachfrage nach Ausbildungsplätzen hat die Dauer bis zum Einstieg in eine Ausbildung verlängert. Die Ausbildungsanfänger werden auch durch die deutlich längere Dauer bis zum Ausbildungseinstieg immer älter. Das Durchschnittsalter der Auszubildenden hat 1993 noch 18,5 Jahre betragen, während inzwischen das Durchschnittsalter der Auszubildenden mit Neuabschluss des Ausbildungsvertrags 2011 auf 20,0 Jahre angestiegen ist (vgl. BIBB-Datenreport 2013, S. 154 f.).

Die Funktion, erfolglose Ausbildungsplatzbewerber bis zur Aufnahme einer regulären Berufsausbildung zu versorgen, hat das so genannte *Übergangssystem*[82] übernommen (vgl. *Beicht* 2009, S. 3), wobei „die Erfolgswahrscheinlichkeiten des '*Übergangs*' in eine reguläre Berufsausbildung (oder Beschäftigung) gering sind und kaum die 40%-Marke überschreiten" (*Baethge/Solga/Wieck* 2007, S. 51).

> *Baethge* sieht in der starken Expansion des „Übergangssystems" in den letzten 20 Jahren eine der herausragenden und folgenschwersten Strukturverschiebungen im Gesamtsystem der Berufsbildung unterhalb der Hochschulebene und damit institutionelle Veränderungen (vgl. *Baethge* 2008, S. 53).

Während 2005 417.612 Anfänger im Übergangssystem registriert waren, sind es 2012 noch 266.722. Im Jahr 2011 lag die Anfängerzahl im Übergangssystem erstmals unter 300.000 (vgl. BIBB-Datenreport 2013, S. 247).

> Der Bildungsbericht 2006 hat erstmals die Berufsbildung unterhalb der Hochschulebene in die drei Sektoren *duales System der Berufsausbildung, Schulberufssystem* und *Übergangssystem* unterteilt (vgl. Konsortium 2006, S. 79).

Die ersten beiden Sektoren führen zu einem *vollqualifizierenden Ausbildungsabschluss* auf dem Niveau Facharbeiter und Fachangestellter. Die (Aus-)Bildungsangebote des Übergangssystems liegen unterhalb einer qualifizierten Berufsausbildung. Das *Übergangssystem* zielt auf die *Förderung* der individuellen Kompetenzen der Jugendlichen zur Aufnahme einer Ausbildung oder Beschäftigung und teilweise auf das *Nachholen* eines allgemeinbildenden Schulabschlusses (vgl. *Baethge* 2008, S. 53; *Baethge/Wieck* 2008, S. 1 f.).

---

[82] vgl. hierzu *Münk, Dieter; Rützel, Josef; Schmidt, Christian* (Hrsg.): Labyrinth Übergangssystem. Bonn: Pahl-Rugenstein 2008

Die bildungspolitische Dimension

Institutionell umfasst das *Übergangssystem* ein breites Spektrum von unterschiedlichen Angeboten verschiedener Träger (vgl. Baethge 2007, S. 14), so dass man aufgrund der Heterogenität und fehlender Koordination zwischen den Maßnahmetypen eigentlich nicht von einem System sprechen kann (vgl. Autorengruppe 2010, S. 95). Man kann Maßnahmen der Bundesagentur für Arbeit, schulisches Berufsvorbereitungsjahr, teilqualifizierende Berufsfachschulen und die Einstiegsqualifizierung Jugendlicher unterscheiden (vgl. Beicht 2009, S. 2).

In welchem Umfang ist das *Übergangssystem* bzw. der *Übergangsbereich* ein *Chancenverbesserungssystem*?[83] Wird ein höherwertiger Schulabschluss erworben, der vorher nicht vorhanden war, dann ist dies als Chancenverbesserung zu werten. Nach der BIBB-Übergangsstudie 2011 haben 29,3 % der nicht studienberechtigten Jugendlichen nach Beendigung der allgemeinbildenden Schule an mindestens einer Übergangsmaßnahme teilgenommen. Zwei oder mehrere Maßnahmen nacheinander durchläuft ein Fünftel vorgenannter Jugendlicher. Von den Jugendlichen, die ihre (erste) Übergangsmaßnahme bis zum regulären Ende durchlaufen haben, erreichten 30,3 % einen Schulabschluss über ihrem Schulabschluss nach Verlassen der allgemeinbildenden Schule. Von sämtlichen Teilnehmern an einer (ersten) Übergangsmaßnahme münden 42 % innerhalb von sechs Monaten in eine Ausbildung ein. Nach etwa einem Jahr haben 54 % der Jugendlichen eine Ausbildung begonnen und etwa nach drei Jahren sind es 70 %. Allerdings gelingt 30 % der Jugendlichen, die an Übergangsmaßnahmen teilgenommen haben, nicht die Aufnahme einer Ausbildung! Der Werdegang dieses Personenkreises ist als problematisch einzuschätzen (vgl. BIBB-Datenreport 2013, S. 100 ff.).

Die Absolventen bzw. Abgänger vom Übergangssystem sind in großem Umfang an einer Ausbildung im dualen System interessiert, obwohl sie sich bereits einmal für eine Ausbildung beworben haben. Dieser Personenkreis wird zu so genannten *Altbewerbern* neben den Bewerbern, die sich erstmals um eine Lehrstelle bemühen. Für das Berichtsjahr 2011/12 ging man von 162.254 Altbewerbern aus; das waren 31 % sämtlicher gemeldeter Bewerber (vgl. BIBB-Datenreport 2013, S. 88 f.).

Angesichts der Größenordnung der *Disparitäten von Angebot und Nachfrage nach Ausbildungsplätzen* und der Bedeutung einer Berufsausbildung für die Individuen zum Einstieg in das Beschäftigungssystem stellt sich die Frage, inwieweit an der Überzeugung festgehalten werden soll, „der Fachkräftebedarf der Wirtschaft und gleichermaßen die Versorgung der nachwachsenden Generation mit Ausbildungsplätzen sei dadurch sichergestellt, dass die Wirtschaft selbst – konkret die das Dualsystem steuernden Sozialpartner – die Verantwortung für die Berufsausbildung

---

[83] vgl. hierzu *Beicht, Ursula*: Verbesserung der Ausbildungschancen oder sinnlose Warteschleife? BIBB-Report 11/09

übernehmen. Mit dieser Einstellung ist Deutschland innerhalb Europas in einer Außenseiterrolle isoliert" (*Rothe* 2010, S. 122f.). „Institutionalisierung der Berufsbildung verweist darauf, Formen und Ziel der Berufsbildung dauerhaft zu realisieren und ihre Ausformung nicht länger allein der privaten Interpretation 'natürlicher' Berufserziehungsagenturen zu überlassen" (*Stratmann/Pätzold* 1984, S. 114). In diesem Zusammenhang muss darauf hingewiesen werden, dass in Deutschland 56% der Betriebe ausbildungsberechtigt sind, von diesen nur 54% – Stand 2011 – sich an der Ausbildung beteiligen (vgl. *Frei/Janik* 2008, S. 2; BIBB-Datenreport 2013, S. 222f.). Die Berufsbildung ist in Deutschland in der rechtlichen Konstruktion eher als Teil des Arbeitsmarktes als der Bildungspolitik institutionalisiert (vgl. *Baethge* 2008, S. 546). Wenn die Aufgabe, allen Schulabgängern einen Ausbildungsplatz zur Verfügung zu stellen, nicht durch das System der dualen Berufsausbildung erfüllt werden kann, muss der Staat, nicht zuletzt angesichts einer Quote von 14,1% (= 1,39 Mio.) von 20- bis 29-Jährigen ohne Berufsausbildung im Jahr 2010, in erforderlichem Umfang Ausbildungsmöglichkeiten bereitstellen (vgl. *Beicht/Ulrich* 2008, S. 3; BIBB-Datenreport 2013, S. 291).

Die gravierenden Schwächen des Berufsbildungssystems vor allem aufgrund der Unterversorgung mit qualifizierten Ausbildungsplätzen, der Verschärfung der sozialen Ungleichheit und der *Randständigkeit der Berufsschule* sieht *Baethge* als krisenhaft an (vgl. *Baethge* 2008, S. 581). Hierbei spielt die institutionelle Verortung der Berufsbildung mit, die durch die Trennung wesentlicher Zuständigkeiten und Verantwortlichkeiten zwischen Bundeskompetenz einerseits und Bundesländerkompetenz andererseits gekennzeichnet ist (vgl. *Frommberger* 2004, S. 202). „Strukturell ist die Krise einer institutionellen Ordnung dann zu nennen, wenn die regulativen Prinzipien und grundlegenden Organisationsformen der Institution in ein langfristiges Missverhältnis zu den Anforderungen der Außenwelt, denen die Institution genügen soll, geraten bzw. (ohne gravierende Eingriffe) zu geraten drohen" (*Baethge* 2008, S. 581). Das Missverhältnis zeigt sich vor allem bezüglich des Angebots betrieblicher Ausbildungsplätze, die über Marktsteuerung, d.h. nach dem Mechanismus von Angebot und Nachfrage angeboten werden, während die Berufsschule staatlich über Zwang, Anordnung und Finanzierung gesteuert wird (vgl. *Wegge/Weber* 1999, S. 138).

Im Zusammenhang mit der Strukturentwicklung des beruflichen Bildungswesens kommt der Herausbildung von *Berufsbildungsnetzwerken* im Hinblick auf die Modernisierung und Optimierung der Berufsbildung wachsende Bedeutung zu.

Die bildungspolitische Dimension

> „Berufsbildungsnetzwerk bezeichnet ein soziales System bestehend aus einer Menge von (regional wirkenden) Institutionen, die sich mit der Gestaltung und Förderung von (Berufs-)Bildung befassen, und den Verbindungen, die zwischen diesen verlaufen" (*Sailmann/Stender* 2006, S. 129).

Institutionen, die sich zu *Berufsbildungsnetzwerken* verbinden, können z. B. sein: Berufliche Schulen, Überbetriebliche Bildungsstätten, private oder gemeinnützige Träger von Aus- und Weiterbildungseinrichtungen und Arbeitsagenturen. Die institutionellen Beziehungen können auf den Austausch von Wissen, Sachmitteln und Personal gerichtet sein. Auch Aufwands- und Nutzenerwägungen können eine Rolle spielen (vgl. *Sailmann/Stender* 2006, S. 129 f.).

Die von Kreisen der Wirtschaft kritisierte Praxisferne der *vollschulischen Berufsausbildung* kann durch *Simulation* kompensiert werden. Lehrwerkstätten, Lernbüros, Produktionsschulen, Übungsfirmen und Juniorfirmen ermöglichen mit Hilfe *computerbasierter Simulation* reale Arbeitsprozesse für Lernzwecke. Gerade berufstypische Fehlerfälle, die im betrieblichen Ernstfall verhindert werden müssen, können mittels Simulation für Lernprozesse genutzt werden, wobei nicht nur berufliche Kenntnisse und Fertigkeiten erlernt werden, sondern auch Auswirkungen des Handelns erkennbar sind. Wenn Piloten und Betriebs- sowie Wartungspersonal von nuklearen Kraftwerken an Simulatoren ihre Ausbildung erhalten, kann dies auch für andere Ausbildungen fruchtbar sein (vgl. hierzu *Bonz* 2009, S. 128 ff.; *Abele/Gschwendtner/Nickolaus* 2009, S. 252 ff.; *Faber* 2006, S. 443).

5.7 Chancengleichheit und Chancengerechtigkeit

> „Als zentrale Herausforderung an das Bildungssystem wird ein Beitrag zur Verbesserung der Chancengleicheit im Zugang zu und Erwerb von Bildung für alle Gruppen unabhängig von ihrer sozialen und ethnischen Herkunft gesehen" (Autorengruppe 2012, S. 199).

In diesem Zusammenhang wird auch die *Chancengerechtigkeit* angeführt. Der Chancenspiegel versteht als Chancengerechtigkeit der deutschen Schulsysteme, die faire Chance zur freien Teilhabe an der Gesellschaft zu gewährleiten durch eine gerechte Institution Schule, in der Schüler aufgrund ihrer sozialen und natürlichen Merkmale keine Nachteile erfahren durch eine Förderung der Befähigung aller. Nach diesem Verständnis von Chancengerechtigkeit soll die Schule sowohl Nachteile überwinden helfen als auch Potentiale der Schüler entwickeln. Dabei soll Durchlässigkeit der Schulsysteme durch Übergangsmöglichkeiten zwischen den verschiedenen Schulstufen und Schularten ermöglicht werden (vgl. Bertelsmann Stiftung 2013, S. 7 und S. 21).

Versteht man *Chancengleichheit* und *Chancengerechtigkeit* auch als *Startgleichheit* im Hinblick auf Einstiege in allgemeine oder berufliche Bildungsgänge, dann besteht ein erheblicher Handlungsbedarf zur Verbesserung der Ausbildungschancen von jungen Menschen mit *Migrationshintergrund*. Von diesem Personenkreis wurden 2011 11,8% ohne Abschluss aus den allgemeinbildenden Schulen entlassen; und die Ausbildungsanfängerquote betrug 29,8% (ohne Migrationshintergrund 60,2%) (vgl. BMBF-Berufsbildungsbericht 2013, S. 37). Besonderer Förderbedarf besteht auch bei der großen Anzahl von *Ungelernten*. In der Altersgruppe der 25 – 34-Jährigen gibt es knapp 1,5 Millionen junge Menschen, die über keine Berufsausbildung verfügen. Mit der 2013 gestarteten Initiative *„Ausbildung wird was – Spätstarter gesucht"* soll in den nächsten drei Jahren für 100.000 junge Erwachsene eine Weiterbildung mit dem *Ziel Berufsabschluss* in Vollzeit- oder Teilzeitqualifizierung durchgeführt werden (vgl. BMBF-Berufsbildungsbericht 2013, S. 66).

Im Koalitionsvertrag für die 18. Legislaturperiode wird unter Teil 4 „Zusammenhalt der Gesellschaft" die Stärkung des Miteinanders und die Verbesserung der Chancengleichheit herausgestellt. Bezüglich des Bildungswesens ist hervorgehoben, dass ab der Grundschule ein zeitgemäßer Informatikunterricht gefordert wird, die berufliche Bildung weiter gestärkt werden, die Ausbildungsqualität in den Blick genommen und Ausbildungsabbrüchen vorgebeugt werden soll. Die Übergänge zwischen beruflicher und akademischer Bildung sollen unterstützt und durch Brückenangebote beruflich Qualifizierten den Zugang zu einem Hochschulstudium eröffnen (vgl. *Koalitionsvertrag* 2013, S. 26 ff. und S. 96).

Zur Chancengleichheit und Chancengerechtigkeit gibt es auch erfreuliche Entwicklungen, wenn man z. B. an die Zahl der *Studienberechtigten* und *Studierenden* denkt. Im Abgangsjahr 2013 wurden in Deutschland 477.099 Absolventen, davon waren 52,6% weiblich, mit Fachhochschulreife, allgemeiner und fachgebundener Hochschulreife registriert; dagegen waren es im Abgangsjahr 2005 nur 399.659 Absolventen, davon 44,6% weiblich, mit Studienberechtigung (vgl. Stat. Bundesamt, Abgangsjahr 2013, S. 4 und S. 7 ff.). Auch die Zahl der Studierenden ist angestiegen von 2.025742, davon 47,8% weiblich, im Wintersemester 2008/09 auf 2.618.221, davon 47,6% weiblich, im Wintersemester 2013/14 (vgl. Stat. Bundesamt, WS 2013/14, S. 11).

Mit der *Zuerkennung der Studienberechtigung für erfolgreiche Absolventen von Berufsausbildungen* erfolgt nicht nur eine Ausweitung der Studienberechtigten, sondern auch der Studierenden. Dieser Personenkreis hat an ein Studium andere Erwartungen und Ansprüche. Studierende mit einer Berufsausbildung und Berufserfahrungen streben eine Aufstiegsfortbildung und keine akademische Erstausbildung an. Da wissensintensive Güter und Dienstleistungen an Bedeutung gewinnen und die Akademisierung die Basis der Wissensgesellschaft ist, gewinnen theoretisches und wissenschaftliches Wissen und damit entsprechende akademische Berufsgruppen eine Schlüsselstellung für die künftige soziale und ökonomische Entwicklung (vgl. *Henry-Huthmacher* 2013, S. 3; *Hirsch-Kreinsen* 2013, S. 4).

Die *Akademisierung der Berufswelt*[84] ist daher mit einem höheren Bedarf an akademisch ausgebildeten Mitarbeitern verbunden. Nach einer Studie[85] zu den *Bildungsrenditen* waren in Deutschland 2007 5,4 Millionen Akademiker erwerbstätig. Aufgrund der Altersstruktur wird für die Jahre 2013–2017 ein jährlicher Ersatzbedarf von 145.500 und für die Jahre 2018–2022 von jeweils 164.900 Akademikern angenommen. Schätzungen gehen von einem strukturellen Mehrbedarf von jährlich 120.000 Akademikern in den Jahren 2010–2019 aus (vgl. *Anger/Plünnecke/Schmidt* 2010, S. 118ff.).

Man kann aber nicht davon ausgehen, dass sämtliche Arbeitnehmer mit einem Studienabschluss auch mit entsprechend anspruchsvollen Tätigkeiten beschäftigt werden. *Rauner* gibt den Anteil der Hochschulabsolventen in Deutschland, die auch als hochschulqualifiziert beschäftigt werden, mit 89 % an (vgl. *Rauner* 2012, S. 8).

Mit der Bildungsexpansion höherer Bildungs- und Studienabschlüsse verlieren sie ihren *Exklusivcharakter* (vgl. *Georg* 2004, S. 42). *Sontheimer* hat bereits 1970 darauf hingewiesen, dass die quantitative Ausweitung des Studiums nicht mehr bedeutet, studiert und einen akademischen Grad zu haben. Es wird vielmehr darauf ankommen, „wie und wo und was man studiert hat" (*Sontheimer* 1970, S. 29). Herkömmliche elitär eingeschätzte Statuserwartungen werden nicht für alle Absolventen erfüllt werden können (vgl. *Sontheimer* 1970, S. 29). Allerdings entsteht mit der *Exzellenzinitiative* von Bund und Ländern zur Förderung der Spitzenforschung, Graduiertenschulen und Exzellenzclustern der Universitäten für die ausgezeichneten Einrichtungen ein elitärer Charakter, der sich auch auf deren Absolventen auswirkt.[86]

Im Zusammenhang mit der Chancengleichheit darf nicht übersehen werden, dass zwischen *„Gerechtigkeit der Chancen"* und *„Gleichheit der Ergebnisse"* unter-

---

[84] vgl. hierzu *Severing, Eckart; Teichler, Ulrich* (Hrsg.): Akademisierung der Berufswelt? Bonn 2013
[85] vgl. hierzu *Anger, Christiane; Plünnecke, Axel; Schmidt, Jörg*: Bildungsrenditen in Deutschland – Einflussfaktoren, politische Optionen und volkswirtschaftliche Effekte. Köln 2010
[86] vgl. hierzu *Schmoll, Heike*: Die Institution frisst ihre Kinder – Warum die Exzellenzinitiative Elitebildung verhindert. Forschung & Lehre 2/08, S. 76–78

schieden werden muss (vgl. *Husén* 1978, S. 116). *Hegelheimer* wies darauf hin, dass verbesserte Chancen für alle zwangsläufig zu verminderten Chancen für jeden führen (vgl. *Hegelheimer* 1978, S. 61)! Das Postulat einer zu generell verstandenen Chancengleichheit findet nach *Dubs* „seine Grenzen an der Pyramidenstruktur einer jeden Gesellschaft, was heißt, dass die Spitze in allen Lebensbereichen eng ist. Deshalb bleibt das Postulat nach Chancengleichheit im Sinne von Erfolgsgleichheit mit jedem noch so guten Bildungssystem unerreichbar" (*Dubs* 1978, S. 46). *Chance*, verstanden als Möglichkeit, kann von einzelnen Menschen durch vielseitiges lebenslanges Lernen – auch selbstorganisiertes Lernen – beeinflusst werden. Grenzen für Chancen und *Chancen-Wahrnehmung* sind aber nicht auszuschließen.

Im Hinblick auf die Wahrnehmung gewünschter und möglicher Chancen in der Arbeitswelt ist bei der jüngeren Generation eine Relativierung traditioneller Werte zu beobachten, die vor allem bei den beiden jüngsten Generationen in Spannungsfeldern erkennbar wird (vgl. *Rump* 2009, S. 10).

Übersicht 12: Spannungsfelder der jüngeren Generation

Lebensgenuss	◄►	Leistungsorientierung
Familie und Freizeit	◄►	Beruf
Individualisierung	◄►	Orientierung an gemeinsamen Zielen
Suche nach neigungsgerechten, herausfordernden Aufgaben und Entwicklungschancen / Sinn der Arbeit	◄►	Suche nach Beständigkeit

Quelle: Rump, Jutta: Quo Vadis Personalpolitik? – Die Arbeitswelt im Umbruch. In: Kuratorium der Deutschen Wirtschaft für Berufsbildung (KWB) (Hrsg.): Demographischer Wandel und Fachkräftebedarf. Bonn 2009, S. 7–15

Jutta Rump berichtet von einer Studie mit mehr als 1.000 Studierenden im Hauptstudium, für die klassische Karriereziele ausgedient haben. Nur für 55% der Befragten wird eine Führungsposition mit entsprechender Verantwortung angestrebt und lediglich 42% träumen von einem hohen Einkommen (vgl. *Rump* 2009, S. 15)!

Zusammenfassung zum Kapitel 5

Auf die *Bildungspolitik*, insbesondere die *Berufsbildungspolitik*, nehmen verschiedene Verbände und Gruppierungen Einfluss. Dieser Einfluss kann ambivalente Wirkungen haben und nötige Entscheidungen verzögern. Das Einbringen verschiedener Sacheinwände kann aber auch förderlich sein.

Aufgrund der föderalistischen Struktur der Bundesrepublik sind die Länder für das Schulwesen zuständig. Es bestehen daher viele länderspezifische Regelungen, die nach Landtagswahlen oder Regierungswechseln häufig verändert werden und damit die Transparenz erschweren. Wegen der „Kurzlebigkeit" und „Vielfalt" der Länderregelungen im Schulwesen werden nur einige länderspezifische Besonderheiten angeführt.

Jede Bildung ist polar im Sinne von *„Allgemeinerem"* und *„Speziellerem"*. Dies gilt sowohl für die allgemeine als auch die berufliche Bildung. Allgemeine Bildung wurde vielfach als zweckfreie Bildung gegenüber der zweckbetonten beruflichen Bildung höher bewertet. In diesem Zusammenhang sind auch Bildungsdefinitionen relevant. Mit der Forderung nach Gleichwertigkeit von allgemeiner und beruflicher Bildung soll eine Gleichwertigkeit erreicht werden, obwohl keine Gleichartigkeit besteht. Dies bedeutet z. B., dass ohne Absolvierung eines gymnasialen Bildungsganges nur durch berufliche Bildung eine Studienberechtigung erreicht werden kann.

Im Hinblick auf die Verwirklichung des Ziels eines *„Europäischen Bildungsraumes"* kann europäische Berufsbildungspolitik als Instrument der Wirtschaftspolitik verstanden werden. Ausgangspunkt einer verstärkten europäischen Zusammenarbeit in der beruflichen Aus- und Weiterbildung war die Kopenhagener Erklärung vom 30.11.2002, die sich mit der Transparenz, Anerkennung und Qualität von Kompetenzen und Qualifikationen der beruflichen Bildung befasste (vgl. ZDH 2013, S. 3). Im Jahr 2004 haben die für die Berufsbildung zuständigen Minister aus 32 europäischen Staaten, die europäischen Sozialpartner und die Europäische Kommission im Kommuniqué von Maastricht eine verstärkte Zusammenarbeit in der Berufsbildung vereinbart.

Die europäische Berufsbildungspolitik sieht die Förderung des lebenslangen Lernens und damit auch die Anerkennung der non-formalen und in-formellen Lernens (vgl. BMBF 2008, S. 8 ff.), die Qualität und Qualitätssicherung der beruflichen Bildung entsprechend des Bedarfs der Wissensgesellschaft als vordringliche an. Aktuell wird Maßnahmen zur Verminderung der sehr hohen Jugendarbeitslosigkeit in Europa Priorität eingeräumt.

Nachdem die Berufsbildungspolitik zu einem zentralen Politikfeld im Integrationsprozess geworden ist, sind Anpassungen der nationalen Bildungspolitiken unerlässlich.

Hinsichtlich der *Leistungsfähigkeit des Bildungswesens* lassen sich unmittelbar verliehene Zertifikate und erworbene Abschlüsse ermitteln, während sich langfristige Wirkungen als Einstellungen, Verhaltensweisen und schulische Erträge nicht immer eindeutig zuordnen lassen. Letztlich sind schulische Erträge nicht vollständig „bildungsindiziert".

Für eine erfolgreiche Ausbildung müssen Bewerber beim Einstieg über die *Ausbildungsreife* verfügen. Für die Ausbildungsreife, verstanden als Ausbildungsfähigkeit, kommen nur solche Aspekte in Betracht, die bereits vor Antritt einer Ausbildung vorhanden sein müssen, z. B. elementare Kulturtechniken, Leistungs- und Sozialtugenden. Für eine qualifizierte Ausbildung spielen auch die *Ausbildungsfähigkeit* und *Auszubildendenbetreuung* der Betriebe eine zentrale Rolle. Man darf nicht übersehen, dass Tätigkeiten an regulären Arbeitsplätzen an betriebswirtschaftlichen Kriterien und Kalkülen orientiert sind, während lerntheoretische und berufspädagogische Zielsetzungen sich auf personale Entwicklung und berufliche Bildung beziehen (vgl. *Dehnbostel* 2002, S. 368).

Im Hinblick auf die Ausweitung und Bedeutung des Bildungswesens werden zunehmend Fragen der *Effektivität* und *Effizienz* relevant. Es stellen sich Fragen nach der Wirksamkeit, der Qualität und Renditen von Bildungsmaßnahmen (vgl. *Eckert* 2013, S. 71 ff.).

Die Bedeutung der beruflichen Schulen besteht nicht nur in berufsfachlichen Qualifizierungen, sondern auch im Erwerb bzw. der Zuerkennung allgemeinbildender Schulabschlüsse.

Institutionen sind Organisationen übergeordnet. Organisatorische Veränderungen sind aber noch nicht mit Institutionenwandel gleichzusetzen. *Institutionenwandel* liegt erst dann vor, wenn sich die institutionellen Rahmenbedingungen verändern und über organisatorische Regulierungen hinausgehen. Am Beispiel der Berufsschule liegt bei der Organisation des Unterrichts jeweils wöchentlich oder in Blöcken von mehreren Wochen eine organisatorische Regelung vor. Anders ist dies hinsichtlich des Lernfeldkonzepts, das an Stelle von Unterrichtsfächern an der Berufsschule eingeführt wurde. Hier handelt es sich um eine institutionelle Veränderung.

Die *Schulen* stehen vor zwei großen Herausforderungen, die mit institutionellen und organisatorischen Veränderungen verbunden sind. Zunächst geht es um eine gewisse *Autonomie* der einzelnen Schulen, die sich mit größerer Eigenverantwortlichkeit mit der Schul- und Qualitätsentwicklung befassen sollen. Da Qualitätsstandards sich im Zeitverlauf ändern können (vgl. *Ott* 2002, S. 11), sind ständige Bemühungen um ein Noch-besser und Noch-vollkommener unerlässlich (vgl. *Kroh* 1966, S. 223). Die *Inklusion* von behinderten Kindern und Jugendlichen in die allgemeinbildenden und beruflichen Schulen stellt eine weitere Herausforderung für die Schulen dar. Während das deutsche Schulsystem durch Homogenisierung und Normierung gekennzeichnet ist, wird mit der Inklusion Heterogenität entstehen, da die inklusive Förderung von behinderten Schülern Anpassungsleistungen auf die einzelnen Schüler erfordert (vgl. *Wolff* 2011, S. 261 ff.).

Der Gesamtbereich der *Berufsbildung* hat sich neben der Inklusion mit dem *Lernfeldkonzept*, der *Kompetenzorientierung*, der *Modularisierung*, der Qualitätssicherung und der Begrenzung von *Modernitätsrückständen* zu befassen. Hinzu kommt die Problematik des *„Übergangssystems"*, das als Sektor des beruflichen Bildungswesens entstanden ist und nach seiner institutionellen Struktur ein Bild eines Labyrinths (*Münk/Schmidt*) darstellt. Da der Übergangsbereich nur in begrenztem Umfang Übergänge in eine Berufsausbildung ermöglicht, kann er für die am Ausbildungsstellenmarkt gescheiterten Jungendlichen eine Stigmatisierung bedeuten (vgl. *Münk/Schmidt* 2010, S. 19 ff.; *Schmidt* 2013, S. 74). Mit der Entwicklung und Ausbreitung eines Übergangssystems im Rahmen des beruflichen Ausbildungssystems hat sich der Übergang von der Schule in eine Berufsausbildung tiefgreifend verändert.

Chancengleichheit und *Chancengerechtigkeit* muss zunächst als *Startgleichheit* verstanden werden, der durch individuelle Förderung entsprochen werden kann. Chancengleichheit und Chancengerechtigkeit muss aber auch nach einem geglückten oder gescheiterten Start Fördermöglichkeiten eröffnen. Durchlässigkeit des Bildungswesens und vielseitige Möglichkeiten der Nachbildung bzw. Zubildung, unabhängig vom Alter und Werdegang eines Menschen, können zur Chancengleichheit und Chancengerechtigkeit langfristig gesehen beitragen.

Zur Diskussion ...

1. Die Zuständigkeit der Länder für das Schulwesen führt teilweise zu gravierenden Unterschieden, die der Transparenz und der deutschlandweiten Mobilität der Schüler im Wege stehen. Überlegen Sie, welche Probleme sich für einen Schüler ergeben können, wenn er in das Schulwesen eines anderen Bundeslandes wechseln muss.
2. Der „Vertrag über die Arbeitsweise der Europäischen Union" nennt in Artikel 165 als eine Zielsetzung der Gemeinschaft die Entwicklung der europäischen Dimension im Bildungswesen, insbesondere durch Erlernen und Verbreitung der Sprachen der Mitgliedsstaaten. Nennen Sie Möglichkeiten, über das Erlernen der Sprachen hinaus die europäische Dimension zu fördern.
3. Die Strategien der europäischen Bildungspolitik zielen u. a. auf europaweite Mobilität hinsichtlich der Bildungseinrichtungen und der Arbeitsmärkte. Nennen Sie die Vor- und Nachteile der europaweiten Mobilität für Bürger und Arbeitgeber.
4. Eine sehr große Anzahl von Ausbildungsverhältnissen wird vorzeitig aufgelöst. Bedenken Sie Möglichkeiten, Ausbildungsabbrüche zu reduzieren.
5. Die Bevorzugung bestimmter Ausbildungsberufe bei der Berufswahl und das Angebot problematischer Ausbildungsplätze im Zeichen der Knappheit von Ausbildungsstellen können zu Fehlsteuerungen der Ausbildung führen. Worin können diese Fehlsteuerungen bestehen, und was kann zu ihrer Begrenzung getan werden?
6. Beate Scheffler weist darauf hin, dass viele ausbildende Betriebe den Berufsschulunterricht als ein notwendiges Übel ansehen, der die Jugendlichen von der eigentlichen Arbeit abhält (vgl. *Scheffler* 2007, S. 224). Für Baetghe ist die Informatisierung aller Arbeitsbereiche mit dem Trend der Wissensarbeit verbunden mit einer Zunahme theoretischer und analytischer Fähigkeiten, die systematischer Förderung bedürfen (vgl. *Baetghe* 2008, S. 589 f.). Überlegen Sie, was mit „eigentlicher Arbeit" im Zusammenhang mit einer Berufsausbildung zu verstehen ist und was bei der „eigentlichen Arbeit" ein Auszubildender im 1. oder 3. Ausbildungsjahr lernen soll bzw. lernen kann.
6. Bei der Unterscheidung von drei Sektoren des beruflichen Ausbildungssystems wird das „Übergangssystem" besonders kritisch gesehen. Nennen Sie Möglichkeiten, die berechtigten Einwände gegen das Übergangssystem zu vermindern.
7. Die Realisierung von Chancengleichheit und Chancengerechtigkeit erfordert Informationen und Beratung. Nennen Sie Möglichkeiten der Information und Beratung im Hinblick auf die Wahrnehmung der Aus- und Weiterbildungsmöglichkeiten.

Abkürzungsverzeichnis

AFBG	Aufstiegsfortbildungsförderungsgesetz
ASMK	Ergebnisprotokoll der Arbeits- und Sozialministerkonferenz
ANKOM	Anrechnung beruflicher Kompetenzen auf Hochschulstudiengänge
BA	Bundesagentur für Arbeit
BAS	Berufsaufbauschule
BayEUG	Bayerisches Gesetz über das Erziehungs- und Unterrichtswesen
BBiG	Berufsbildungsgesetz
BbSch	Berufsbildende Schule
BEJ	Berufseinstiegsjahr
BFS	Berufsfachschule
BG	Berufliches Gymnasium
BGJ	Berufsgrundbildungsjahr
BIBB	Bundesinstitut für Berufsbildung
BMBF	Bundesministerium für Bildung und Forschung
BMWi	Bundesministerium für Wirtschaft
BOS	Berufsoberschule
bsplus	Schulversuch „Berufsschule Plus – BS+"
BVJ	Berufsvorbereitungsjahr
BWP	Berufsbildung in Wissenschaft und Praxis
BWT	Bundesministerium für Wirtschaft und Technologie
CEDEFOP	Europäisches Zentrum für die Förderung der Berufsbildung
DGB	Deutscher Gewerkschaftsbund
DHBW	Duale Hochschule Baden-Württemberg
DHKT	Deutscher Handwerkskammertag
DIHK	Deutscher Industrie- und Handelskammertag
EU	Europäische Union
EWG	Europäische Wirtschaftsgemeinschaft
FHR	Fachhochschulreife
FOS	Fachoberschule
GPC	Good Practice Center
GWK	Gemeinsame Wissenschaftskonferenz
HBFS	Höhere Berufsfachschule

HIS	Hochschul-Informations-System
HKM	Hessisches Kultusministerium
HRK	Hochschulrektorenkonferenz
HwO	Handwerksordnung
IAB	Institut für Arbeitsmarkt- und Berufsforschung
iwd	iw-dienst Informationen aus dem Institut der deutschen Wirtschaft Köln
KMK	Kultusministerkonferenz
KWB	Kuratorium der Deutschen Wirtschaft für Berufsbildfung
MAIS	Ministerium für Arbeit, Integration und Soziales des Landes Nordrhein-Westfalen
MBJS	Ministerium für Bildung, Jugend und Sport Brandenburg
MKJS	Ministerium für Kultus, Jugend und Sport des Landes Baden-Württemberg
MUK	Bayerisches Ministerium für Unterricht und Kultus
MWK	Hessisches Ministerium für Wissenschaft und Kunst
NA beim BIBB	Nationale Agentur für Europa beim BIBB
SGB	Sozialgesetzbuch
TMBWK	Thüringisches Ministerium für Bildung, Wissenschaft und Kunst
ÜBS	Überbetriebliche Ausbildungsstätte
ÜBU	Überbetriebliche Unterweisung
ÜLU	Überbetriebliche Lehrlingsunterweisung
WMK	Wirtschaftsministerkonferenz
ZBW	Zeitschrift für Berufs- und Wirtschaftspädagogik
ZDH	Zentralverband des Deutschen Handwerks
ZfP	Zeitschrift für Pädagogik
ZFU	Staatliche Zentralstelle für Fernunterricht
ZÜF	Zentralstelle des Deutschen Übungsfirmenrings

Benutzte und weiterführende Literatur

Abel, Heinrich: Berufliches Ausbildungs- und Schulwesen. In: Groothoff, Hermann (Hrsg.): Pädagogik – Das Fischer Lexikon. Frankfurt a. Main: Fischer 1964, S. 17–26

Abele, Stephan; Gschwendtner, Tobias; Nickolaus, Reinhold: Berufliche Handlungskompetenz valide erfassen – computerbasierte Simulationen als innovative Diagnoseinstrumente. BbSch 61 (2009), S. 252–254

Achtenhagen, Frank: Einige Überlegungen zur Entwicklung einer praxisorientierten Fachdidaktik des Wirtschaftslehreunterrichts. Deutsche Berufs- und Fachschule 74 (1978), S. 563–587

Achtenhagen, Frank: Lebenslanges Lernen aus der Sicht des Mastery Learning. In: Achtenhagen, Frank; Lempert, Wolfgang (Hrsg.): Lebenslanges Lernen im Beruf – seine Grundlegung im Kindes- und Jugendalter. Bd. 4: Formen und Inhalte von Lernprozessen. Opladen: Leske und Budrich 2000, S. 123–140

Achtenhagen, Frank: Berufsbildung. In: Speck, Josef; Wehle, Gerhard (Hrsg.): Handbuch Pädagogik. Grundbegriffe Bd. I. München: Kösel 1970, S. 82–112

Achtenhagen, Frank; Baethge, Martin: Kompetenzentwicklung unter einer internationalen Perspektive – makro- und mikrostrukturelle Aspekte. In: Gonon, Philipp u.a. (Hrsg.): Kompetenz, Kognition und neue Konzepte der beruflichen Bildung. Wiesbaden: Verlag für Sozialwissenschaften 2005, S. 25–54

Adelmann, Gerhard: Die berufliche Ausbildung und Weiterbildung in der deutschen Wirtschaft 1871–1918. In: Pohl, Hans (Hrsg.): Berufliche Ausbildung und Weiterbildung in der deutschen Wirtschaft seit dem 19. Jahrhundert. Wiesbaden: Steiner 1979, S. 9–52

Ahrens, Daniela: Bildungstypen und ihr Habitus. Von der Durchlässigkeit zur sozialen Öffnung der Hochschule. bwp@Berufs- und Wirtschaftspädagogik – online, 2012, Ausgabe 23, 1–14

Amt für Veröffentlichungen der EU: Kommuniqué von Brügge. Luxemburg 2012

Amtlicher Bericht erstattet vom Reichsministerium des Innern: Die Reichsschulkonferenz 1920. Leipzig 1921, S. 966–978

Anger, Christina; Plünnecke, Axel; Schmidt, Jörg: Bildungsrenditen in Deutschland – Einflussfaktoren, politische Optionen und volkswirtschaftliche Effekte. Köln 2010

ANKOM (Hrsg.): Anrechnungsleitlinie. Leitlinie für die Qualitätssicherung von Verfahren zur Anrechnung beruflicher und außerhochschulisch erworbener Kompetenzen auf Hochschulstudiengänge. Hannover 2010

Arbeitsstab Forum Bildung (Hrsg.): Bildungs- und Qualifikationsziele von morgen – Vorläufige Leitsätze und Expertenbericht. Bonn o. J. (2001)

ASMK: Ergebnisprotokoll der 89. Arbeits- und Sozialministerkonferenz am 28./29. November 2012 in Hannover. Berlin 2012

Autorengruppe Bildungsberichterstattung (Hrsg.): Bildung in Deutschland 2012. Bielefeld: Bertelsmann 2012

Autorengruppe Bildungsberichterstattung (Hrsg.): Bildung in Deutschland 2010. Bielefeld: Bertelsmann 2010

BA: Berufsvorbereitende Bildungsmaßnahmen (BvB) der Bundesagentur für Arbeit (BA). Hier: Neues Fachkonzept. Nürnberg 2004

BA: Fachkonzept für berufsvorbereitende Bildungsmaßnahmen nach §§ 51 ff. SGB III (BvB 1 bis 3). Nürnberg 2012

BA (Hrsg.): Nationaler Pakt für Ausbildung und Fachkräftenachwuchs – Kriterienkatalog zur Ausbildungsreife. Berlin 2009

BA (Hrsg.): Nationaler Pakt für Ausbildung und Fachkräftenachwuchs in Deutschland 2010 – 2014. Berlin 2010

BA (Hrsg.): Der Arbeits-und Ausbildungsmarkt in Deutschland. Monatsbericht Dezember und Jahr 2013. Nürnberg 2014

Backes-Haase, Alfons: Orientierungsangebote für Berufs- und Wirtschaftspädagogen. Hamburg: Kovač 2002

Baethge, Martin: Das berufliche Bildungswesen in Deutschland am Beginn des 21. Jahrhunderts. In: Cortina, Kai S. u. a. (Hrsg.): Das Bildungswesen in der Bundesrepublik Deutschland. Reinbek bei Hamburg: Rowohlt 2008, S. 541–597

Baethge, Martin: Das Übergangssystem: Struktur – Probleme – Gestaltungsperspektiven. In: Münk, Dieter; Rützel, Josef; Schmidt, Christian (Hrsg.): Labyrinth Übergangssystem. Bonn: Pahl-Rugenstein 2008, S. 53–67

Baethge, Martin; Solga, Heike; Wieck, Markus: Berufsbildung im Umbruch. Berlin: Netzwerk Bildung / Friedrich-Ebert-Stiftung 2007

Baethge, Martin; Wieck, Markus: Der mühsame Weg in die berufliche Bildung. Mitteilungen aus dem SOFI Juli 2008, Ausgabe 4, 2. Jg., S. 1–5

Bank, Volker: Der „quartäre Bildungssektor". Wirtschaft und Erziehung 52 (2000), S. 411–418

Bay EUG: Bayerisches Gesetz über das Erziehungs- und Unterrichtswesen vom 31.5.2000 i. d. F. vom 24.7.2013

Beck, Ulrich; Brater, Michael; Daheim, Hansjürgen: Soziologie der Arbeit und der Berufe. Reinbek: Rowohlt 1980

Beicht, Ursula: Verbesserung der Ausbildungschancen oder sinnlose Warteschleife? BIBB-Report 11/09

Bellmann, Lutz; Leber, Ute: Betriebliche Weiterbildung. Denn wer hat, dem wird gegeben. IAB Materialien. 1/2003, S. 15–16

Benner, Hermann: Entwicklung anerkannter Ausbildungsberufe. In: Euler, Dieter; Sloane, Peter (Hrsg.): Duales System im Umbruch. Pfaffenweiler: Centaurus 1997, S. 53–69

Benner, Hermann; Buschhaus, Dieter; Pampus, Klaus: Gleichstellung beruflicher und allgemeiner Bildungsabschlüsse. BWP 12 (1983), Heft 3, S. 93–98

Bertelsmann Stiftung u. a. (Hrsg.): Chancenspiegel 2013. Gütersloh: Bertelsmann 2013

Bessoth, Richard u. a.: Einige Aspekte der Schulorganisation. Mannheim 1987

BIBB: Die anerkannten Ausbildungsberufe 2009. Bielefeld: Bertelsmann 2009

BIBB (Hrsg.): AusbildungPlus in Zahlen – Trends und Analysen 2012. Bonn 2013

BIBB (Hrsg.): Datenreport zum Berufsbildungsbericht 2009. Bonn 2009

BIBB (Hrsg.): Datenreport zum Berufsbildungsbericht 2010. Bonn 2010

BIBB (Hrsg.): Datenreport zum Berufsbildungsbericht 2011. Bonn 2011

BIBB (Hrsg.): Datenreport zum Berufsbildungsbericht 2012. Bonn 2012

Benutzte und weiterführende Literatur

BIBB (Hrsg.): Datenreport zum Berufsbildungsbericht 2013. Bonn 2013

BIBB (Hrsg.): Projekt AusbildungPlus – Jahresbericht 2008. Bonn 2008

BIBB (Hrsg.): Verbundausbildung. Bonn 2013

BIBB Autorenteam: Berufsausbildungsvorbereitung – Entwicklung von Qualifizierungsbausteinen. Bonn 2004

BIBB-Informationsdienst: Neue europäische Benchmarks für die Bildungspolitik 2010–2020. neues aus europa Ausgabe 17 Mai 2009

Biermann, Horst: Qualifizierung von Risikogruppen. In: Biermann, Horst; Bonz, Bernhard (Hrsg.): Inklusive Berufsbildung. 2. Aufl. (Berufsbildung konkret Bd. 11) Baltmannsweiler: Schneider 2012, S. 12–35

Biermann, Horst; Bonz, Bernhard: Annäherung an eine inklusive Berufsbildung. In: Biermann, Horst; Bonz, Bernhard (Hrsg.): Inklusive Berufsbildung. Didaktik beruflicher Teilhabe trotz Behinderung und Benachteiligung. 2. Aufl. (Berufsbildung konkret Bd. 11) Baltmannsweiler: Schneider 2012, S. 220–226

BLK – Bund-Länder-Kommission für Bildungsplanung: Bildungsgesamtplan Bd. I. Stuttgart: Klett 1973

BMBF (Hrsg.): Berufsbildungsbericht 2013. Bonn 2013

BMBF (Hrsg.): Berufsbildungsbericht 2012. Bonn, Berlin 2012

BMBF (Hrsg.): Berufsbildungsbericht 2011. Bonn, Berlin 2011

BMBF (Hrsg.): Berufsbildungsbericht 2010. Bonn, Berlin 2010

BMBF (Hrsg.): Berufsbildungsbericht 2008. Bonn/Berlin 2008

BMBF (Hrsg.): Berufsbildungsbericht 2003. Bonn 2003

BMBF (Hrsg.): Berufsbildungsbericht 2002. Bonn 2002

BMBF (Hrsg.): Berufsbildungsbericht 2000. Bonn 2000

BMBF (Hrsg.): Berufsbildungsbericht 1999. Bonn 1999

BMBF (Hrsg.): Berufseinstiegsbegleitung – die Möglichmacher. Eine Info für Eltern, Lehrerinnen und Lehrer. Bonn 2012

BMBF (Hrsg.): EU-Bildungspolitik. Bonn/Berlin 2010

BMBF (Hrsg.): Stand der Anerkennung non-formalen und informellen Lernens in Deutschland. Bonn/Berlin 2008

BMBF (Hrsg.): Weiterbildungsverhalten in Deutschland – AES 2012 Trendbericht. Bonn 2013

BMBF (Hrsg.): Weiterhin große Nachfrage nach dem „Meister-BAföG". Pressemitteilung 081/2013

BMBF (Hrsg.): „Zentrum für internationale Bildungsvergleichsstudien" von Bund und Ländern gegründet. Pressemitteilung 182/2010 vom 14.10.2010

BMBF/BMWT: Gemeinsame Richtlinie für die Förderung überbetrieblicher Berufsbildungsstätten (ÜBS) und ihrer Weiterentwicklung zu Kompetenzzentren vom 24.06.2009

Böhm, Winfried: Wörterbuch der Pädagogik. 16. Aufl., Stuttgart: Kröner 2005

Bonz, Bernhard: Methoden der Berufsbildung – Ein Lehrbuch. 2. Aufl., Stuttgart: Hirzel 2009

Bonz, Bernhard: Methodik – Lern-Arrangements in der Berufsbildung. 2. Aufl. (Studientexte Basiscurriculum Berufs- und Wirtschaftspädagogik Bd. 4) Baltmannsweiler: Schneider 2009

Bonz, Bernhard: Inklusion in der Berufsbildung. BbSch 63 (2011), Heft 4, S. 139–141

Bonz, Bernhard; Biermann, Horst: Risikogruppen in der Berufsbildung. In: Biermann, Horst; Bonz, Bernhard (Hrsg.): Inklusive Berufsbildung. (Berufsbildung konkret Bd. 11) Baltmannsweiler: Schneider 2012, S. 4–11

Brater, Michael u. a.: Berufsbildung und Persönlichkeitsentwicklung. München: Verlag Freies Geistesleben 1988

br.de/telekolleg: Was ist ein Telekolleg? Stand 31.1.2013 http://br-online.de/telekolleg (Abruf 12.6.2013)

Brezinka, Wolfgang: Erziehungsziele, Erziehungsmittel, Erziehungserfolg. 3. Aufl., München: Reinhardt 1995

Bruchhäuser, Hanns-Peter: Realitätsbezogenheit und konstruktive Rationalität kaufmännischer Curricula. In: Horlebein, Manfred; Schanz, Heinrich (Hrsg.): Wirtschaftsdidaktik für berufliche Schulen. (Berufsbildung konkret Bd. 8) Baltmannsweiler: Schneider 2005, S. 12–42

bsplus: Schulversuch „Berufsschule Plus – BS+" – Erwerb der Fachhochschulreife parallel zur Erstausbildung. Internetinformation September 2012

Buer, Jürgen van; Zlatkin-Troitschanskaia, Olga: Berufliche Bildung im Kräftefeld von sozialpolitisch induziertem Verteilungsprogramm und bildungspolitischem Konsens im europäischen Rahmen. In: Buer, Jürgen van; Zlatkin-Troitschanskaia, Olga (Hrsg.): Adaptivität und Stabilität der Berufsausbildung. Frankfurt a. M.: Lang 2005, S. 11–24

Die Bundesregierung / Die Regierungschefs der Länder: Aufstieg durch Bildung – Die Qualifizierungsinitiative für Deutschland. Dresden 2008

Bunk, Gerhard P.: Einführung in die Arbeits-, Berufs- und Wirtschaftspädagogik. Heidelberg: Quelle & Meyer 1982

BWT (Hrsg.): Nationaler Pakt für Ausbildung und Fachkräftenachwuchs in Deutschland 2010 – 2014. Berlin 2010

Cortina, Kai S. u. a. (Hrsg.): Das Bildungswesen in der Bundesrepublik Deutschland. Reinbek bei Hamburg: Rowohlt 2008

Czycholl, Reinhard: Handlungsorientierung und Kompetenzentwicklung in der beruflichen Bildung – Umsetzung, Begründung, Evaluation. In: Bonz, Bernhard (Hrsg.): Didaktik und Methodik der Berufsbildung. (Berufsbildung konkret Bd. 10) Baltmannsweiler: Schneider 2009, S. 172–194

Dauenhauer, Erich: Berufsbildungspolitik. 3. Aufl., Münchweiler: Walthari 1996

Dauenhauer, Erich: Berufspolitik. 6. Aufl., Münchweiler: Walthari 1998

Dauenhauer, Erich: Wissenschaftstheorie, Wirtschaftspädagogik, Arbeitslehre. Bad Homburg v. d. H.: Gehlen 1973

Deeken, Sven; Butz, Bert: Berufsorientierung – Beitrag zur Persönlichkeitsentwicklung. Bonn 2010

Dehnbostel, Peter: Betriebliche Bildungsarbeit. (Studientexte Basiscurriculum Berufs- und Wirtschaftspädagogik Bd. 9) Baltmannsweiler: Schneider 2010

Dehnbostel, Peter: Gleichwertigkeit und Eigenständigkeit beruflicher Bildung – historische und aktuelle Entwicklungen. In: Bredow, Antje; Dobischat, Rolf; Rottmann, Joachim (Hrsg.): Berufs- und Wirtschaftspädagogik von A bis Z. (Diskussion Berufsbildung Bd. 4) Baltmannsweiler: Schneider 2003, S. 445 – 456

Dehnbostel, Peter: Bilanz und Perspektiven der Lernortforschung in der beruflichen Bildung. ZfP 48 (2002), S. 350–377

Dehnbostel, Peter: Informelles Lernen – Aktualität und begrifflich-inhaltliche Einordnung. In: Dehnbostel, Peter; Gonon, Philipp (Hrsg.): Informelles Lernen – eine Herausforderung für die berufliche Aus- und Weiterbildung. Bielefeld: Bertelsmann 2002, S. 3–11

Deißinger, Thomas: Beruflichkeit als „organisierendes Prinzip" der deutschen Berufsausbildung. Markt Schwaben: Eusl 1998

Deißinger, Thomas: Berufliche Vollzeitschulen in Deutschland – eine kritische Perspektive im Kontext europäischer Gestaltungsnormen für die Berufsbildungspolitik. bwp@Profil2-online, 2009, 1–16

Deißinger, Thomas: Curriculare Vorgaben für Lehr-Lerngruppen in der beruflichen Bildung. In: Bonz, Bernhard (Hrsg.): Didaktik und Methodik der Berufsbildung. (Berufsbildung konkret Bd. 10) Baltmannsweiler: Schneider 2009, S. 60–88

Deißinger, Thomas: Europa als Herausforderung für die Berufsbildung. Anpassungsprozesse und Anpassungsprobleme im deutschen und angelsächsischen Raum. In: Lange, Ute u. a. (Hrsg.), Steuerungsprobleme im Bildungswesen. Wiesbaden: VS Research 2009, S. 229–248

Deißinger, Thomas: Schulische Berufsbildung im Spannungsfeld von Berechtigungs- und Qualifikationsorientierung. In: Bundesverband der Lehrerinnen und Lehrer an Wirtschaftsschulen e. V. (Hrsg.): Herausforderungen für die kaufmännische Berufsbildung. Festschrift zum 75. Geburtstag von Horst Knaut. (Heft 53 der Sonderschriften des VLW) Bielefeld 2006, S. 30–33

Deißinger, Thomas; Ruf, Michael: Übungsfirmen am kaufmännischen Berufskolleg in Baden-Württemberg. Paderborn: Eusl 2006

Delventhal, Bodo: Die überbetriebliche Unterweisung im Handwerk. Bildung und Erziehung 34 (1981), S. 260–271

Derbolav, Josef: Entwurf einer bildungspolitischen Rahmentheorie. In: Derbolav, Josef (Hrsg.): Grundlagen und Probleme der Bildungspolitik. München: Piper 1977, S. 17–66

Deutscher Bildungsrat. Empfehlungen der Bildungskommission: Strukturplan für das Bildungswesen. 2. Aufl., Stuttgart: Klett 1970

DGB (Hrsg.): Ausbildungsreport 2013. Berlin 2013

DGB (Hrsg.): Ausbildungsreport 2012. Berlin 2012

DGB (Hrsg.): Expertise: Drei Jahre nach dem Bildungsgipfel – eine Bilanz. Die Umsetzung der Ziele des Dresdner Bildungsgipfels vom 22. Oktober 2008. Berlin 2011

DHBW: Masterstudiengänge der Dualen Hochschule Baden-Württemberg. Stuttgart 2013

DIHK (Hrsg.): Ausbildung 2013 – Ergebnisse einer DIHK-Online-Unternehmensbefragung. Berlin 2013

DIHT – Deutscher Industrie- und Handelstag: Berufsausbildung im europäischen Raum. Bonn 1964

Dobischat, Rolf; Düsseldorf, Karl; Dikau Joachim: Rechtliche und organisatorische Bedingungen der beruflichen Weiterbildung. In: Arnold, Rolf; Lipsmeier, Antonius (Hrsg.): Handbuch der Berufsbildung. 2. Aufl., Wiesbaden: VS Verlag für Sozialwissenschaften 2006, S. 531–546

Döbber, Karl-Otto: Qualitätsentwicklung an beruflichen Schulen. Lehren und Lernen 32 (2006), Heft 3, S. 3–13

Döring, Otmar; Freiling, Thomas: Stand und Perspektiven der Bildungsträgerlandschaft in Deutschland. In: Loebe, Herbert; Severing, Eckart (Hrsg.): Weiterbildung auf dem Prüfstand – Mehr Innovation und Integration durch neue Wege der Qualifizierung. Bielefeld: Bertelsmann 2006, S. 59–84

Dohmen, Günter: Das informelle Lernen. Bonn 2001

Doose, Carl-Heinz: Berufliche Schule innovativer, selbstständiger und verantwortlicher. In: Illerhaus, Klaus (Hrsg.): Die Koordinierung der Berufsausbildung in der Kultusministerkonferenz. Bonn 2005, S. 164–178

Dostal, Werner; Stooß, Friedemann; Troll, Lothar: Beruf – Auflösungstendenzen und erneute Konsolidierung. Mitteilungen zur Arbeitsmarkt- und Berufsforschung 31 (1998), S. 438–460

Drexel, Ingrid: Europäische Berufsbildungspolitik: Deregulierung, neoliberale Reregulierung und die Folgen – für Alternativen zu EQR und ECVET. In: Grollmann, Philipp; Spöttel, Georg; Rauner, Felix (Hrsg.): Europäisierung beruflicher Bildung – eine Gestaltungsaufgabe. Hamburg: Litt 2006

Drinkhut, Vera; Schlottau, Walter: Förderung von Ausbildungsverbünden: Anschub zu mehr und besseren Ausbildungsplätzen? In: BIBB (Hrsg.): Verbundausbildung. Bonn 2003, S. 21–37

Dubs, Rolf: Curriculare Vorgaben und Lehr-Lernprozesse in beruflichen Schulen. In: Bonz, Bernhard (Hrsg.): Didaktik der beruflichen Bildung. (Berufsbildung konkret Bd. 2) Baltmannsweiler: Schneider 2001, S. 50–70

Dubs, Rolf: Die Führung einer Schule. ZBW 88 (1992), S. 447–476

Dubs, Rolf: Der berufliche Nachwuchs – Ausbildung heute – Bedürfnisse. Schweizerische Zeitschrift für kaufmännisches Bildungswesen 72 (1978), Heft 2, S. 37–52

Duden: Fremdwörterbuch. 9. Aufl. Mannheim: Dudenverlag 2007

Eberhard, Verena; Scholz, Selina; Ulrich, Joachim Gerd: Image als Berufswahlkriterium – Bedeutung für Berufe mit Nachwuchsmangel. BPW 38 (2009), H. 3, S. 9–12

Eckert, Manfred: Neue Steuerungsmodelle in der beruflichen Bildung. In Bonz, Bernhard; Schütte, Friedhelm (Hrsg.): Berufspädagogik im Wandel. (Diskussion Berufsbildung Bd. 10) Baltmannsweiler: Schneider 2013, S. 71–85

Erbers, Mark; Gotsch, Wilfried: Institutionenökonomische Theorien der Organisation. In: Kieser, Alfred (Hrsg.): Organisationstheorien. 5. Aufl., Stuttgart: Kohlhammer 2002, S. 199–251

Esser, Hartmut: Soziologie – Spezielle Grundlagen. Band 5: Institutionen. Frankfurt a. M.: Campus 2000

EU-Gipfel zur beruflichen Bildung betont Entwicklungsbedarf. http://www.jugendpolitikineuropa.de/23.12.2005

Euler, Dieter (Hrsg.): Sozialkompetenzen in der beruflichen Bildung. Bern: Haupt 2009

Euler, Dieter: Qualitätsentwicklung in der Berufsausbildung. (Materialien zur Bildungsplanung und zur Forschungsförderung Heft 127) Bonn 2005

Euler, Dieter: Lernortkooperation Bd. 1: Theoretische Fundierungen. Bielefeld: Bertelsmann 2003

Euler, Dieter: Lernortkooperation in der beruflichen Bildung. ZfP – 40. Beiheft 1999, S. 249– 271

Euler, Dieter; Reemtsma-Theis, Monika: Sozialkompetenz? Über die Klärung einer didaktischen Zielkategorie. ZBW. 95 (1999), S. 168–198

Euler, Dieter; Twardy, Martin: Duales System oder Systemdualität – Überlegungen zu einer Intensivierung der Lernortkooperation. In: Achtenhagen, Frank u.a.: Duales System zwischen Tradition und Innovation. (Wirtschafts-, berufs- und sozialpädagogische Texte Sonderband 4) Köln: Botermann 1991, S. 197–221

Europäische Kommission: Mehr Jobs für junge Menschen: Kommission macht Tempo für EU-Jugendgarantie. Presseinformation vom 12.11.2013

Europäische Kommission: Startschuss für Europäische Ausbildungsallianz. Pressemitteilung IP/13/634/2.7.2013

Europäische Kommission: Startveranstaltung: Europäische Ausbildungsallianz. Internetinformation vom 2.7.2013

Faulstich, Peter: Weiterbildung. In: Cortina, Kai S. u.a. (Hrsg.): Das Bildungswesen in der Bundesrepublik Deutschland. Reinbek bei Hamburg: Rowohlt 2008, S. 647–682

Faulstich, Peter; Graeßner, Gernot; Tippelt, Rudolf: Wissenschaftliche Weiterbildung als bildungswissenschaftliche Aufgabe. In: Tippelt, Rudolf; Rauschenbach, Thomas; Weishaupt, Horst (Hrsg.): Datenreport Erziehungswissenschaft 2004. Wiesbaden: VS Verlag für Sozialwissenschaften 2004, S. 153–177

Feller, Gisela: Qualität und Nutzen einer Ausbildung an der Berufsfachschule. BWP 28 (1999), H. 6, S. 28–31

Fend, Helmut: Neue Theorie der Schule. Einführung in das Verstehen der Bildungssysteme. Wiesbaden: VS Verlag für Sozialwissenschaften 2006

Fend, Helmut: Sozialisationseffekte der Schule. Soziologie der Schule II. Weinheim: Beltz 1976

Fend, Helmut: Theorie der Schule. 2. Aufl., München: Urban & Schwarzenberg 1981

Fichter, Josef H.: Grundbegriffe der Soziologie. 3. Aufl., Wien: Springer 1970

Fingerle, Karlheinz: Gymnasium, berufliches. In: Blankertz, Herwig u.a. (Hrsg.): Enzyklopädie Erziehungswissenschaft Bd. 9: Sekundarstufe II – Jugendbildung zwischen Schule und Beruf Teil 2: Lexikon. Stuttgart: Klett-Cotta 1983, S. 288–291

Frackmann, Margit; Schild, Horst: Schulische Berufsausbildung – Bilanz und Perspektiven. Frankfurt a.M. 1988

Frei, Marek; Janik; Florian: Wo Ausbildungspotential noch brach liegt. IAB-Kurzbericht 19/2008

Frommberger, Dietmar: Kaufmännische Berufsbildung im europäischen Ländervergleich. Baden-Baden: Nomos 2004

Füssel, Hans-Peter; Leschinsky, Achim: Der institutionelle Rahmen des Bildungswesens in der Bundesrepublik Deutschland. In: Cortina, Kai S. u.a. (Hrsg.): Das Bildungswesen in der Bundesrepublik Deutschland. Reinbek bei Hamburg: Rowohlt 2008, S. 131–203

Gehlen, Arnold: Der Mensch, seine Natur und seine Stellung in der Welt. 8. Aufl., Frankfurt a.M. 1966

Georg, Walter: Fachoberschulreife. In: Blankertz, Herwig u.a. (Hrsg.): Enzyklopädie Erziehungswissenschaft Bd. 9: Sekundarstufe II – Jugendbildung zwischen Schule und Beruf Teil 2: Lexikon. Stuttgart: Klett-Cotta 1983, S. 244–246

Georg, Walter: From School to Work: Stabilität und Wandel des Übergangs in Japan. In: Münk, Dieter (Hrsg.): Perspektiven der beruflichen Bildung und der Berufsbildungspolitik im europäischen und internationalen Kontext. Bielefeld 2004, S. 33–51

Gidion, Gerd: Spurensuche in der Arbeit: ein Verfahren zur Erkundung künftiger Qualifikationserfordernisse. Bielefeld: Bertelsmann 2000

Gidion, Gerd: Der Betrieb – Institution der Berufsbildung mit neuen Merkmalen? In: Bonz, Bernhard; Gidion, Gerd (Hrsg.): Institutionen der beruflichen Bildung. (Diskussion Berufsbildung Bd. 7) Baltmannsweiler: Schneider 2008, S. 55–86

Gillmann, Barbara: DIHK lockt Studienabbrecher in die Lehre. Handelsblatt Nr. 107, 7./8./9.6.2013, S. 13

Gocke, Julia: Der europäische Qualifikationsrahmen – Positionen und Perspektiven. In: Loebe, Herbert; Severing, Eckart (Hrsg.): Europäisierung der Ausbildung. Bielefeld: Bertelsmann 2006, S. 103–116

Göhler, Gerhard: Wie verändern sich Institutionen? Revolutionärer und schleichender Institutionenwandel. In: Göhler, Gerhard (Hrsg.): Institutionswandel. Opladen: Westdeutscher Verlag 1977, S. 21–56

GPC: Good Practice Center: Das Good Practice Center zur Förderung von Benachteiligten in der Berufsbildung. BIBB – Good Practice Center 2014

Greinert, Wolf-Dietrich: Organisationsmodelle und Lernkonzepte in der beruflichen Bildung. Baden-Baden: Nomos 2000

Greinert, Wolf-Dietrich: Krise und Umbruch des Dualen Systems der Berufsausbildung im Deutschland – zwei Szenarien. In: Schanz, Heinrich (Hrsg.): Berufs- und wirtschaftspädagogische Grundprobleme. (Berufsbildung konkret Bd. 1) Baltmannsweiler: Schneider 2001, S. 185–194

Grüner, Gustav: Schule und Unterricht im Berufsbildungssystem. In: Müllges, Udo (Hrsg.): Handbuch der Berufs- und Wirtschaftspädagogik Bd. 2. Düsseldorf: Schwann 1979, S. 349–376

Hamburger Institut für berufliche Bildung (IBB) (Hrsg.): Berufliche Bildung 2013. 13. Aufl., Hamburg 2013

Handbuch des Europäischen Rechts: Systematische Sammlung mit Erläuterungen. IA 58/49.71

Harney, Klaus: Berufsbildung als Gegenstand der Schulforschung. In: Helsper, Werner; Böhme, Jeanette (Hrsg.): Handbuch der Schulforschung. Wiesbaden: Verlag für Sozialwissenschaften 2004, S. 325–344

Harney, Klaus; Rahn, Silvia: Steuerungsprobleme im beruflichen Bildungswesen – Grenzen der Schulpolitik. Handlungslogiken und Handlungsfolgen aktueller Berufsbildungspolitik. ZfP 46 (2000), S. 731–751

Hegelheimer, Armin: Probleme im Bildungs- und Beschäftigungssystem als Herausforderung. In: Hegelheimer, Armin u.a.: Bildungssystem und Berufsaussichten von Hochschulabsolventen. Stuttgart: Bonn Aktuell 1978, S. 15–63

Benutzte und weiterführende Literatur 183

Heitze, Ulrike: Erfahrung macht den Master. Handelsblatt Nr. 48, 8./9./10.3.2013, S. 60–61

Henry-Huthmacher, Christine: Vorwort. In: Konrad-Adenauer-Stiftung: Analysen & Argumente Ausgabe 136, November 2013, S. 3–4

Herrlitz, Hans-Georg; Hopf, Wulf; Titze, Hartmut: Institutionalisierung des öffentlichen Schulsystems. In: Baethge, Martin; Nevermann, Knut (Hrsg.): Organisation, Recht und Ökonomie des Bildungswesens. (Enzyklopädie Erziehungswissenschaft Bd. 5) Stuttgart: Klett-Cotta 1984, S. 55–71

Heublein, Ulrich u. a.: Die Entwicklung der Schwund- und Studienabbruchquoten an den deutschen Hochschulen. HIS: Forum Hochschule 3/2012

Hierdeis, Helmwart: Erziehungsinstitutionen. 4. Aufl., Donauwörth: Auer 1977

Hirsch-Kreinsen, Hartmut: Wie viel akademische Bildung brauchen wir zukünftig? In: Konrad-Adenauer-Stiftung: Analysen & Argumente Ausgabe 136, November 2013

HKM: Verordnung über die Berufsschule vom 8.9.2002 i. d. F. vom 19.10.2006

HMK – Hessisches Kultusministerium: Verordnung über die Berufsschule vom 9.2.2002, geändert durch Verordnung vom 19.10.2006 (Abruf 4.1.2010)

Höfler, Arnold: Hochschulzugangsberechtigung. impulse, September 2009, S. 5–6

Horlebein, Manfred: Die berufsbegleitenden kaufmännischen Schulen in Deutschland (1800–1947). Frankfurt a. Main und Bern: Lang 1976

Horlebein, Manfred: Die Revision des Curriculums – bezogen auf Lernfelder kaufmännischer Ausbildungsberufe. In: Horlebein, Manfred; Schanz, Heinrich (Hrsg.): Wirtschaftsdidaktik für berufliche Schulen. (Berufsbildung konkret Bd. 8) Baltmannsweiler: Schneider 2005, S. 61–73

Horlebein, Manfred: Die Gründung kaufmännischer Lehrlingsschulen in der ersten Hälfte des 19. Jahrhunderts als Folge von Defiziten von öffentlicher Schulbildung und betrieblicher Berufsbildung. Wissenschaftliche Zeitschrift Handelshochschule Leipzig 18 (1991), H. 2, S. 130–136

HRK (Hrsg.): Statistische Daten zu Studienangeboten in Deutschland WS 2013/2014. Bonn 2013

Huntemann, Hella; Reichart, Elisabeth: Volkshochschul-Statistik. 51. Folge, Arbeitsjahr 2012. Bonn 2013

Husén, Torsten: Strategien zur Bildungsgleichheit. In: Hüfner, Klaus (Hrsg.): OECD – Bildung, Ungleichheit und Lebenschancen. Frankfurt: Diesterweg 1978, S. 110–142

Idel, Till-Sebastian: Pädagogische Praktiken im Ganztag: In: Müller, Hans-Rüdiger; Bohne, Sabine; Thole, Werner (Hrsg.): Erziehungswissenschaftliche Grenzgänge. Beiträge zum 23. Kongress der Deutschen Gesellschaft für Erziehungswissenschaft. Opladen: Budrich 2013, S. 152–165

iwd – o. V.: Bildungsrendite. Auch Meister-Mühen zahlen sich aus. iwd Ausgabe Nr. 38 vom 23.9.2010

iwd – o. V.: Duale Lücken. iwd Ausgabe Nr. 9 vom 27.2.2014

Jagenlauf, Michael; Psaralidis, Elena: E-Learning im Lernverbund – Chancen einer neuen Technologie. In: Dehnbostel, Peter u. a. (Hrsg.): Perspektiven moderner Berufsbildung. Bielefeld: Bertelsmann 2003, S. 101–118

Jung, Eberhard: Berufsorientierung als Inhalt und Strategie der Übergangsbewältigung – Einführung in das Thema. In: Jung, Eberhard (Hrsg.): Zwischen Qualifikationswandel und Marktenge. (Basiswissen Berufsorientierung Bd. 1) Hohengehren: Schneider 2008, S. 1 – 13

Jungmann, Walter: Der Übergang von der Schule in Ausbildung und Beruf. In: Schumacher, Eva (Hrsg.): Übergänge in Bildung und Ausbildung. Bad Heilbrunn: Klinkhardt 2004, S. 171 – 188

Kell, Adolf: Beruf und Bildung. ZfP – 42. Beiheft 2000, S. 212 – 238

Kell, Adolf: Berufsbildung zwischen privaten Interessen und gesellschaftlicher Verantwortung. In: Tramm, Tade u. a. (Hrsg.): Professionalisierung kaufmännischer Berufsbildung. Frankfurt a. M.: Lang 1999, S. 85 – 105

Kell, Adolf: Das Berechtigungswesen zwischen Bildungs- und Beschäftigungssystem. In: Blankertz, Herwig u. a. (Hrsg.): Sekundarstufe II – Jugendbildung zwischen Schule und Beruf. Teil 1: Handbuch. (Enzyklopädie Erziehungswissenschaft Bd. 9.1) Stuttgart: Klett 1982, S. 289 – 320

Kemper, Herwart: Theorie pädagogischer Institutionen. In: Roth, Leo (Hrsg.): Pädagogik: Handbuch für Studium und Praxis. 2. Aufl., München: Oldenbourg 2001, S. 353 – 364

Kerschensteiner, Georg: Das Fach- und Fortbildungsschulwesen. In: Lexis, Wilhelm u. a.: Die allgemeinen Grundlagen der Kultur in der Gegenwart. Leipzig: Teubner 1912, S. 258 – 297

Kiehn, Ludwig: Die Bedeutung des beruflichen Bildungsgedankens für den Neubau des deutschen Schulwesens. Deutsche Berufs- und Fachschule 55 (1959), S. 913 – 927

Killus, Dagmar; Horstkemper, Marianne: Kulturen der Kooperation und Konkurrenz in Schulentwicklungsprozessen. In: Melzer, Wolfgang; Tippelt, Rudolf (Hrsg.): Kulturen der Bildung. Opladen: Budrich 2009, S. 371 – 378

KMK: Vereinbarung zur Gestaltung der gymnasialen Oberstufe in der Sekundarstufe II. Beschluss der Kultusministerkonferenz vom 7.7.1972 i. d. F. vom 6.6.2013

KMK (Hrsg.): Das Bildungswesen in der Bundesrepublik Deutschland 2011/2012. Bonn 2013

KMK: Dokumentation der Kultusministerkonferenz über landesrechtlich geregelte Berufsabschlüsse der Berufsfachschulen. Beschluss des Unterausschusses für Berufliche Bildung vom 26.1.2012

KMK: Liste der anerkannten Ausbildungsberufe, für welche länderübergreifende Fachklassen eingerichtet werden, mit Angabe der aufnehmenden Länder (Berufsschulstandorte) und Einzugsbereiche. Stand der 24. Fortschreibung: 22.06.2012 – gültig ab dem 01.08.2012

KMK: Deutscher Qualifikationsrahmen für lebenslanges Lernen (DQR). Beschluss der Kultusministerkonferenz vom 15.11.2012

KMK (Hrsg.): Das Bildungswesen in der Bundesrepublik Deutschland 2010/2011. Bonn 2011

KMK (Hrsg.): Konzeption der Kultusministerkonferenz zur Nutzung der Bildungsstandards für die Unterrichtsentwicklung. Berlin 2010

KMK: Rahmenvereinbarung über die Berufsoberschule. Beschluss der Kultusministerkonferenz vom 25.11.1976 i. d. F. vom 3.12.2010

KMK: Hochschulzugang für beruflich qualifizierte Bewerber ohne schulische Hochschulzugangsberechtigung. Beschluss der Kultusministerkonferenz vom 6.3.2009

Benutzte und weiterführende Literatur

KMK: Anrechnung von außerhalb des Hochschulwesens erworbenen Kenntnissen und Fähigkeiten auf ein Hochschulstudium (II). Beschluss der Kultusministerkonferenz vom 18.9.2008

KMK: Rahmenvereinbarung über die Zertifizierung von Fremdsprachenkenntnissen in der beruflichen Bildung. Beschluss der Kultusministerkonferenz vom 20.11.1998 i.d.F. vom 27.6.2008

KMK: Die Berufsschule – Zusammenfassende Darstellung einschlägiger Beschlüsse der Kultusministerkonferenz. Bonn 2007

KMK: Anrechnung von außerhalb des Hochschulwesens erworbenen Kenntnissen und Fähigkeiten auf das Hochschulstudium. Beschluss der Kultusministerkonferenz vom 28.6.2002

KMK: Vereinbarung über den Erwerb der Fachhochschulreife in beruflichen Bildungsgängen. Beschluss der Kultusministerkonferenz vom 5.6.1998 i.d.F. vom 9.3.2001

KMK: Vereinbarung über den Abschluß der Berufsschule. Beschluß der Kultusministerkonferenz vom 1.6.1979 i.d.F. vom 4.12.1997

KMK: Handreichungen für die Erarbeitung von Rahmenlehrplänen der Kultusministerkonferenz für den berufsbezogenen Unterricht in der Berufsschule und ihre Abstimmung mit Ausbildungsordnungen des Bundes für anerkannte Ausbildungsberufe. Bonn 1996

KMK: Rahmenvereinbarung über die Berufsschule. Beschluß der Kultusministerkonferenz vom 15.3.1991

KMK/GWK: Aufstieg durch Bildung. Die Qualifizierungsinitiative für Deutschland. Bericht zur Umsetzung 2012. Berlin/Bonn 2013

Koalitionsvertrag zwischen CDU, CSU und SPD 18. Legislaturperiode: Deutschlands Zukunft gestalten. Berlin 2013

Kochendörfer, Jürgen: Geschäftsprozessorientierung als Verknüpfung von Ökonomie und Technik. In: Horlebein, Manfred; Schanz, Heinrich (Hrsg.): Wirtschaftsdidaktik für berufliche Schulen. (Berufsbildung konkret Bd. 8) Baltmannsweiler: Schneider 2005, S. 118–131

Kommission der Europäischen Gemeinschaften: Memorandum über Lebenslanges Lernen. Brüssel 2000

Konsortium Bildungsberichterstattung (Hrsg.): Bildung in Deutschland. Bielefeld: Bertelsmann 2006

Krappmann, Lothar; Leschinsky, Achim; Powell, Justin: Kinder, die besonderer pädagogischer Förderung bedürfen. In: Cortina, Kai S. u.a. (Hrsg.): Das Bildungswesen in der Bundesrepublik Deutschland. Reinbek bei Hamburg: Rowohlt 2003, S. 755–786

Kroh, Oswald: Revision der Erziehung. 7. Aufl., Heidelberg: Quelle & Meyer 1966

Kuklinski, Peter: Situation und Entwicklungen an der Berufsschule im Kontext von Reformvorschlägen zur dualen Berufsausbildung. In: Illerhaus, Klaus (Hrsg.): Die Koordinierung der Berufsausbildung in der Kultusministerkonferenz. Bonn 2005, S. 86–118

Kutscha, Günter: Berufsvorbereitung und Förderung benachteiligter Jugendlicher. In: Baethge, Martin; Buss, Klaus-Peter; Lanfer, Carmen (Hrsg.): Expertisen zu den konzeptionellen Grundlagen für einen Nationalen Bildungsbericht – Berufliche Bildung und Weiterbildung/Lebenslanges Lernen. (BMBF-Reihe Bildungsreform Bd. 8) Bonn 2004, S. 167–195

Kutscha, Günter: Das System der Berufsausbildung. In: Blankertz, Herwig u.a. (Hrsg.): Sekundarstufe II – Jugendbildung zwischen Schule und Beruf. Teil 1: Handbuch. (Enzyklopädie Erziehungswissenschaft Bd. 9) Stuttgart: Klett-Cotta 1982, S. 203–226

Kutscha, Günter: Übergangsforschung – zu einem neuen Forschungsbereich. In: Beck, Klaus; Kell, Adolf (Hrsg.): Bilanz der Bildungsforschung. Weinheim: Deutscher Studienverlag 1991, S. 113–155

Lange, Hermann: Die Form des Berufs. ZfP – 40. Beiheft 1999, S. 11–34

Läufer, Thomas: Europäische Union – Europäische Gemeinschaft. Bonn 1996

Leschinsky, Achim: Der institutionelle Rahmen des Bildungswesens. In: Cortina, Kai S. u.a. (Hrsg.): Das Bildungswesen in der Bundesrepublik Deutschland. Reinbek bei Hamburg: Rowohlt 2003, S. 148–213

Leschinsky, Achim; Cortina, Kai S.: Zur sozialen Einbettung bildungspolitischer Trends in der Bundesrepublik. In: Cortina, Kai S. u.a. (Hrsg.): Das Bildungswesen in der Bundesrepublik Deutschland. Reinbek bei Hamburg: Rowohlt 2003, S. 20–51

Letzner, Sabine; Tillmann, Heinrich: Die Fortbildungsregelungen der zuständigen Stellen. Berlin/Bonn 1998

Lipsmeier, Antonius: Terra incognita: Das private berufliche Schulwesen – Analyse eines berufsbildungspolitischen und berufspädagogischen Desinteresses. ZBW 107 (2011), S. 609–618

Lipsmeier, Antonius: Berufsschule in Abhängigkeit oder Autonomie? ZBW 96 (2000), S. 12–29

Lipsmeier, Antonius: Ganzheitlichkeit, Handlungsorientierung und Schlüsselqualifikationen – über den berufspädagogischen Gehalt der neuen Zielgrößen für die berufliche Bildung im Kontext der neuen Technologien. In: Bonz, Bernhard; Lipsmeier, Antonius (Hrsg.): Computer und Berufsbildung. Beiträge zur Didaktik neuer Technologien in der gewerblich-technischen Berufsbildung. (bzp Bd. 14) Stuttgart: Holland & Josenhans 1991, S. 103–124

Lipsmeier, Antonius: Möglichkeiten und Grenzen einer vollschulischen Berufsausbildung. Gewerkschaftliche Bildungspolitik 35 (1984), H. 3, S. 75–82

Lipsmeier, Antonius: Ziele der Berufsausbildung. In: Schanz, Heinrich (Hrsg.): Berufspädagogische Grundprobleme. (bzp Bd. 10) Stuttgart: Holland & Josenhans 1982, S. 21–35

Lipsmeier, Antonius: Zum Problem der Kontinuität von beruflicher Erstausbildung und beruflicher Weiterbildung. Deutsche Berufs- und Fachschule 73 (1977), S. 723–737

Lorenz, Klaus; Ebert, Felix; Krüger, Michael: Das neue Berufsbildungsgesetz – Chancen und Grenzen für die berufsbildenden Schulen in Deutschland. In: Illerhaus, Klaus (Hrsg.): Die Koordinierung der Berufsausbildung in der Kultusministerkonferenz. Bonn 2005, S. 146–163

Luchtenberg, Paul: Die Berufsschule im geistigen Ringen der Gegenwart. Berufsbildende Schule 4 (1952), S. 311–325

Luhmann, Niklas: Das Erziehungssystem der Gesellschaft. Hrsg.: Lenzen, Dieter. Frankfurt a.M.: Suhrkamp 2002

Luhmann, Niklas: Gesellschaftliche Organisation. In: Ellwein, Thomas u.a. (Hrsg.): Erziehungswissenschaftliches Handbuch. Erster Band: Das Erziehen als gesellschaftliches Phänomen. Berlin: Rembrandt 1969, S. 387–406

Maaßen, Daniel: LiNet: E-Learning-Portal. In: KWB (Hrsg.): Herausforderung demographischer Wandel. Bonn 2007, S. 65–66

Mahrin, Bernd; Uhe, Ernst: Neue Formen der Arbeit und ihre Auswirkungen auf Berufsbildung und Studium. In: Schulz-Hageleit, Peter (Hrsg.): Lernen unter veränderten Lebensbedingungen. Frankfurt a. M.: Lang 1999, S. 203–220

MAIS (Hrsg.): Kein Abschluss ohne Anschluss – Übergang Schule – Beruf in NRW. Düsseldorf 2013

MBJS: Nach dem 10. Schuljahr. 14. Aufl., Potsdam 2013

Meister, Dorothea M.: Träger und Einrichtungen der Erwachsenenbildung. In: Arnold, Rolf (Hrsg.): Berufs- und Erwachsenenpädagogik. Baltmannsweiler: Schneider 2003, S. 269–289

Memorandum über Lebenslanges Lernen. Arbeitsdokument der Kommissionsdienststellen. Brüssel 2000

Meyer, Rita: Besiegel der Europäische Qualifikationsrahmen den Niedergang des deutschen Berufsbildungssystems? bwp@Berufs- und Wirtschaftspädagogik – online, 2006, Ausgabe 11, 1–11

Meyer, Rita: Bildungspolitische Impulse aus der Weiterbildung im IT-Bereich? In Clement, Ute; Lipsmeier, Antonius (Hrsg.): Berufsbildung und Innovation. ZBW – Beiheft 17, 2003, S. 39–58

Minnameier, Gerhard: Ziele der beruflichen Bildung und ihre Einlösung. ZWP – 26. Beiheft 2013, S. 122–35

MKJS (Hrsg.): Berufliche Bildung in Baden-Württemberg. Stuttgart 2013

Moraal, Dick u. a.: Ein Blick hinter die Kulissen der betrieblichen Weiterbildung in Deutschland. BIBB-Report 7/09

Mucke, Kerstin; Buhr, Regina: Flexibilisierung durch Anrechnung auch in der beruflichen Bildung. BWP 37 (2008), S. 39–42

Münch, Joachim: Berufsbildung Erwachsener – eine Aufgabe unserer Zeit. Wirtschaft und Berufs-Erziehung 22 (1970), S. 109–115

Münch, Joachim: Bildungspolitik: Grundlagen, Entwicklungen. Baltmannsweiler: Schneider 2002

Münch, Joachim: Politik und Reform der beruflichen Bildung. In: Müllges, Udo (Hrsg.): Handbuch der Berufs- und Wirtschaftspädagogik Bd. 2. Düsseldorf: Schwann 1979, S. 433–464

Münk, Dieter: Europäische Bildungsräume – deutsche Bildungsträume? berufsbildung 59 (2005), H. 96, S. 3–6

Münk, Dieter; Schmidt, Christian: Das Übergangssystem. Labyrinth und Kollateralschaden dualer Ausbildung: In: Fischer, Andreas (Hrsg.): Die soziale Dimension der Nachhaltigkeit – Beziehungsgeflecht zwischen Nachhaltigkeit und Benachteiligtenförderung. Baltmannsweiler: Schneider 2010, S. 19–30

MUK – Bayerisches Staatsministerium für Unterricht und Kultus (Hrsg.): Berufliche Oberschule Bayern. München 2013

MUK – Bayerisches Staatsministerium für Unterricht und Kultus (Hrsg.): Berufliche Oberschule Bayern. München 2009

MWK (Hrsg.): Studieren in Hessen. Wiesbaden 2009

NA beim BIBB: Auf dem Weg zur neuen Programmgeneration – Erasmus+ für Bildung, Jugend und Sport. Bonn 2013

Neumann, Ernst: Probleme, Grenzen und Möglichkeiten produktionsunabhängiger Berufsausbildung in gewerblich-technischen Berufen der Industrie. BWP-Sonderheft: Berufsbildung in den 80er Jahren, 1980, S. 18–20

Nickolaus, Reinhold: Didaktik-Modelle und Konzepte beruflicher Bildung. 3. Aufl. (Studientexte Basiscurriculum Berufs- und Wirtschaftspädagogik Bd. 3) Baltmannsweiler: Schneider 2008

Nickolaus, Reinhold: Der Auftrag der Berufsschule im „dualen System". In: Sommer, Karl-Heinz (Hrsg.): Didaktisch-organisatorische Gestaltungen vorberuflicher und beruflicher Bildung. (Stuttgarter Beiträge zur Berufs- und Wirtschaftspädagogik Bd. 22) Esslingen: Deugro 1998, S. 291–311

Nickolaus, Reinhold: Handlungsorientierung als dominierendes Prinzip in der beruflichen Bildung. ZBW 90 (2000), S. 190–206

Niederberger, Josef Martin: Organisationssoziologie der Schule. Stuttgart: Enke 1984

Nowak, Helga: Überbetriebliche Unterweisung um Handwerk im Jahr 2011. Zahlen – Fakten – Analysen. Hannover 2012

Ott, Bernd; Scheib, Thomas: Qualitäts- und Projektmanagement in der beruflichen Bildung. Berlin: Cornelsen 2002

Pätzold, Günter: Lernfelder – Lernortkooperation. Neugestaltung beruflicher Bildung. 2. Aufl., Bochum: Projekt Verlag 2003

Pätzold, Günter: Lernorte und Lernortkooperation im dualen System der Berufsbildung. In: Schanz, Heinrich (Hrsg.): Berufs- und wirtschaftspädagogische Grundprobleme. (Berufsbildung konkret Bd. 1) Baltmannsweiler: Schneider 2001, S. 195–214

Pätzold, Günter: Kooperation des Lehr- und Ausbildungspersonals in der beruflichen Bildung – Berufspädagogische Begründungen, Bilanz, Perspektiven. In: Pätzold, Günter; Walden, Günter (Hrsg.): Lernorte im dualen System der Berufsbildung. (Berichte zur beruflichen Bildung Heft 177) Bielefeld: Bertelsmann 1995, S. 143–166

Pätzold, Günter; Wahle, Manfred: Ideen- und Sozialgeschichte der beruflichen Bildung. (Studientexte Basiscurriculum Berufs- und Wirtschaftspädagogik Bd. 10) Baltmannsweiler: Schneider 2009

Pieper, Richard: Institution. In: Reinhold, Gerd; Lamneck, Siegfried; Recker, Helga (Hrsg.): Soziologie-Lexikon. 4. Aufl., München: Oldenbourg 2000, S. 295–298

Raddatz, Rolf: Gleichwertigkeit anerkennen – Andersartigkeit respektieren. BWP 12 (1893), Heft 4, S. 126–129

Raddatz, Rolf: Die Funktion der überbetrieblichen Ausbildungsstätten in der bildungspolitischen Auseinandersetzung. Wirtschaft und Berufs-Erziehung 31 (1979), S. 168–174

Rauner, Felix: Akademisierung und Verberuflichung akademischer Bildung – widersprüchliche Trends im Wandel nationaler Bildungssysteme. bwp@Berufs- und Wirtschaftspädagogik – online, 2012, Ausgabe 23, 1–19

Rebmann, Karin; Tenfelde, Walter: Kaufmännische Zusatzqualifikationen für gewerblich-technische Berufe. In: Bonz, Bernhard (Hrsg.): Wirtschaft und Technik in der Berufsbildung. (Berufsbildung konkret Bd. 5) Baltmannsweiler: Schneider 2002, S. 120–137

Ritzel, Wolfgang: Pädagogik als praktische Wissenschaft. Heidelberg: Quelle & Meyer 1973

Robinsohn, Saul, B.: Bildungsreform als Revision des Curriculum und Ein Strukturkonzept für Curriculumentwicklung. 4. Aufl., Neuwied: Luchterhand 1973

Rosenbladt von, Bernhard; Bilger, Frauke: Weiterbildungsbeteiligung in Deutschland – Eckdaten zur BSW-AES 2007. München 2008

Roth, Heinrich: Pädagogische Anthropologie. Bd. II. Hannover 1971

Rothe, Georg: Neue Wege beruflicher Qualifizierung zur Stärkung der wirtschaftlichen Prosperität. Karlsruhe 2010

Rützel, Josef: Modularisierung in der Didaktik der beruflichen Bildung. In: Bonz, Bernhard (Hrsg.): Didaktik der beruflichen Bildung. (Berufsbildung konkret Bd. 2) Baltmannsweiler: Schneider 2001, S. 204–219

Rump, Jutta: Quo Vadis Personalpolitik? Die Arbeitswelt im Umbruch. In: KWB (Hrsg.): Demographischer Wandel und Fachkräftebedarf. Mit Berufsbildung Zukunft bewegen. Bonn 2009, S. 7–15

Schäffter, Ortfried: Weiterbildung in der Transformationsgesellschaft. Baltmannsweiler: Schneider 2001

Schanz, Heinrich: Lernfelder und ethisch-moralische Aspekte. In: Bonz, Bernhard; Kochendörfer, Jürgen; Schanz, Heinrich (Hrsg.): Lernfeldorientierter Unterricht und allgemeinbildende Fächer. (Berufsbildung konkret Bd. 9) Baltmannsweiler: Schneider 2009, S. 88–98

Schanz, Heinrich: Personalentwicklung in berufspädagogischer Sicht. In: Arnold, Rolf; Dobischat, Rolf; Ott, Bernd (Hrsg.): Weiterungen der Berufspädagogik. Festschrift für Antonius Lipsmeier zum 60. Geburtstag. Stuttgart: Steiner 1997, S. 280–290

Schanz, Heinrich: Ausbildung, überbetriebliche. In: Gaugler, Eduard (Hrsg.): Handwörterbuch des Personalwesens. Stuttgart: Poeschel 1975, Sp. 486–493

Scheffler, Beate: Zwischen Rom und Byzanz: Der Ort der beruflichen Bildung im deutschen Bildungssystem. Wirtschaft und Erziehung 59 (2007), S. 223–224

Scheven, Paul: Die Lehrwerkstätte. Tübingen 1894

Schlottau, Walter: Verbundausbildung sichert hochwertige Ausbildungsplätze. In: BIBB (Hrsg.): Verbundausbildung – Organisationsformen, Förderung, Praxisbeispiele, Rechtsfragen. Bonn 2003, S. 7–20

Schmeißer, Claudia u. a.: Identifizierung und Anerkennung informellen und nicht-formalen Lernens in Europa. Nürnberg 2012

Schmidt, Christian: Übergänge und Übergangssystem vor dem Hintergrund einer nachhaltigen Entwicklung des Berufsbildungssystems. In: Fischer, Andreas; Frommberger, Dietmar (Hrsg.): Vielfalt an Übergängen in der beruflichen Bildung – Zwölf Ansichten. Baltmannsweiler: Schneider 2013, S. 71–84

Schmiel, Martin; Sommer, Karl-Heinz: Berufs- und Wirtschaftspädagogik als wissenschaftliche Disziplin. In: Schanz, Heinrich (Hrsg.): Berufs- und wirtschaftspädagogische Grundprobleme. (Berufsbildung konkret Bd. 1) Baltmannsweiler: Schneider 2001, S. 8–21

Schopf, Michael: EUROPASS, EQF, ECVET und CQAF – reformiert die EU jetzt die deutsche Berufsbildung? bwp@Berufs- und Wirtschaftspädagogik – online, 2005, Ausgabe 8, 1–5

Schuchart, Claudia: Orientierungsstufe und Bildungschancen – Eine Evaluationsstudie. Münster: Waxmann 2006

Schwartmann, Rolf: Der Vertrag von Lissabon. 3. Aufl., Heidelberg: C. F. Müller 2010

Schwartmann, Rolf: Der Vertrag von Lissabon. EU-Vertrag, Vertrag über die Arbeitsweise der EU – Konsolidierte Fassungen. Heidelberg: C. F. Müller 2010

Sellin, Burkart: Europäischer Qualifikationsrahmen (EQR) – ein gemeinsames Bezugssystem für Bildung und Lernen in Europa. bwp@Berufs- und Wirtschaftspädagogik – online, 2005, Ausgabe 8, 1–14

Sembill, Detlev: Selbstorganisiertes und lebenslanges Lernen. In: Achtenhagen, Frank; Lempert, Wolfgang (Hrsg.): Lebenslanges Lernen im Beruf Bd. 4: Formen und Inhalte von Lernprozessen. Opladen: Leske und Budrich 2000, S. 60–90

Sembill, Detlev; Seifried, Jürgen: Selbstorganisiertes Lernen als didaktische Lehr-Lern-Konzeption zur Verknüpfung von selbstgesteuertem und kooperativem Lernen. ZBW – 20. Beiheft 2006, S. 93–108

Sloane, Peter F. E.: Didaktische Analyse und Planung im Lernfeldkonzept. In: Bonz, Bernhard (Hrsg.): Didaktik und Methodik der Berufsbildung. (Berufsbildung konkret Bd. 10) Baltmannsweiler: Schneider 2009, S. 195–216

Sloane, Peter F. E.: Die berufsbildende Schule in der Wissens- und Informationsgesellschaft. In: Dilger, Bernadette; Kremer, H.-Hugo; Sloane, Peter F. E. (Hrsg.): Wissensmanagement an berufsbildenden Schulen. Paderborn: Eusl 2003, S. 7–29

Sloane, Peter F. E.: Lernfelder als curriculare Vorgabe. In: Bonz, Bernhard (Hrsg.): Didaktik der beruflichen Bildung. (Berufsbildung konkret Bd. 2) Baltmannsweiler: Schneider 2001, S. 187–203

Sommer, Karl-Heinz; Albers, Hans-Jürgen: Vorberufliche und berufliche Bildung im didaktischen Kontext am Beispiel der informationstechnischen Bildung. In Sommer, Karl-Heinz (Hrsg.): Didaktisch-organisatorische Gestaltungen vorberuflicher und beruflicher Bildung. (Stuttgarter Beiträge zur Berufs- und Wirtschaftspädagogik Bd. 22) Esslingen: Deugro 1998, S. 27–56

Sontheimer, Kurt: Massenbildung und Elitebewußtsein. Zeit Nr. 43/1970, S. 29

Spranger, Eduard: Zur Geschichte der deutschen Volksschule. Heidelberg: Quelle & Meyer 1949

Stamm-Riemer, Ida u. a.: Anrechnungsmodelle – Generalisierte Ergebnisse der ANKOM-Initiative. HIS: Forum Hochschule 1/2011

Statistisches Bundesamt: Berufliche Schulen. (Fachserie 11 Reihe 2 2012/2013) Wiesbaden 2014

Statistisches Bundesamt: Private Schulen. (Fachserie 11 Reihe 1.1 Schuljahr 2012/2013) Wiesbaden 2014

Statistisches Bundesamt: Studierende an Hochschulen – Vorbericht. (Fachserie 11 Reihe 4.1 WS 2013/2014) Wiesbaden 2014

Statistisches Bundesamt: Schnellmeldungsergebnisse zu Studienberechtigten der allgemeinbildenden und beruflichen Schulen – vorläufige Ergebnisse – Abgangsjahr 2013. Wiesbaden 2014

Statistisches Bundesamt: Schnellmeldungsergebnisse der Hochschulstatistik zu Studierenden und Studienanfänger/innen – vorläufige Ergebnisse – Wintersemester 2013/2014. Wiesbaden 2013

Benutzte und weiterführende Literatur

Statistisches Bundesamt: Studierende an Hochschulen – Vorbericht. (Fachserie 11 Reihe 4.1 WS 2012/2013) Wiesbaden 2013

Statistisches Bundesamt: Weiterbildung 2012. Wiesbaden 2012

Stegmaier, Jens: Betriebliche Berufsausbildung und Weiterbildung in Deutschland. IAB-Bericht. Nürnberg 2010

Stender, Jörg: Berufsbildung in der Bundesrepublik Deutschland. Teil 2: Reformansätze in der beruflichen Bildung. Stuttgart: Hirzel 2006

Stiftung Warentest: Weiterbildung im Langzeitvergleich – Die vier größten Anbietergruppen 2012. http://www.test.de/Weiterbildung-im-Langzeitvergleich-Volkshochschulen-seltensch... (Abruf 7.9.2013)

Stratmann, Karlwilhelm; Pätzold, Günter: Institutionalisierung der Berufsbildung. In: Baethge, Martin; Nevermann, Knut (Hrsg.): Organisation, Recht und Ökonomie des Bildungswesens. (Enzyklopädie Erziehungswissenschaft Bd. 5) Stuttgart: Klett-Cotta 1984, S. 114–134

Tippelt, Rudolf: Stichwort: Wandel pädagogischer Institutionen. Zeitschrift für Erziehungswissenschaft 3 (2000), S. 7–20

TMBWK: Thüringer Schulordnung für das berufliche Gymnasium vom 18. Juni 2009 (Abruf 16.12.2009)

Voß, Gerd-Günter: Lebensführung als Arbeit. Stuttgart: Enke 1991

Wagner, Cornelia: Führung und Qualitätsmanagement an beruflichen Schulen. Frankfurt a. M.: Lang 2011

Waldhausen, Vera; Werner, Dirk: Innovative Ansätze der Berufsausbildung. Köln: Deutscher Instituts-Verlag 2005

Wanken, Simone; Schleiff, Alrun; Kreutz, Maren: Durchlässigkeit von beruflicher und hochschulischer (Weiter-)Bildung – Die Paradoxie von Anspruch und Wirklichkeit aus steuerungstheoretischer Perspektive. bwp@Berufs- und Wirtschaftspädagogik – online, 2010, Ausgabe 19, 1–18

Weber, Max: Wirtschaft und Gesellschaft. Tübingen: Mohr 1972

Weber, Susanne: Kompetenz und Identität als Konzept beruflichen Lernens über die Lebensspanne. In: Gonon, Philipp u.a. (Hrsg.): Kompetenz, Kognition und neue Konzepte der beruflichen Bildung. Wiesbaden: Verlag für Sozialwissenschaften 2005, S. 9–23

Wegge, Martina; Weber, Hajo: Steuerung in der Berufsbildung – zwischen Regulation und Deregulation. ZfP – 40. Beiheft 1999, S. 137–146

Werning, Rolf; Reiser, Helmut: Sonderpädagogische Förderung. In: Cortina, Kai S. u.a. (Hrsg.): Das Bildungswesen in der Bundesrepublik Deutschland. Reinbek bei Hamburg: Rowohlt 2008, S. 505–539

Wild, Cordula; Wuttke, Eveline: Das Internet als dritter Lernort in der kaufmännischen Erstausbildung – sind Berufsschüler dafür bereit? (Teil 2) Wirtschaft und Erziehung 62 (2010), S. 191–197

Wittwer, Wolfgang: Die neue Beruflichkeit – Der Trend zur Virtualisierung des Berufskonzepts. In: Arnold, Rolf (Hrsg.): Berufsbildung ohne Beruf. Baltmannsweiler: Schneider 2003, S. 64–88

Wittwer, Wolfgang: Berufliche Weiterbildung. In: Schanz, Heinrich (Hrsg.): Berufs- und wirtschaftspädagogische Grundprobleme. (Berufsbildung konkret Bd. 1) Baltmannsweiler: Schneider 2001, S. 229–247

WMK: Beschluss-Sammlung der Wirtschaftsministerkonferenz am 4./5. Juni 2012 auf Schloss Krickenbeck. Berlin 2012

Wolff, Karl: Berufskolleg inklusiv – Merkmale, Voraussetzungen, Bedingungen für ein Berufskolleg für alle. Wirtschaft und Erziehung 63 (2011), S. 259–268

WR: Basisdaten Hochschulen/Forschungseinrichtungen in Deutschland. Stand 20.3.2014

Zabeck, Jürgen: Geschichte der Berufserziehung und ihrer Theorie. 2. Aufl., Paderborn: Eusl 2013

Zabeck, Jürgen: Berufliche Bildung. In: Görres-Gesellschaft (Hrsg.): Staatslexikon in 5 Bänden. Erster Band 7. Aufl., Freiburg: Herder 1985, Sp. 669–683

ZDH: Glossar: Was ist was in der Europäischen Bildungspolitik? Stand August 2013

ZFU (Hrsg.): Ratgeber für Fernunterricht 4/2013

Zlatkin-Troitschanskaia, Olga: Kooperation zwischen Ausbildungsinstitutionen und Lernorten in der beruflichen Bildung – eine multidisziplinäre Betrachtung. http://www.bildungsforschung.org/Archiv/2005-01/kooperation/

Zlatkin-Troitschanskaia, Olga: Steuerbarkeit von Bildungssystemen mittels politischer Reformstrategien. Frankfurt a. M.: Lang 2006

ZÜF: Informationen des Deutschen ÜbungsFirmenRings (ZÜF). http://www.zuef.de/zentrale/Infos und Dienste/Informationen/Die Zentralstelle.aspx

Beiträge aus Wörterbuch Berufs- und Wirtschaftspädagogik

Kaiser, Franz-Josef; Pätzold, Günter (Hrsg.): Wörterbuch Berufs- und Wirtschaftspädagogik. 2. Aufl., Bad Heilbrunn: Klinkhardt 2006

Clement, Ute: Zertifizierung für die berufliche Bildung. S. 496–500

Dauenhauer, Erich: Bildungspolitische Gremien. S. 193–194

Deißinger, Thomas: CEDEFOP. S. 205–207

Faber, Gerhard: Simulator. S. 443

Holz, Heinz: Lerninsel. S. 352–354

Kaiser, Franz-Josef: Vorberufliche Bildung. S. 474–475

Kell, Adolf: Berufsgrundbildungsjahr. S. 149–150

Kell, Adolf: Berufsvorbereitungsjahr. S. 172–174

Kell, Adolf: Fachoberschulreife. S. 245

Kell, Adolf: Fachschulreife. S. 246

Kutscha, Günter: Berufsbildung und Beschäftigungssystem, S. 113–118

Merk, Richard: Ausbildungsverbünde. S. 50–51

Münk, Dieter: Module in der Berufsbildung. S. 373–375

Pätzold, Günter: Berufliche Handlungskompetenz. S. 72–74

Pätzold, Günter: Lernorte. S. 354–355

Pätzold, Günter: Lernortkooperation. S. 355–358

Reetz, Lothar: Kompetenz. S. 305–307

Sailmann, Gerald; Stender, Jörg: Berufsbildungsnetzwerke. S. 129–131

Seyd, Wolfgang: Berufsbildungswerke. S. 141–143

Sommer, Karl-Heinz: Übungsfirma. S. 467

Weitere Informationsquellen, die benutzt wurden

Berufe im Spiegel der Statistik http://bisds.infosys.iab.de

BERUFENET – Das Netzwerk für Berufe http://www.berufenet.arbeitsagentur.de

Bildungsserver der einzelnen Bundesländer

Bundesagentur für Arbeit http://www.arbeitsagentur.de

Bundesinstitut für Berufsbildung http://www.bbib.de

Bundesministerium für Bildung und Forschung http://www.bmbf.de

CEDEFOP www.cedefop.eu.int

Deutscher Bildungsserver http://www.bildungsserver.de

EURYBASE: Die Datenbank zu den Bildungssystemen in Europa
http://www.bildungsserver.de/zeigen.html?seite =360

Glossar für das Bildungswesen in der Bundesrepublik Deutschland
http://www.bildungsserver.de/Glossar.html

Informationssystem der Bundesagentur für Arbeit http://www.infobub.arbeitsagentur.de

Kommuniqué von Maastricht zu den künftigen Prioritäten der verstärkten europäischen Zusammenarbeit in der Berufsbildung
http://europa.eu.int/comm/education/news/maastricht–com–de.htm

Kultusministerkonferenz http://www.kmk.org

KURSNET – Das Portal für berufliche Aus- und Weiterbildung
http://www.kursnet-finden/arbeitsagentur.de

Portal der EU http://europa.eu.int/index–de.htm

ReferNet – Europäisches Informationsnetzwerk zur beruflichen Bildung
http://www.refernet.de

Sachwortverzeichnis

Abbrüche 72, 150, 151, 157
Absorptionsfunktion 20, 32
Allgemeinbildung 14, 91, 143
Allokationsfunktion 20, 21, 32
Anpassungsfortbildung 15, 113, 114, 117, 123
Anpassungsfortbildung, berufliche 113
Arbeit 10, 12, 31, 154
Arbeitsteilung 10, 11, 31, 50, 168
Arbeitswelt 4, 6, 53, 112
Aufstiegsfortbildung 15, 113, 114, 117
Aufstiegsfortbildungsförderungsgesetz 118
Ausbildung 17, 38, 47, 48, 50, 52, 63, 65
Ausbildungsberuf 13, 32, 34, 40, 41, 44, 45, 56, 80, 88, 89, 91, 118, 149
Ausbildungsordnung 16, 28, 40, 41, 42, 44, 45, 53, 62, 65, 128
Ausbildungsreife 32, 148, 149, 150, 170

Begabtenförderung beruflicher Bildung 119
Behinderte 74
Behinderung 73, 160
Benachteiligte 70, 71
Benachteiligung 71, 73
Berechtigung 5, 22, 33, 63, 85, 91, 97
Beruf 10, 11, 12, 13, 31, 53
Berufliches Gymnasium 6, 100
Berufsausbildung 13, 14, 15, 17, 19, 20, 28, 36, 37, 39, 41, 43, 44, 45, 46, 52, 62, 63, 72, 85, 94, 154
Berufsausbildungsvorbereitung 15, 16, 19, 32, 69, 70

Berufsbefähigung 13, 82
Berufsbildung 13, 15, 17, 19, 20, 24, 25, 29, 31, 145, 162
Berufsbildungspolitik 28, 29, 30, 58, 127, 146
Berufsbildungssystem 4, 19, 20, 28, 154, 161, 164
Berufsbildungswerk 19, 74
Berufsbildungswesen 19, 31
Berufsfachschule 89, 91, 92, 93, 163
Berufsfachschule, höhere 93, 95
Berufsgrundbildung 14
Berufsgrundbildungsjahr 80, 87, 88
Berufskolleg 93, 99, 101, 130, 133
Berufsoberschule 6, 99, 100
Berufsorientierung 66, 67, 68
Berufsschule 13, 47, 51, 52, 53, 54, 61, 80, 82, 83, 84, 85, 115, 134, 156, 164
Berufsschulpflicht 8, 43, 44, 87, 128
Berufsvorbereitung 66, 68, 69, 70
Berufsvorbereitungsjahr 14, 80, 86, 87, 163
Beschäftigungssystem 4, 13, 18, 20, 28, 32, 34, 40, 52, 63, 72, 151, 163
Betriebswirt 115
Bildung 2, 5, 13, 33, 53, 135, 169
Bildung, vorberufliche 13, 14
Bildungserträge 153 167
Bildungsgesamtplan 4
Bildungspolitik 23, 24, 28, 33, 42, 127, 164
Bildungsstandards 153, 160
Bildungssystem 2, 4, 21, 22, 23, 31, 39, 123
Bildungswesen 2, 3, 4, 8, 19, 21, 23–28, 31, 33, 122, 148, 152

Bildungswesen, berufliches 18, 19, 20, 25, 28, 32, 122, 147, 150, 155
Bildungswesen, überbetriebliche 19, 55, 56, 165
Blockunterricht 43, 86

Chancengleichheit 25, 26, 33, 127, 166, 167, 168

Datenbank AusbildungPlus 65, 115
Datenbank KURSNET 116
Doppelqualifikation 93
Duales System der Berufsbildung 5, 47, 51, 75, 116, 162
Durchlässigkeit 25, 27, 104

Enkulturation 3, 33
Enkulturationsfunktion 21
Erhaltungsfortbildung 15, 113, 114
Erweiterungsfortbildung 15, 113, 114
Erziehung 4, 5, 30, 33
EU-Bildungspolitik 145 146, 169

Fachkompetenz 17, 53
Fachschule 115, 116
Fachoberschule 6, 99
Föderalismus 8, 24, 31
Förderschule 8, 148, 160
Fortbildung, berufliche 15

Gesundheitsdienstberuf 94, 95
Gesundheitsdienstberuf, nichtärztlicher 94, 96
Grundbildung, berufliche 50, 87, 89
Grundformen der Berufsbildung 13, 32

Handlungsfähigkeit, berufliche 16, 17, 44, 161

Handlungskompetenz, berufliche 18, 32, 40, 161
Helferberuf, ärztliche 94
Hochschulreife 5, 6, 99, 100
Hochschulzugangsberechtigung 102, 103, 134, 135

Inklusion 160, 161
Institution 2, 3, 19, 21, 23, 24, 28, 31, 54, 61, 122, 159
Institution Berufsschule 36, 122, 152, 164, 165
Institutionalisierung 3, 123, 158, 164
Institutionen der Berufsbildung 18, 29
Integration 21
Integrationsfunktion 21

Kompetenz 18, 161
Konsensprinzip 128
Korporatismus 128
Kulturhoheit 43
Kulturhoheit der Länder 9, 24, 46, 128

Legitimation 21
Lehrlingsausbildung 13, 19, 28, 39, 44, 51
Lehrlingswesen 4
Lernen 3, 13, 30, 31, 47, 51
Lernen, lebenslanges 119, 120, 122, 140, 141, 142
Lernfeldkonzept 82, 83

Mängelwesen 30
Marktorientierung 122, 157
Marktsteuerung 122, 123, 127, 164
Mündigkeit 17, 18, 30, 31, 32, 33, 54

Organisation 3, 36, 159

Sachwortverzeichnis

Personalisation 3, 33

Qualifikation 18, 19, 20, 21, 123, 154
Qualifikationsentwicklung 158, 160
Qualifikationsfunktion 17, 20, 21, 32
Qualifikationsrahmen, europäischer 142, 143

Rahmenlehrplan 41, 53, 82

Sachkompetenz 18, 161
Schullaufbahnberechtigung 97
Schulpflicht 8, 43, 128
Schulwesen 4, 8, 9, 23, 24, 129, 153
Selbstkompetenz 18, 161
Selbstselektion 115
Selektion 21
Selektionsfunktion 21
Sonderschule 8
Sozialisation 3, 21, 31, 33
Sozialisationsfunktion 20, 32
Sozialkompetenz 18
Steuerung, staatliche 122, 123
Strukturplan für das Bildungswesen 4, 25, 31
Subsidiaritätsprinzip 127
System 4, 36

Teilzeitschule 52
Teilzeitschulpflicht 43

Übergang 19, 66, 68, 72, 120, 146, 157
Übergangssystem 162
Umschulung, berufliche 15

Verbundausbildung 61, 128
Vollzeitschulpflicht 8, 43, 68, 88, 128, 152

Warteschleife 88
Weiterbildung 6, 111, 113, 122

Zwei-Instanzen-Zuständigkeit 38